古代歷史文化研究輯刊

十一編

王明蓀 主編

第 4 冊

東漢的三輔士人

陳姵璇 著

國家圖書館出版品預行編目資料

東漢的三輔士人／陳姵琁 著 — 初版 — 新北市：花木蘭文化
出版社，2014〔民 103〕
目 2+176 面；19×26 公分
（古代歷史文化研究輯刊 十一編；第 4 冊）
ISBN：978-986-322-563-8（精裝）
1. 中國政治制度　2. 士　3. 東漢
618　　　　　　　　　　　　　　　　　103000930

ISBN-978-986-322-563-8

9 789863 225638

古代歷史文化研究輯刊
十一編　第 四 冊　　　　　ISBN：978-986-322-563-8

東漢的三輔士人

作　　者　陳姵琁
主　　編　王明蓀
總 編 輯　杜潔祥
副總編輯　楊嘉樂
編　　輯　許郁翎
出　　版　花木蘭文化出版社
社　　長　高小娟
聯絡地址　235 新北市中和區中安街七二號十三樓
　　　　　電話：02-2923-1455／傳真：02-2923-1452
網　　址　http://www.huamulan.tw 信箱 hml810518@gmail.com
印　　刷　普羅文化出版廣告事業
初　　版　2014 年 3 月
定　　價　十一編 24 冊（精裝）新台幣 46,000 元

東漢的三輔士人

陳姵琁　著

作者簡介

陳姵璇，台灣台中人，一九八三年生，國立臺灣大學歷史學系學士、國立臺灣大學歷史學研究所碩士。曾獲國科會獎勵大專學生參與研究計畫研究傑出獎。現任職文化部文化資產局。

提　　要

　　三輔指兩漢京兆尹、左馮翊、右扶風三郡，此三郡在西漢是首都特區，西漢政府透過陵寢徙民、漕運等政策來維持首都的繁榮，移居三輔的士人也以三輔為榮。東漢政權建立後，首都東移洛陽對三輔士人造成很大的衝擊，一是國家核心區的東移，二是其他地區士人取代了三輔士人成為政治核心。在這樣的背景下，東漢的三輔士人發展出異於其他地區的士人文化。

　　本文分別從政治關係與社會關係兩個面向來討論東漢的三輔士人。東漢初年，三輔士人以功臣身份和光武政權建立關係，王室又與功臣聯姻，使得三輔士人成為東漢第一批掌權的外戚。章和之時先後掌權的馬氏與竇氏與三輔士人建立密切的私人幕賓關係，與安帝以後外戚與統治官僚結合的型態有所不同。除了以外戚身份參與東漢政治上，三輔士人藉著對西北情勢的熟悉以及地方官的治績，在東漢的政治取得重要的地位，三輔士人在對匈奴用兵及西域的經營上取得很大的成就；在內政方面，「循吏」形成三輔士人很大的特色。對西北的熟悉和循吏的風格讓三輔士人在東漢末重新受到重用。

　　在人際網絡方面，可分成家族、鄉里、徵辟、師友等人際網絡。西漢的陵寢徙民政策影響了三輔地區的家族結構，與東漢豪族士族化的趨勢相比，三輔的家族較呈現多元發展，出仕並非三輔士人的唯一選擇。在基層鄉論上，三輔與其他地區沒有太大的差異，呈現鄉論原始的面貌，有別於黨錮後較為僵化的七字評論，而呈現出東漢鄉論的特色。鄉論涉及到出仕的名聲，出仕與隱逸成為兩種不同的選擇，出仕的士人會與同鄉及其他地區士人發展出密切的人際網絡，隱居士人則透過居鄉教授等行為產生新的人際網絡。三輔在東漢成為古文經學的中心，傳經與游學的行為都相當普遍，師友之間往來密切，並形成師門的集團。三輔士人人際網絡為東漢士人文化提供新的材料，也讓人省思關於黨錮的解釋性。

目

次

第一章　緒　論

第一節　研究動機

　　東漢是中國士人文化重要發展期，如地方豪族士族化、士人社群的出現、人際網絡的密切跟人物品評的發展，群體自覺與個體自覺的出現等重要現象都在東漢發生。除了地方豪族士族化以外，多數士人文化的研究都以士人、外戚和宦官的衝突爲核心，簡言之，即是以黨錮作爲士人文化發展的重要分歧點。

　　黨錮之禍對東漢造成全面性的衝擊，以往的研究多將黨錮視爲全國性的運動，然黨錮核心成員實集中於汝南、潁川與陳留，導致以黨錮「清流」士人爲主的研究有很大的侷限性。加上汝潁士人在東漢末至曹魏的政治中居於主導集團，更加強化了清流士人的印象，使得學者容易以汝潁士人或黨錮清流的觀點來概括東漢的士人文化。

　　學者也注意到單純以汝潁士人討論東漢政治文化的侷限性，從清流研究中衍生出的益州士人研究適當地補充以往論述的不足。然益州士人到了東漢中葉以後政治地位才提升，與全國士人的交往也從此才開始密切，又受限於地理環境，參與全國政治的比例不夠高，使得益州士人深具地方性特色，卻不易幫助我們理解東漢一般士人的情形。

　　筆者以爲，東漢士人文化的重大轉折，與政治密不可分，而且不能拘泥於單一政治事件，才能看出長時間的改變。在這樣的前提下，史料豐富而尚未被學界重視的三輔士人就成爲筆者的切入點。本文從兩個面向來討論三輔

士人，一是他們跟東漢政治的關係以及爲政風格，二是他們的人際網絡，希望能從這兩個面向增加對三輔士人的理解，希望能豐富東漢士人文化的樣貌。

第二節　研究回顧

本文以東漢的三輔士人爲主題，分別從政治關係以及人際網絡兩個方面來談。三輔士人的政治關係牽涉到的課題包括三輔的建置、陵寢徙民政策以及東漢政治情勢；人際網絡則牽涉到兩漢士族與士人文化的研究。

在與政治相關的議題上，筆者對於陵寢徙民、東漢對外關係、外戚等議題，大抵承襲前輩學者的意見；只有在外戚主政模式與爲政風格上有不同的意見。這部分前人研究的成果散見於本章第三節與第二章中。在研究中與前人對話最深的部分，是三輔士人人際網絡所牽涉到的兩漢豪族研究以及士人文化。

（一）豪族

關於兩漢豪族的發展，劉增貴《漢代豪族研究──豪族的士族化與官僚化》[註1]認爲兩漢豪族發展在型態結構上走向宗族、附從、經濟勢力的成長；性質上則走向官僚化及士族化。士人風氣走向肆直，政治上外戚宦官的問題與黨錮、清議的影響，使得士族成爲超越家族、地域、階級的群體，相對也產生對政府的離心力。另一方面，毛漢光〈中古士族性質之演變〉[註2]認爲東漢黨錮之禍培育出社會領袖，黨錮加速了士大夫的交流，也使中央性凌駕於地方性，地方豪族的眼界由區域擴大到全國。士族之所以成爲士族，其內在凝聚力乃在於家風與家學，學業之中又以經學爲重。

劉王兩位先生對豪族士族化的情形有相當的共識，也都認爲黨錮對士族地位的提升造成莫大的影響，加上經學形成的家學，讓家族產生凌駕於政治的凝聚力。這樣豪族士族化的情形在東漢三輔士族中也相當明顯，但大體而言三輔士族的發展較爲多元，本文第三章會詳細討論家族風格的差異。

〔註1〕劉增貴，《漢代豪族研究──豪族的士族化與官僚化》，國立台灣大學歷史學研究所博士論文，1985。

〔註2〕收錄於毛漢光，《中國中古社會史論》（台北：聯經出版社，1988），頁69～106。

（二）官吏典型

　　兩漢的士人幾乎都會從政，關於漢代士人從政風格與官吏典型已經有不少的研究，在此列舉代表性的兩篇文章，余英時〈漢代循吏與文化傳播〉〔註3〕與邢義田〈允文允武——漢代官吏的一種典型〉〔註4〕。

　　〈漢代循吏與文化傳播〉從中國文化的大傳統與小傳統講起（雅與俗），認爲漢代儒家大傳統在文化史上顯然有兩種意義：一是由禮樂教化移風易俗，一是根據「天視自我民視」的標準來限制大一統時代的皇權。進而談到漢代大傳統與原始儒教，漢代的制度是「以經術潤飾吏治」，儒家在漢代的效用主要表現在文化和社會的範疇，儒家的中心任務是建立新的文化秩序，核心的精神是「禮樂」與「富而後教」的概念，修身是內治的步驟，富而後教則是外部的程序。再來提到「循吏」概念的變遷以及循吏教化與漢廷政策，循吏有政治與文化兩種功能，也同時具備「吏」與「師」兩種身份。本文又提出兩種吏道觀的變化，從秦代的「以吏爲師」到到以「教化」代替「刑殺」的觀念。最後總結漢代循吏與文化傳播，指出漢代循吏施政的核心是「富之」、「教之」與「無訟」，以及循吏於地方個別實施的「條教」。

　　〈允文允武——漢代官吏的一種典型〉則從觀念、典型的轉變討論漢代官吏的典型，從官吏的養成教育、仕宦過程、官宦生涯實況、衣冠配飾跟死後的贊頌，來討論漢代官吏中文武分科尚未明確、官員同時具備兩種素養的情形相當多見，在實例中文官出身而接任武職的情形也相當明顯。

（三）區域士人研究

　　關於士族區域研究上，目前研究較多的有南陽、汝南與潁川的士人。論南陽大族多與東漢初年功臣與立國形式結合；論汝潁集團則多半注重其與黨錮的關係，以及與曹魏政權的互動。〔註5〕

〔註3〕收錄於余英時，《中國思想傳統的現代詮釋》（台北，聯經出版社，1987），頁167～258。

〔註4〕收錄於邢義田，《天下一家：皇帝、官僚與社會》（北京：中華書局，2011），頁224～282。

〔註5〕大陸相關的論文非常多，唯內容多簡略，且偏印象式的討論，在此僅列其篇名和作者。通論汝潁士族的有：陳雁，〈東漢魏晉時期汝潁、南陽地區的私學與遊學〉（《文史哲》2000年第一期）；孟繁治、李昱皎，〈試論漢魏時期潁川士風的時代特徵〉（《鄭州大學學報》，第30卷4期，1997／07）；謝芳，〈漢末魏晉的潁川陳氏家族〉（《安徽廣播電視大學學報》，2007年第3期）。論汝

　　至於益州士人的研究，以劉增貴〈漢代的益州士族〉〔註6〕最具代表性。益州因開發較遲，士族出現較晚。至東漢益州士族從政的方式也有地區性差異，三蜀文教興盛，仕宦以經術文章；巴郡士族的形成則與東漢中晚期羌蠻多變，賴巴人平定動亂有關。從時間點來看，益州士族的興起在安帝時，因羌蠻問題嚴重，中央對益州之借重在於解決本州之問題，而地方掾吏階層大多出自地方大族。益州因與中央的地理區隔，同郡士族透過婚姻相互連結的情形明顯，除了婚姻關係之外師友、交遊、薦舉也很密切。他們的政治活動與集團結合有較強同州觀念，但不限於同郡。士族仕宦以經術為條件，透過文化與中央產生認同，因此地域色彩雖強，卻不完全支持割據政權。總歸來說，益州相較開發較早的關東關中，士族出現時間較晚，在全國的重要性也不高，具有很強的地域色彩，仕宦也與地方事務有關。

　　該文充分討論了益州士族的興起與東漢中晚期情勢的關係，並討論到益州士人因地理阻隔，士族間相互通婚、師友、交遊、薦舉的關係都非常密切。值得注意的是本文著重同州士人間的各種關係加以討論的作法，與稍晚的〈漢魏士人同鄉關係考論〉〔註7〕相互呼應。該文提到士大夫仕宦仰賴鄉里之譽，同鄉範圍擴大到州郡，同鄉的結合因此有地域觀念的色彩；地域認同反映了行政區對地域觀念的整合作用，加上地方人物的強調，標榜郡國於姓字，以及將山川與人物結合的郡國之書的出現，都進一步造成同郡士人的結合。鄉里政治網絡包括師友、婚姻、同僚、同學、同歲等，其中以共事地方政府同僚關係與鄉舉里選的人物評選圈最為重要。友朋間相互標榜，造成輿論領袖與人倫秩序，以上都是士大夫「居鄉」時常見的現象。至於士大夫的「出仕」的政治連結，郡國在京師都有郡邸，方便同鄉士人居住及交遊，因此產生同鄉相薦舉、共進退的現象，進一步形成同

　　　　潁之士與曹魏關係的有：謝亦峰，〈汝潁大族在曹魏時期的政治取向〉《昭通師範高等專科學校學報》27卷6期，2005／12）；朱子彥，〈曹魏政權內兩大政治集團的產生與競爭〉《上海大學學報》，第九卷4期，2002／7）。討論河南地理背景因素的有：劉曉滿，〈河南兩漢文化區域變遷原因探討〉《南都學壇》，第26卷1期，2006／1）；王子今，〈漢代南陽的交通地理形勢〉《南都學壇》，第24卷1期，2004／1）；李俊鋒，〈漢魏汝潁士人興起的歷史地理背景〉《史志鑒研究》，2008／8）；馬銀行，〈遠古至秦漢間汝潁水流域社會經濟發展〉《平頂山學院學報》，第23卷1期，2008／2）。

〔註6〕劉增貴，〈漢代的益州士族〉，《中央研究院歷史語言研究所集刊》60：3（1989），頁527～578。

〔註7〕劉增貴，〈漢魏士人同鄉關係考論〉，《大陸雜誌》84：1／2，

鄉政治集團，這樣的現象也被視爲「黨」。

　　這樣以「鄉里」爲中心討論各種人際網絡的作法給筆者非常大的啓發，在本文第三章討論人際網絡時，筆者雖然依三輔地區史料特性做出不同分類，但幾乎不出劉增貴先生提到的種種關係；唯一差異較大的是三輔同鄉政治集團的形成與三輔外戚密切相關，而且在和帝後就再也沒出現以三輔士人爲主的政治集團。

（四）鄉論與人倫鑒識

　　鄉舉里選是兩漢人才進入政府最重要的管道，時至東漢，「鄉舉」仰賴地方上的「鄉論」，最後演變出跳脫政治意味的人倫品鑑。關於東漢以降人物品評的研究甚多，劉增貴〈論漢末的人物評論風氣〉﹝註8﹞是將人物評論與當時政治環境結合討論，釐清漢代評論的特色。東漢的人物評論起自「清議」，清議可分爲政治人物評論（政治性）及士人互評（社會性）兩種，士人互相題拂間接造成士人自覺的形成。東漢人物評論風氣的形成與背景，可分爲三類，一是鄉舉里選之公議：東漢察舉取決於鄉論，選舉標準可分爲才、德、學三類。第二類則是人物評論的傳統，如民間謠言風評，古今人物評論等等。第三類是士風激昂，「評論」與「名」關係密切，「名士」的出現，「求名」則造成士人的交結風氣，當時士人交遊的中心在太學，交遊、評論與激揚名聲成爲連鎖的現象。黨錮進一步造成士人集體評敘，評論中心產生專職的評論家，他們取代鄉論、成爲公論的代言人，顯示社會勢力代政治勢力而興。評論家也與師友關係、家世、地域結合，成爲複雜的互評圈。當時評論的要點是在「外見之符」（行爲、言語、形色）及「內藏之器」（才性），只言才性不言命是人物評論與相術的區別。個體評論家的影響力促成士人群體意識，評論中心可分爲太學、郡國學及私人講學。地方人物的集體評敘促成了以「郡」爲單位地域觀念的強調，「天下」與「州郡」取代大地區的分類成爲區域的對比。

　　劉文對於鄉論產生的社會背景有充分的分析，也指出黨錮前後所謂「天下」評論圈論評論內容，也只是「州郡」的擴大。關於三輔地區鄉論與黨錮前後鄉論的差距，在本文第三章中討論，相關人物評論研究也詳載於第三章，在此不備。

﹝註 8﹞ 劉增貴，〈論漢末的人物評論風氣〉，《成功大學歷史學系學報》，頁 159～216。

　　對於鄉論所產生的文化效應，最有系統的討論當屬余英時〈漢晉之際士
之新自覺與新思潮〉〔註9〕一文。余英時以「士之自覺」為核心來處理漢魏學
風的轉折。東漢中晚期外戚與宦官長期的角力造成重大政治問題，士大夫夾
在這兩者之間自成一格，造成士大夫交遊與結黨的風氣，黨錮之禍也因此而
起。這是士大夫「群體自覺」的成型。李膺、陳蕃、范滂先後成為士人領袖，
對領袖人物的崇拜及大規模集會加強了群體認同；門生故吏、師長故主等二
重君主觀的現象也隨之而來。當士大夫對內凝聚共識後，內部區域分化（如
孔融〈汝潁優劣論〉）與上下階層分化的情形也跟著出現，可說是後世世族與
寒門對立的濫觴。不過在東漢晚期，士人的道德意識重於階級意識，「德行」
又與家世相繫。伴隨「群體自覺」而來的，是士大夫的「個體自覺」。士人重
視自我、特立獨行從《後漢書·獨行傳》就可看出端倪。「獨行」原是鄉舉里
選的科目，以獨行名義盜名的士人也不在少數，但從這裡都可看出強烈個人
化的特色。個體自覺衍生出的人物評論風氣一直延續到魏晉，品評人物也從
單純政治性的鄉舉里選變成「人倫鑒識」，郭泰、許劭更成為其中泰斗。此時
的人物品評逐漸脫離「相命」貴賤，而強調才性之高下，這使人物評鑑脫離
相人的專門之學，轉向抽象義理的討論，劉劭《人物志》便是統合人物品鑒
的作品。

　　關於余英時「群體自覺」與「個體自覺」的說法，筆者稍有不同的意見，
理由是因為這樣的說法與三輔地區史料有相當大的差異，黨錮時的士人社群
以汝南、潁川和陳留士人為主，能不能代表東漢集體士人的意志值得商榷；
另外「個體自覺」對於東漢常見的隱逸士人亦缺乏解釋性。由鄉論發展出的
人倫鑒識到劉劭《人物志》這樣專門的著作的確有跡可尋，但初期鄉論與黨
錮前後的鄉論有極大的差異，本文第四章會詳細討論。

（五）京都學派與「清流」的概念

　　在兩漢豪族的演變上，日本京都學派學者以「共同體」的演變為主軸，
討論兩漢的歷史發展。谷川道雄及川勝義雄將中國古代至魏晉南北朝共同體
的轉變做以下的分類：先秦時期以血緣關係為中心的「氏族共同體」、漢代以
「父老」為中心的「里共同體」、及漢末割據「里共同體」轉型為「豪族共同

〔註 9〕　余英時，《中國知識階層史論》（台北：聯經出版事業公司，1980），頁 205～
　　　　327。

體」。谷川道雄〈中國的中世──六朝隋唐社會與共同體〉〔註10〕一文思考鄉里社會如何整合於帝國權力中，認爲豪族在鄉里共同體具有很大影響力，中央政府如何處理豪族就成爲重要的問題。此外，東晉次從豪族與地方社會網絡的交互關係著手，探討地方豪族大姓與郡縣掾吏之間的結合，豪族透過選舉加入政府，當時的豪族可分爲「士大夫豪族」與「非士大夫豪族」兩個階層，兩者以仕宦範圍來分類，可分爲「郡中士大夫」與「縣中士大夫」兩層，筆者論文所關注的三輔地區也明顯有這樣的現象。〔註11〕

　　除了以共同體的概念解釋豪族發展外，川勝義雄以「清流」與「濁流」的對立來解釋東漢末年黨錮的社會背景，此說引起增淵龍夫的批評，兩人對於「清流」如何定義及如何看待「逸民」有很大的爭論。〔註12〕同爲京都學派的岡村繁在這樣的基礎上對清談的系譜及人物評論風氣做過一系列的研究，他認爲東漢士人談論中本身具有學術性及交遊性，認爲這樣的風氣或許與古文經學的學風有關；〔註13〕岡村繁在〈後漢末期的評論風氣〉〔註14〕一文則指出以黨錮人物爲中新的清流士人有著「知人」的系譜，且以陳留、汝南、穎川士人爲核心，當時人物批評重視個人的才、德、學，以「博覽」爲貴，鑒識方法上則有許多預言性的評論，根據的標準是對象的具體言行與形貌。岡村繁已留意到以黨錮爲中心的清流人物多半出身於陳留汝穎三郡，文章中也討論到史料記載時間產生出來評論的差異，是他研究相當細心的地方。

　　除了對清流系譜的關注，京都學派學者也對東漢政治史有專門的論著，狩野直禎《後漢政治史の研究》〔註15〕及東晉次《後漢時代の政治と社會》〔註16〕兩書對於東漢政治史的發展都有全面的理解，兩人也都有注意到三輔士人的特殊性。狩野直禎對第五倫和趙岐的傳記做了詳細的考述，東晉次則

〔註10〕谷川道雄，〈中國的中世──六朝隋唐社會與共同體〉，收入《日本學者研究中國史論著選譯》第二卷，頁330～336。

〔註11〕東晉次，〈後漢的選舉與地方社會〉，收入《日本中青年學者論中國史・上古秦漢卷》，頁572～601。

〔註12〕川勝義雄，《六朝貴族制社會研究》（上海：上海古籍出版社，2007），頁3～41。

〔註13〕岡村繁，〈清談的系譜與意義〉，收入《漢魏六朝的思想和文學》（上海：上海古籍出版社，2009），頁41～79。

〔註14〕岡村繁，〈後漢末期的評論風氣〉，收入《漢魏六朝的思想和文學》，頁80～169。

〔註15〕狩野直禎，《後漢政治史の研究》（京都：同朋舍，1993）。

〔註16〕東晉次，《後漢時代の政治と社會》（名古屋：名古屋大學出版會，1996）。

對東漢前期三輔外戚與三輔士人密切結合的狀況有深入考察。

在展開正式研究前,本文回顧了以往豪族研究、官吏典型、區域研究、人倫鑑識、京都學派「清流」研究等相關資料,釐清以往研究進展到什麼程度,並將研究焦點放在東漢三輔士人的地域特色上,以標顯出三輔士人的特殊性。

第二章　兩漢三輔的地理沿革
與人口移動

第一節　兩漢三輔地理沿革

　　本文以東漢的三輔士人作為研究的主題，三輔地區的風土自然對人文產生影響，因此本節想先說明三輔地區兩漢之間的地理沿革，並討論行政區塊的變遷以及交通路線的變化，以及東漢因應西北勢力強大將國防線內移造成的影響，以期對三輔地區的活動場域有較清楚的認識。

　　兩漢司隸部包括三輔、弘農、河東、河內、河南諸郡。兩漢習稱的「三輔」——京兆尹、左馮翊、右扶風三郡，依照《漢書‧地理志》的說法，都屬秦內史所分置。秦代內史領京畿諸縣，由秦到漢縣級單位變化不大，依嚴耕望的整理，京兆十二縣，明注為漢置者四縣；馮翊二十四縣，明注漢置者五縣；扶風二十一縣，明注漢置者三縣。〔註1〕行政區上較大的變化是漢武帝建元六年將內史分為左右內史，並在太初元年將左右內史劃分為京兆尹、左馮翊、右扶風。〔註2〕此後將京兆尹、左馮翊、右扶風合稱三輔遂成定稱。到

〔註1〕　嚴耕望，《中國地方行政制度史甲部——秦漢地方政治》（台北：中央研究院歷史語言研究所，2006五版），頁33。

〔註2〕　《漢書‧地理志》，頁1543。《漢書‧景帝紀》中六年載：「三輔舉不如法令者，皆上丞相御史請之。」應劭認為：「京兆尹、左馮翊、右扶風共治長安城中，是為三輔。」顏師古則認為：「時未有京兆、馮翊、扶風之名。此三輔者，謂主爵中尉及左右內史也。應說失之。」，頁179。主爵中尉根據《漢書‧地理志》顏師古注：「主爵都尉，本秦之主爵中尉，掌列侯，至太初元年更名右扶風，而治於內史右地。故此志追書建元六年分為右內史，又云更名主爵都尉

了東漢三輔的行政區亦無太大改變，一樣由司隸校尉部管理。

「三輔」是三郡並稱的行政區，而地理區的概念往往大於行政區的劃分。漢代文獻常出現的地理區是關東、關西、山東、山西。三輔是屬於「關西」或「山西」的核心區域。邢義田〈試釋漢代的關東、關西與山東、山西〉〔註3〕及此文〈補遺〉〔註4〕討論了兩漢「關東」、「關西」與「山東」、「山西」概念的形成與實際指涉的地理範圍。「關東」、「關西」的「關」指的是函谷關；「山東」、「山西」的山則有三種說法：陝山、太行山、華山。形勢來說以陝山分東西是古老的傳統，陝山實為殽山的一部份。通常「關東」與「關西」（或「關中」）相對，「山東」與「山西」相稱。「關西」即「關中」，也可稱關內。漢代的關東是一範圍較小的核心區（以青、冀、兗、豫、徐為核心，加上荊州北端、司隸東部及并州東南角）。而關中亦有廣義和狹義，狹義是以三輔三秦，函谷關散關兩關之間的區域，或指函殽到隴蜀之間。關於「關中」的另一個定義可以參考羅彤華的說法，他的〈東漢的關中區〉一文從兩漢首都核心區的轉移來看東漢關中區的發展。其「關中」界定有廣義與狹義，狹義是以三輔、弘農為主，或是函谷關到散關之間；廣義則涼州、并州及西河亦在其範圍。〔註5〕

以行政區來看，東漢之三輔、弘農均屬司隸校尉部，關中文教、仕宦也以三輔、弘農為核心。筆者考察《後漢書》中「關中」、「關西」都是大範圍區域的通稱，狹義指三輔、弘農沒有疑問（如京兆摯恂「名重關西」〔註6〕，弘農楊震人稱「關西孔子」〔註7〕）。本文僅以東漢三輔為中心，不討論弘農的狀況。〔註8〕主因是京兆、馮翊、扶風自西漢以來已成為一習稱的詞彙，根

為右扶風。」，頁1546。以行政區的規劃而言，顏師古的說法較合理，然亦有可能是班固筆誤，以武帝後的定稱描述景帝時的情形。

〔註3〕 邢義田，〈試釋漢代的關東、關西與山東、山西〉，《食貨月刊》13：1（1982），頁15～30。

〔註4〕 邢義田，〈試釋漢代的關東、關西與山東、山西補遺〉，《食貨月刊》13：3（1983），頁44～46。

〔註5〕 羅彤華，〈東漢的關中區〉，大陸雜誌78：6（1989），頁20～31。

〔註6〕 《後漢書·馬融傳》：「京兆 摯恂以儒術教授，隱于南山，不應徵聘，名重關西。」，頁1953。

〔註7〕 《後漢書·楊震傳》：「諸儒為之語曰：『關西孔子楊伯起。』」，頁1759。

〔註8〕 周振鶴認為，弘農郡的設置是在漢武帝元鼎三年，割右內史東南兩縣及函谷關合河南、南陽兩郡部分地以置弘農郡，見氏著《西漢政區地理》（北京：人民出版社，1987），頁131～132。

據中研院漢籍電子文獻資料庫的檢索，《後漢書》中三輔出現 234 次，遠多於「關中」79 次和「關西」35 次，這樣的差距除了因許多著作以「三輔」為名外，也顯示以「三輔」稱京兆這三郡的普遍性；相較之下，關中或關西是較大地理區的概念。值得注意的是漢中是否在狹義「關中」的範圍。東漢行政區劃分上，漢中郡屬益州刺史部，司隸部與益州的交通要道子午道及褒斜道都通過漢中郡，又因漢中為盆地地形，相對之下成為一獨立區域，文化上近於三輔，仕宦亦盛，但不及三輔。〔註9〕東漢趙岐所著《三輔決錄》中，亦記錄了一些漢中士人的活動，筆者推測這是因為雙方有一些互動，因此才有零星的紀錄，仍較適合將之與巴蜀一起討論。

　　三輔在西漢是首都，至東漢則因政治中心轉移，政治、經濟重要性不如西漢，甚至到東漢中期以後帶有邊區性質，以及防衛首都的意味。西漢對三輔有諸多的建設，影響最大的莫過於陵寢徙民與轉漕的政策。

　　根據《漢書‧地理志》：「漢興，立都長安，徙齊諸田、楚昭、屈、景及諸功臣家於長陵。後世世徙吏二千石、高貲富人及豪傑并兼之家於諸陵。」〔註10〕足見自漢定都長安後，便開始計畫地進行政治性移民。徙民始於漢高祖，他在長安城北建長陵，並於長陵外建長陵邑，徙關東齊楚大族及功臣充實之，這是西漢陵寢徙民之始。自高祖劉邦到末代皇帝劉衎十一個皇帝都有帝陵，至今仍存。以地理位置來分可分為渭河以南的文帝霸陵、宣帝杜陵二陵，及渭河以北高帝長陵、惠帝安陵、景帝陽陵、武帝茂陵、昭帝平陵、元帝渭陵、成帝延陵、哀帝義陵、平帝東陵等九陵。渭河以北的陵寢都位於咸陽原，東西綿延 36 公里。〔註11〕

　　西漢宣帝以前的皇帝幾乎都有徙民於陵寢，目的在於充實京師。根據陳鴻琦〈西漢皇帝之陵邑及其徙民〉統計，各個皇帝移民的性質都不太一樣。高祖徙六國諸侯之後及各地豪傑於長陵，目的是防衛京師，以防東方有變；惠帝的安陵移民亦來自六國，多為楚國人，也有不少出身寒微的平民、倡優；文帝霸陵之徙民則不見於文獻記載；景帝陽陵之徙民亦來自關東，也有可能是將人民由長陵改徙至陽陵。武帝茂陵徙民規模較大有三次，是以郡國豪傑、

〔註9〕　劉增貴，〈漢代的益州士族〉，《中央研究院歷史語言研究所集刊》60：3（台北：1989），頁 534～535。

〔註10〕　《漢書‧地理志》，頁 1642。

〔註11〕　陳鴻琦，〈西漢皇帝之陵邑及其徙民〉，《史博館學報》27 期（台北：2000／6），頁 28～31。

關東豪俠及貲三百萬以上者爲主；昭帝之平陵則只有零星個別記錄，大致是以貲百萬以上及大臣爲主；宣帝杜陵則徙丞相、將軍、列侯、吏二千石及貲百萬。以上各帝的徙民都是在陵寢附近另建陵邑，自宣帝以後諸帝未再建置陵邑，因此西漢陵邑可以渭水爲界，分爲北五陵（長、安、陽、茂、平）及南二陵（霸、杜）。

西漢的陵邑因彼此相近，造成都市群聚的現象，類似長安的衛星都市。而陵邑的行政權歸屬則以元帝永光四年爲界，之前爲太常所管轄，之後則依陵邑地界，分歸三輔長官。〔註12〕陵寢移民的組成份子囊括社會各個階層，可以分成「禮文世家」、「豪商鉅富」、「郡國任俠」等。〔註13〕《漢書・地理志》形容：「是故五方雜厝，風俗不純。其世家則好禮文，富人則商賈爲利，豪桀則游俠通姦。」〔註14〕考察東漢列於史冊的三輔人物，十之八九都出自陵邑，顯示陵寢徙民造成人口群居及世家集中的現象，至東漢晚期這樣的優勢都還沒有改變，關於徙陵家族實際的活動，會在後文詳細討論。

東漢不再徙民於陵寢，但因政治考量偶將人民移往三輔，主因是東漢中葉以後羌亂嚴重，羌亂造成朝廷放棄邊郡，將郡治及人民移往三輔。《後漢書・西羌傳》：

> （安帝永初五年）羌既轉盛，而二千石、令、長多內郡人，並無守戰意，皆爭上徙郡縣以避寇難。朝廷從之，遂移隴西徙襄武，安定徙美陽，北地徙池陽，上郡徙衙。百姓戀土，不樂去舊，遂乃刈其禾稼，發撤室屋，夷營壁，破積聚。〔註15〕

美陽縣屬右扶風，池陽縣與衙縣均屬左馮翊。導致郡縣內徙的主因是羌亂，東漢政治核心區在三河（河東、河內、河南），視羌亂嚴重的并州、涼州爲邊區，羌亂嚴重的安帝朝，自外戚鄧騭以下均有棄涼州以保三輔的言論，唯虞詡以棄涼州爲非。《後漢書・虞詡傳》：「涼州既棄，即以三輔爲塞；三輔爲塞，則園陵單外……羌胡所以不敢入據三輔，爲心腹之害者，以涼州在後故也。」〔註16〕虞詡又獻計多辟涼州士人爲官，蔭補涼州地方長官子弟，以加強涼州

〔註12〕 陳鴻琦，〈西漢皇帝之陵邑及其徙民〉，頁32～36。

〔註13〕 陳鴻琦，〈西漢皇帝之陵邑及其徙民〉，頁36～39。

〔註14〕 《漢書・地理志》，頁1642。

〔註15〕 《後漢書・西羌傳》，頁2887～2888。

〔註16〕 《後漢書・虞詡傳》，頁1866。

士人對中央的向心力。〔註17〕然羌亂一路往東，直逼首都洛陽，於是在羌禍嚴重的地區，僅維持其行政組織，「徙民逃寇」，將吏民內徙以避難，主要的遷徙地點都是在三輔（美陽位於右扶風、池陽位於左馮翊、衙縣亦位於左馮翊〔註18〕）。關於避羌內徙的部分，東漢〈趙寬碑〉的內容剛好可以提供佐證：

1. 三老諱寬、字伯然、金城浩亹人也、其先蓋出自少皓、唐炎之隆、伯翳作虞、胤自夏商、
2. 造父馭周、爰暨霸世、鳳爲晉謀、佐國十嗣、趙靈建號、因氏焉、迄漢文景、有仲況者、官
3. 至少府、厥子聖、爲諫議大夫、孫字翁仲、新城長、討暴有功、拜關內侯、弟君宣、密靖內
4. 侍、報怨禁中、徙隴西上邽育生充國、字翁孫、該于威望、爲漢名將、外定彊夷、既序西
5. 戎、内建籌策、協霍立宣、圖形觀□、封邑營平、元子昂、爲右曹中郎將、與充國竝征、電
6. 震要荒、馘滅狂狡、讓不受封、印弟傳爵、至孫欽、尚敬武主、無子除國、元始二年、復封
7. 曾孫纂爲侯、宗族條分、裔布諸華、充國弟、字子韐、爲侍中、子君游、爲雲中太守、子字
8. 游都、朔農都尉、弟次卿、高平令、次子游、護苑使者、次游卿、幽州刺史、印陪葬杜陵、孫
9. 豐、字叔奇、兼度遼營謁者、子字孟元、次子仁、子仁爲敦煌太守、孟元子名寬、字伯然、
10. 即充國之孫也、自上邽別徙破羌、爲護羌校尉假司馬、戰鬥第五、大軍敗績、于時四
11. 子孟長、仲寶、叔寶、皆並震沒、惟寬存焉、冒突鋒刃、收葬尸死、郡縣殘破、吏民流散、乃
12. 徙家馮翊、脩習典藝、既敦詩書、悅志禮樂、由復研機篇籍、博貫史略、彫篆六禮、稽呈
13. 前人、吟咏成章、彈翰爲法、雖楊賈班杜、弗或過也、是以休聲播于遠近、永建六年、西
14. 歸鄉里、太守陰嵩、貪嘉功懿、召署督郵、辭疾遜退、徙占浩亹、時長蘭芳、以寬宿德、謁
15. 請端首、優號三老、師而不臣、於是乃聽訟理怨、教誨後生、百有餘人、皆成俊艾、仕入
16. 州府、當膺福報、克述前緒、遭時凝滯、不永爵壽、年六十五、以元嘉二年徂疾、二月己
17. 酉卒、長子字子恭、爲郡行事、次子子惠、護羌假司馬、含器早亡、叔子誨璜、字文博、纘
18. 脩乃祖、多才多藝、能恢家示庐業、興微繼絕、仁信明敏、壯勇果毅、匡陪州郡、流化二城、
19. 今長陵令、深惟皇考、懿德未伸、蓋以爲垂聲罔極、音流管弦、非篇訓金石、孰能傳焉、
20. 乃刊碑勒銘、昭示來今、其辭曰、
21. 猗余烈考、秉夷塞淵、遭家不造、艱難之運、自東徂西、再臨隘勤、窮逼不憫、淑愼其身、
22. 游居放言、在日思純、研機填素、在國必聞、辭榮抗介、追迹前勳、立德流范、作式後昆、
23. 　　　　　　　　　　　　　　　　　　　　　光和三年十一月丁未造〔註19〕

〔註17〕廖伯源，〈東漢西北邊界之內移〉，《白沙歷史地理學報》3 期（彰化，2007），頁 112～115。
〔註18〕《後漢書·郡國志》，頁 1545、1547。
〔註19〕永田英正，《漢代石刻集成【圖版·釋文篇】》，頁 226～227。

　　趙寬碑上紀錄他卒於桓帝元嘉二年（152），以六十五歲推算，趙寬大約生於章帝章和元年（87），他的一生恰好是羌亂最劇烈的時刻。趙寬是金城浩亹人，家族源於戰國時的趙國，趙寬本人也是西漢名臣趙充國的五世孫。趙寬與羌人戰於第五山，全軍幾乎覆沒，他的兄弟也都過世。〔註 20〕「郡縣殘破、吏民流散、乃徙家馮翊」顯示他從邊區的金城、上邽遷徙到三輔居住。

　　但此內徙政策的成效極差，將吏民內遷後三輔成為羌人寇掠之地，邊塞內遷而三輔成為前線，東漢政府乃築一新的塢候防禦線。自安帝永初五年（111）至順帝永和五年（140）為止，漢廷築塢堡以防南匈奴與羌人等外族對內郡的侵擾，塢堡北起中山國，南經常山國、趙郡，至魏郡凡六百一十所，形成一南北走向的帝國新防線，主要保衛冀州及關東諸郡國；此外於馮翊、扶風再設一條防衛線。而并州、涼州均在此線之外，顯示此二州少數民族人數已超過漢人，東漢政府難以掌握。〔註 21〕

　　除此之外，安帝元初二年「詔郡國中都官繫囚減死一等，勿笞，詣馮翊、扶風屯，妻子自隨，占著所在，女子勿輸。」〔註 22〕將刑徒減死一等徙邊郡是兩漢常有的作法，如東漢章帝建初七年「詔天下繫囚減死一等，勿笞，詣邊戍。」〔註 23〕三輔地區於西漢時的移民是屬於政治經濟菁英，到了東漢中期以後卻是以繫囚減死者徙之，顯示安帝之後三輔實際上屬於邊區的性質，才會有遷徙犯人以為邊屯的舉動。三輔成為邊區的影響會在本文第二章詳細討論。

　　西漢的長安城作為首都主要仰賴關東、巴蜀的資源維持首都的運作，西漢政府採取的政策是轉漕和徙陵。轉漕供應關中所需的糧食，陵寢徙民則是用政治力造成人口移動。轉漕長安仰賴渠道及河運，東漢定都洛陽後轉漕廢止，原本的渠道也堵塞，造成經濟停滯及人口減少。關中糧食無法供應那麼多的人口，地區的人口承載力有限，必須仰賴高度政治力達成糧食的供應。西漢諸帝持續徙陵的政策造成人員階級的流動，最新移入的居民是新的政治社會菁英，造成階級流動的現象。徙陵停止後，三輔的人員相對固著化，沒有新的政治菁英加入，社會流動力降低，士族相對定型，各個家族也有不同的分化發展，下一節會詳細討論徙陵對家族造成的影響。

〔註 20〕 釋文部分參考永田英正，《漢代石刻集成【本文篇】》，頁 225～230。
〔註 21〕 廖伯源，〈東漢西北邊界之內移〉，頁 119～122。
〔註 22〕 《後漢書‧安帝紀》，頁 224。
〔註 23〕 《後漢書‧章帝紀》，頁 143。

第二節　家族婚姻與人口遷徙

　　士人來自家族，長成於鄉里，人際網絡的起點也是家族。由於各地區人口組成的不同，往往也會反應在家族的型態上，如劉增貴〈漢代益州士族〉一文提到益州士族因地域的封閉性，彼此相互通婚的情形非常普遍。〔註 24〕相較之下，東漢三輔地區居民的主體是大量的陵寢移民，他們的身份包含吏二千石、富豪游俠等，這使得三輔士人的家族呈現較多元的風貌，在婚姻的選擇上也較多元，這些家族可能有跨好幾個世代的交往，彼此形成緊密的關係。

　　遷徙民眾以充實首都的做法源自秦始皇，他徙東方富商十二萬人於咸陽，利用強迫性的政治移民達到強化首都的效果。〔註 25〕西漢建立後漢高祖劉邦亦採取劉敬的提議，再度利用政治力量強迫人口遷移：「今陛下雖都關中，實少人。北近胡寇，東有六國之族，宗彊，一日有變，陛下亦未得高枕而臥也。臣願陛下徙齊諸田，楚昭、屈、景，燕、趙、韓、魏後，及豪桀名家居關中。無事，可以備胡；諸侯有變，亦足率以東伐。此彊本弱末之術也。」〔註 26〕劉敬的徙民政策有兩個目的，一是充實首都，二是國防，讓東方六國豪強移進長安的同時，也加強了國防的實力。不同於秦代直接將民眾移往首都，漢代的作法是將人民遷徙到皇帝的陵邑，因此有「陵寢徙民」的稱呼。從高祖長陵、安帝惠陵、文帝霸陵（文獻無徙陵記錄）、景帝陽陵、武帝茂陵、昭帝平陵、一直到宣帝杜陵，成帝後以安土重遷的考量，才廢止了徙民的政策。

　　據《漢書・地理志》：「漢興，立都長安，徙齊諸田，楚昭、屈、景及諸功臣家於長陵。後世世徙吏二千石、高訾富人及豪桀并兼之家於諸陵。蓋亦以彊幹弱支，非獨爲奉山園也。是故五方雜厝，風俗不純。其世家則好禮文，富人則商賈爲利，豪桀則游俠通姦。」〔註 27〕移民三輔的家族各因其家族的特性而有不同的特色（禮文、商賈、游俠），往往有數代的交際與通婚，同一個家族中也可能同時出現出仕、經商、游俠、豪強等各種樣貌，異於關東單純以仕宦聞

〔註 24〕　劉增貴，〈漢代的益州士族〉，頁 545～547。

〔註 25〕　《史記・秦始皇本紀》：「收天下兵，聚之咸陽，銷以爲鍾鐻，金人十二，重各千石，置廷宮中。一法度衡石丈尺。車同軌。書同文字。地東至海暨朝鮮，西至臨洮、羌中，南至北嚮戶，北據河爲塞，並陰山至遼東。徙天下豪富於咸陽十二萬戶。」，頁 239。

〔註 26〕　《史記・劉敬叔孫通列傳》，頁 2720。

〔註 27〕　《漢書・地理志》，頁 1642。

名的世家。由於家族間的多樣性，同族、同鄉之人互相賑濟成為常見的情形，史料中有中低層官吏負起家族經濟的責任，讓家族中其他人有不出仕或從事其他行業的可能。三輔士人的家族中從事商業活動的比例不低，乃至於畜牧業，這可能與東漢關中水利設備失修，農業略微衰退有關。不同時期針對不同對象的政治移民造成三輔地區家族面貌的多樣性。由於本章重點在討論這些遷徙的家族在東漢的發展，因此不贅述史料中所見每一個遷徙的家族，僅以至東漢仍然重要的家族為例，並於討論中討論個別家族性質以及整體特性。

（一）徙陵個別家族：

西漢大姓徙陵時間表如下：

表一：西漢大姓徙陵時間表 [註28]

時　間	地　點	姓　氏	徙陵原因
高祖	京兆長陵	第五氏	其先齊諸田，諸田徙園陵者多，故以次第為氏。
惠帝	扶風安陵	班氏	六國豪強
景帝	京兆陽陵	田氏	先齊諸田也，徙陽陵。
武帝	扶風茂陵	秦氏	自漢興之後，世位相承。（秦彭）六世祖襲，為潁川太守，與羣從同時為二千石者五人，故三輔號曰『萬石秦氏』。
武帝	扶風茂陵	馬氏	其先趙奢為趙將，號曰馬服君，子孫因為氏。武帝時，以吏二千石自邯鄲徙焉。
武帝	扶風茂陵	耿氏	其先武帝時，以吏二千石自鉅鹿徙焉。
昭帝	扶風平陵	賈氏	（賈逵）九世祖誼，文帝時為梁王太傅。曾祖父光，為常山太守，宣帝時以吏二千石自洛陽徙焉。
昭帝	扶風平陵	何氏	其先家于汝陰。（何敞）六世祖比干，學尚書於朝錯，武帝時為廷尉正，與張湯同時。湯持法深而比干務仁恕，數與湯爭，雖不能盡得，然所濟活者以千數。後遷丹陽都尉，因徙居平陵。 [註29]
昭帝	扶風平陵	竇氏	（竇融）七世祖廣國，孝文皇后之弟，封章武侯。融高祖父，宣帝時以吏二千石自常山徙焉。

[註28] 本表根據《史記》、《漢書》、《後漢書》資料做成。
[註29] 《東觀漢記》記載何氏的家族：「何脩生成，為漢膠東相；成生果，為太中大夫；果生比干，為丹陽都尉；比干生壽，蜀郡太守；壽生顯，京輔都尉；顯生鄢，光祿大夫；鄢生寵，濟南都尉；寵生敞：八世也。」，頁700。

宣帝	京兆杜陵	馮氏	馮奉世字子明，上黨潞人也，徙杜陵。
宣帝	京兆杜陵	廉氏	廉范字叔度，京兆杜陵人，趙將廉頗之後也。漢興，以廉氏豪宗，自苦陘徙焉。

　　根據學者對西漢徙陵遷徙對象的研究，高祖時「徙齊楚大族昭氏、屈氏、景氏、懷氏、田氏五姓關中，與利田宅。」〔註30〕因此高祖長陵是以六國大姓爲主；惠帝安陵亦以關東移民爲主，以趙、楚人居多；景帝陽陵的資料不多，但推測還是以六國移民爲主，當時還有招募活動：「募徙陽陵，予錢二十萬。」〔註31〕；武帝茂陵則以郡國豪傑、貲三百萬以上者居多；昭帝平陵則有徙貲百萬者及吏二千石的資料；宣帝杜陵則以吏二千石爲主。〔註32〕對照上表所列的家族，可以發現其中相似的地方。強調姓氏來源的家族，幾乎都可以將自己的姓上推到六國豪強或將軍，他們也以這樣的家世爲榮，如扶風馬氏源於戰國時趙將趙奢的號，性質上應屬六國豪強，到武帝時因吏二千石徙茂陵，則由豪族轉爲仕宦，到東漢成爲功臣外戚。武帝之後徙陵的對象至東漢仍有紀錄者，則以吏二千石爲大宗。除上表提到的家族之外，尚有不少徙陵家族值得細究，以下介紹之：

扶風茂陵郭氏

　　漢武帝時郭解因豪強徙茂陵，根據《史記・游俠列傳》的記載：「郭解，河內軹人也，溫善相人許負外孫也。……及徙豪富茂陵也，解家貧，不中訾，吏恐，不敢不徙。將軍爲言：『郭解家貧不中徙。』上曰：『布衣權至使將軍爲言，此其家不貧。』解家遂徙。諸公送者出千餘萬。」〔註33〕則郭解因游俠而強徙茂陵，因家財不及百萬（遷徙標準爲貲百萬），將軍衛青替他向武帝爭取不徙陵，但被武帝駁回，因此徙茂陵。後郭解因犯公法爲武帝所殺，其子孫則由任俠轉向仕宦。據《後漢書・郭伋傳》：「郭伋字細侯，扶風茂陵人也。高祖父解，武帝時以任俠聞。父梵，爲蜀郡太守。」〔註34〕至郭梵、郭伋父子兩代都官至太守，郭家儼然已由游俠豪強轉型成仕宦之家。

〔註30〕《漢書・高帝紀》，頁 66。
〔註31〕《史記・景帝紀》，頁 443。
〔註32〕陳鴻琦，〈西漢皇帝之陵邑及其徙民〉，頁 29～31。另外好並隆司計算徙陵對象的資產標準，認爲吏二千石約相當於貲二十萬的經濟水準，見氏著《秦漢帝國史研究》（東京：未來社，1978），頁 238～241。
〔註33〕《史記・游俠列傳》，頁 3185～3187。
〔註34〕《後漢書・郭伋傳》，頁 1091。

扶風茂陵杜氏

扶風杜氏東漢最著名士人為杜林。杜林父杜鄴，據《漢書·杜鄴傳》:「杜鄴字子夏，本魏郡繁陽人也。祖父及父積功勞皆至郡守，武帝時徙茂陵。鄴少孤，其母張敞女。鄴壯，從敞子吉學問，得其家書。」〔註 35〕則杜氏也是因歷任二千石徙陵。杜氏在學術上是傳外家張氏之學，杜鄴從舅氏張吉問學，杜林又從張竦問學:「林少好學沈深，家既多書，又外氏張竦父子喜文采，林從竦受學，博洽多聞，時稱通儒。」〔註 36〕由此可見杜、張兩家因姻親關係跨好幾代的交往。關於杜林學術的部分第四章會詳加討論，在此先從略。由於張敞後代於東漢不顯，關於張敞的部分在這邊一併說明。據《漢書·張敞傳》:「張敞字子高，本河東平陽人也。祖父孺為上谷太守，徙茂陵。敞父福事孝武帝，官至光祿大夫。敞後隨宣帝徙杜陵。」〔註 37〕張敞的祖父、父親都是吏二千石而徙陵，張敞則是隨宣帝遷至杜陵，其後子孫都定居於杜陵。張敞任太僕丞時，杜延年甚奇之，杜延年為杜周之子，為另一支杜氏，以下詳述之。

京兆杜陵杜氏

杜陵杜氏在杜周時始徙陵:「杜周，南陽杜衍人也。……初，杜周武帝時徙茂陵，至延年徙杜陵云。」〔註 38〕杜周子杜延年，杜周、杜延年兩代因吏二千石而隨陵，最後定居杜陵。此族東漢興於杜篤。「杜篤字季雅，京兆杜陵人也。高祖延年，宣帝時為御史大夫。……篤之外高祖破羌將軍辛武賢，以武略稱。篤常歎曰:『杜氏文明善政，而篤不任為吏;辛氏秉義經武，而篤又怯於事。外內五世，至篤衰矣!』女弟適扶風馬氏。建初三年，車騎將軍馬防擊西羌，請篤為從事中郎，戰沒於射姑山。……子碩，豪俠，以貨殖聞。」〔註 39〕杜篤外高祖為狄道辛武賢，辛武賢辛慶忌父子均為西漢有名武將，班固論山西出將曾言「狄道辛武賢、慶忌，皆以勇武顯聞。」〔註 40〕則杜氏與辛氏的聯姻亦象徵了文治武功的結合。杜篤入於《後漢書·文苑傳》，除以文章聞名外，亦隨馬防出擊西羌，死於征途。由杜篤的一生來看，可以看出杜陵杜

〔註 35〕 《漢書·杜鄴傳》，頁 3473。
〔註 36〕 《後漢書·杜林傳》，頁 934～935。
〔註 37〕 《漢書·張敞傳》，頁 3216。
〔註 38〕 《漢書·杜周傳》，頁 2659。
〔註 39〕 《後漢書·文苑傳》，頁 2595～2609。
〔註 40〕 《漢書·趙充國辛慶忌傳》贊，頁 2998。

氏由文法之吏漸染豪俠之風，杜篤之子杜碩則走向豪俠貨殖。此族在東漢一度
中衰，至三國時杜畿、杜恕、杜預祖孫三人皆知名，因此成爲中古的名族。

京兆杜陵張氏

京兆張氏知名於張湯、張安世父子，據《漢書・張湯傳》：「張湯本居杜
陵，安世武、昭、宣世輒隨陵，凡三徙，復還杜陵。」〔註41〕則知張氏在西
漢隨著不同皇帝遷徙至不同的陵邑，最後又遷回京兆杜陵。〔註42〕張湯子張
安世封富平侯，安世曾孫張純於東漢初拜謁光武，重封爲富平侯，張純於光
武朝位至三公。

京兆杜陵韋氏

韋氏知名於西漢韋賢。據《漢書・韋賢傳》：「韋賢字長孺，魯國鄒人也。
其先韋孟，家本彭城，爲楚元王傅，傅子夷王及孫王戊。」〔註43〕韋賢與子
韋玄成先後當過丞相，也都有隨陵，「初，賢以昭帝時徙平陵，玄成別徙杜陵，
病且死，因使者自白曰：『不勝父子恩，願乞骸骨，歸葬父墓。』上許焉。」
〔註44〕韋氏在西漢即是仕宦大家，宗族至吏二千石者十餘人。到了東漢韋氏
仍是大族，但有居扶風平陵及京兆杜陵者，應是韋賢、韋玄成父子先後隨陵
所造成的區別。韋氏在東漢顯者有韋彪，位至大鴻臚。

以上是關於遷徙時間可考家族的簡單介紹。東漢尚有一些家族亦於西漢
遷徙至三輔，但遷徙的時代或遷徙地點不可考的，這邊亦介紹如下：

扶風平陵魯氏

魯氏東漢知名人物爲魯恭，《後漢書・魯恭傳》載其家世：「魯恭字仲康，
扶風平陵人也。其先出於魯頃公，爲楚所滅，遷於下邑，因氏焉。世吏二千
石，哀平閒，自魯而徙。」〔註45〕這段文字記載了魯氏的原籍、姓氏起源（其
先出於魯頃公……因氏焉）及是吏二千石的背景。西漢至成帝後沒有再建置
陵邑徙民，魯氏的遷徙也許可視爲特殊的狀況。

〔註41〕《漢書・張湯傳》，頁 2657。文中的「張湯杜陵人」應誤，按《史記・酷吏列
　　　　傳》張湯爲杜縣人，宣帝時於杜縣設杜陵邑，兩個行政單位才合一。另外，2010
　　　　年 1 月於西安的考古工作隊發現了張安世的墓群，詳細情況待考古報告公佈。
〔註42〕關於隨陵的研究，可見陳鴻琦〈西漢皇帝之陵邑及其徙民〉頁 31。由於宣帝
　　　　後諸帝未築陵邑，隨宣帝遷徙杜陵的官員也在杜陵落地生根。
〔註43〕《漢書・韋賢傳》，頁 3101。
〔註44〕《漢書・韋玄成傳》，頁 3115。
〔註45〕《後漢書・魯恭傳》，頁 873。

扶風法氏

法氏在東漢興於法雄，據《後漢書・法雄傳》：「法雄字文彊，扶風郿人也，齊襄王法章之後。秦滅齊，子孫不敢稱田姓，故以法爲氏。宣帝時，徙三輔，世爲二千石。」〔註46〕法氏源於戰國齊襄王，子孫以法爲氏，則本質上應屬六國豪強，在宣帝時因世吏二千石徙陵，原本應居於平陵或杜陵，後來才搬遷到郿縣。法雄子法真，法真孫法正並知名。

從各家族徙陵的時間可以看出一些特質，高祖、惠帝時以六國豪強爲主，文帝以下大多是世吏二千石，兼有豪族。以人數來說，最多是茂陵和平陵，顯示徙陵的高峰在武帝和宣帝。武帝時除了規定貲百萬及世吏二千石徙陵外，還擴大關中的範圍；宣帝因爲是西漢最後一個實行陵寢徙民的皇帝，許多先前隨陵的家族到宣帝世便定居平陵或杜陵。

由於世吏二千石的特質，三輔不少家族有好幾代的交往跟通婚，如扶風茂陵杜鄴娶張敞女，並從張敞子張吉問學；杜鄴子杜林從外家張竦父子問學，進而傳張敞之學。杜陵杜延年則與狄道辛武賢通婚，〔註47〕兩人同爲宣帝時名臣，東漢杜篤女弟則適扶風馬氏。與皇室通婚的家族也不在少數，扶風竇氏興於西漢文帝竇皇后，以外戚顯，到了東漢更出了兩位皇后，一直是重要的外戚；在東漢與皇室通婚的家族還有扶風馬氏、扶風耿氏、扶風宋氏等。同郡家族互相通婚的情形也很普遍，如王莽時大司空王邑爲從弟求蔣詡之女；〔註48〕京兆長陵趙岐娶扶風馬融兄女；〔註49〕班彪將女兒班昭嫁給同郡曹壽。由於三輔大家族極多，姻親關係因此比較複雜，也因爲他們在全國性的仕宦上有地位，使得他們婚姻的選擇上可能不限於三輔地區，如馬融女馬倫嫁給汝南袁隗，〔註50〕袁氏字袁安以下四世三公，爲關東士族之首。

（二）整體家族走向

以上討論了三輔大族大致的狀況。東漢三輔士人絕大多數出自於陵邑，

〔註46〕 《後漢書・法雄傳》，頁1276。

〔註47〕 《後漢書・文苑傳・杜篤》：「篤之外高祖破羌將軍辛武賢，以武略稱。篤常歎曰：『杜氏文明善政，而篤不任爲吏；辛氏秉義經武，而篤又怯於事。外內五世，至篤衰矣！』」，頁2609。

〔註48〕 《三輔決錄》：「王邑爲從弟求蔣詡女，盛服送之。女辭不取，但衣青布，曰：『受父命，不敢違。』邑乃歎曰：『所以與賢者婚，欲爲此也。』」，頁16。

〔註49〕 《後漢書・趙岐傳》：「岐少明經，有才藝，娶扶風馬融兄女。融外戚豪家，岐常鄙之，不與融相見。」，頁2121。

〔註50〕 《後漢書・列女傳》，頁2796。

考察其家世絕大部分是因吏二千石而徙陵，高貲富厚與豪族亦有，但較少見。值得注意的是，這些吏二千石世家不見得會完全形成儒家官僚，或者是如關東經學世家自始至終傳經的現象，〔註51〕有些家族甚至出現儒生、文學、游俠、貨殖夾雜的現象，以下舉例說明：

扶風茂陵馬氏

馬氏源於戰國趙將趙奢，屬於六國豪強，在西漢則轉型為文官（吏二千石），馬援諸兄在王莽時都是吏二千石的官員。馬援於兩漢之際曾以畜牧至大富，後來仕光武，軍功顯著，諸子並為二千石；馬援兄子馬嚴則通春秋左氏傳，馬嚴子馬續與班昭一同續《漢書》，另一子馬融則為一代傳經大儒；與馬融同時的馬寔則任匈奴中郎將，亦「晝誦經書，夜習弓兵」〔註52〕；馬融族子馬日磾「少傳融業，以才學進，歷位九卿，遂登台輔」〔註53〕。考察馬家的家世，可以發現一開始源於武功（趙奢），西漢時轉型為文官，到馬援則於武功有所發揮，東漢一朝馬氏於對外的功績也很多，算是習武傳統的延續。即使家族有這麼強的武功的傳統，不妨礙出馬續、馬融這樣的大儒，馬融族子馬日磾亦傳經，可見其家族的多樣性。〔註54〕

京兆杜陵杜氏

杜陵杜氏興於西漢杜周。杜周、杜延年父子文法深刻；東漢杜篤以文章著名外，還參與對西羌的戰爭；篤子碩則「豪俠，以貨殖聞。」〔註55〕，儼然成為游俠商賈；至東漢末杜畿則以循吏聞名，子杜恕、孫杜預更以傳《左傳》知名，〔註56〕也讓京兆杜氏成為中古的大族，至唐朝而不衰。杜氏一族

〔註51〕 如琅邪伏湛：「九世祖勝，字子賤，所謂濟南伏生者也。湛高祖父孺，武帝時，客授東武，因家焉。父理，為當世名儒，以詩授成帝，為高密太傅，別自名學。」伏家一直以經學傳家，即使到東漢末伏無忌「亦傳家學，博物多識」，自始至終為一經學仕宦之家。見《後漢書・伏湛傳》，頁893、898。

〔註52〕 《後漢紀・卷十九》順帝，頁376。

〔註53〕 《三輔決錄》，頁51。

〔註54〕 關於扶風馬氏的研究，有吳桂美〈從豪強宗族到文化士族──東漢馬氏研究〉，《海南大學學報人文社會科學版》25卷3期，頁317～320，但此文僅根據刻板印象，無甚創見；另外劉增貴《漢代豪族研究》有提到馬融之後馬家仍不廢武功的現象，見頁319。

〔註55〕 《後漢書・文苑傳》，頁2609。

〔註56〕 陶淵明《集聖賢羣輔錄下》：「魏尚書僕射杜畿，字伯侯。畿子幽州刺史恕，字務伯。恕子鎮南將軍預，字元凱。預子散騎常侍錫，字世嘏。錫子光祿大夫乂，字宏治。右太原王、京兆杜，各稱五世盛德。聞之於故老。」見楊勇

始以律法嫺熟聞名，到文章游俠、再到經學傳家，有多種的面貌。

扶風平陵士孫氏

士孫氏在西漢遷到平陵的原因不詳，在《漢書》中有紀錄的是士孫方，入於〈儒林傳〉，以傳梁丘易聞名，官至光祿大夫，並以經學傳家；〔註57〕至東漢則有士孫奮以郡五官掾貨殖而致大富，後為梁冀所殺沒其家財；〔註58〕奮從子瑞則少傳家業，與王允謀誅董卓；〔註59〕瑞子萌以文章聞名，與王粲交好。〔註60〕觀察士孫家的發展，可以發現除了家學之外，他們並不反對從事商業活動，士孫奮才得以累積巨大的財富。但家族發展的主軸還是以傳經與仕宦為主。

另一方面，原本游俠豪族之家也有經過教化進入官僚系統的例子，較符合一般論兩漢豪族儒教化的現象。最著名的例子是郭解，因豪俠而徙陵，最後為武帝所殺，其孫輩已轉向仕宦，甚至有傳經的行為。原本屬於六國豪強的第五氏、廉氏等，也都有不同程度仕宦化的傾向。

上述例子可能只是幾個家族的縮影，對於我們理解三輔世家的多樣性提供很好的材料。除了儒學仕宦之外，經商、游牧、游俠豪強都經常出現在世吏二千石的家族中，可見徙陵的條件（高貲富厚、游俠豪強）對原本仕宦的家庭造成了影響，讓世家的面貌更多元。

除了家族多元化，三輔士人也常見贍養宗族的行為。如兩漢之際扶風茂陵孔奮「篤於骨肉，弟奇在雒陽為諸生，分祿奉以供給其糧用，四時送衣，下至脂燭，每有所食甘美，輒分減以遺奇。」〔註61〕；韋彪「清儉好施，祿

《陶淵明集校箋》（台北：正文書局，1976），頁 372。

〔註57〕 《漢書·儒林傳·梁丘賀》：「充宗授平陵士孫張仲方、沛鄧彭祖子夏、齊衡咸長賓。張為博士，至揚州牧，光祿大夫給事中，家世傳業；彭祖，真定太傅；咸，王莽講學大夫。繇是梁丘有士孫、鄧、衡之學。」，頁 3600。

〔註58〕 《後漢書·梁冀傳》：「扶風人士孫奮居富而性吝，冀因以馬乘遺之，從貸錢五千萬，奮以三千萬與之，冀大怒，乃告郡縣，認奮母為其守臧婢，云盜白珠十斛、紫金千斤以叛，遂收考奮兄弟，死於獄中，悉沒貲財億七千餘萬。」，頁 1181。

〔註59〕 《三輔決錄》：「士孫瑞字君榮，扶風人，世為學門。瑞少傳家業，博通無所不達。……卓既誅，遷大司農，為國三老。每三公缺，瑞常在選中。太尉周忠、皇甫嵩，司徒淳于嘉、趙溫，司空楊彪、張喜等為公，皆辭拜讓瑞」，頁 61。

〔註60〕 《三輔決錄》：「。天子都許，追論瑞功，封子萌澹津亭侯。萌字文始，亦有才學，與王粲善。臨當就國，粲作詩以贈萌，萌有答，在粲集中。」，頁 61。

〔註61〕 《東觀漢記校注》，頁 585。

賜分與宗族，家無餘財。」〔註62〕；另有摯茂「以茂才爲郡法曹，治財致大富，悉散以分宗人。」〔註63〕；馬援於隴漢間田牧之時「至有牛馬羊數千頭，穀數萬斛。既而歎曰：『凡殖貨財產，貴其能施賑也，否則守錢虜耳。』乃盡散以班昆弟故舊，身衣羊裘皮絝。」〔註64〕；廉范「世在邊，廣田地，積財粟，悉以賑宗族朋友。」〔註65〕從這些例子可以看出「家族」觀念擴大的趨勢，從兄弟到族人，有錢或成功的士人將財產「散與宗族」，幫助家族其他人，也讓其他人有就學或從事不同行業的可能。這樣的現象與中古北方士族群聚互相扶持的現象類似，也可以看出他們對家族觀念的重視。

　　關於贍養宗族實際的行爲，桓帝時的安平崔寔《四民月令》中可以看到類似的描述：「存問九族孤寡老病不能自存者，分厚徹重，以救其弊。……救喪紀，同宗有貧窶久喪不堪葬者，則糾合宗人共與舉之，以親疏貧富爲差，正心平斂，無相踰越，先自竭，以率不隨。」〔註66〕安平崔氏爲當時著名的世家，其賑養宗族的行爲不外乎養生（濟貧）送死（助葬），以自己的行爲做爲族人的表率，使同族貧困者也能受宗族的照顧存活。〔註67〕就宗族濟貧的部分，三輔士人與崔寔這樣的涿郡士人沒有太大的分別，或許可以視爲東漢士人的常態。

　　本節主要討論三輔士人的家族特色。三輔地區的人口來自原居及秦漢的政治移民，在政治移民中，西漢的陵寢徙民成爲往後三輔大族的主體，因此本節的重點放在對徙陵政策的整體回顧，包括：徙陵政策的由來、徙陵的時間以及家族的特性、徙陵家族世代交往通婚的情形、徙陵對風俗及家族多元性的影響，最後再討論三輔士人贍養宗族的行爲，以及三輔地區的人口移動。因爲政治移民的選拔標準（高官、豪強、商賈），使得三輔地區的家族也有異於關東世家的特色。出於他們是政治移民，對於地方勢力的變化的敏銳度相當高，當三輔情勢不穩時，他們所採取的移動方向也有其歷史意義。

〔註62〕《後漢書·韋彪傳》，頁920。
〔註63〕《三輔決錄》，頁10。
〔註64〕《後漢書·馬援傳》，頁828。
〔註65〕《後漢書·廉范傳》，頁1103～1104。
〔註66〕崔寔，《四民月令》（成都：四川人民出版社，1997），頁3～403。
〔註67〕萬繩楠《魏晉南北朝文化史》提到《四民月令》的紀載，認爲宗族是以家庭爲單位組成，各家庭有各家庭的財產，由此看來這樣的宗族結構是鬆散的。見氏著《魏晉南北朝文化史》（台北：雲龍出版社，1995），頁76～77。

第三節　三輔士人之遷徙

　　本章第一節提到東漢三輔大族多是因西漢徙陵政策遷徙到三輔，這些徙陵的家族，終西漢之世幾乎都沒有再遷回原居地，定著於三輔。王莽末年關中大亂時，有些家族遷至戰亂較少的西河、巴蜀等地，也有如第五倫集合宗族鄰里築塢堡，一起對抗盜賊。但東漢政權穩固後，這些曾暫時離開家族幾乎都重回三輔，這可能與當時的生態條件還能負擔那麼多的人口，以及世家以居舊京為榮有關。〔註68〕

　　東漢安帝以後三輔地區成為實際的國防線，使得三輔不斷受羌人侵擾，造成了一些士人往河東等地避難的現象，尤其以漢安帝永初年間的羌亂影響最大，如竇章「永初中，三輔遭羌寇，章避難東國，家於外黃。」〔註69〕竇章是竇融的玄孫，以竇氏如此大族尚要避居陳留外黃，可以想見當時的狀況；馬融也遭遇類似的情形：「永初二年，大將軍鄧騭聞融名，召為舍人，非其好也，遂不應命，客於涼州武都、漢陽界中。會羌虜飆起，邊方擾亂，米穀踴貴，自關以西，道殣相望。」〔註70〕馬融因不應鄧騭之召客於涼州，後來遭遇羌亂，也就避難於當地，從「自關以西，道殣相望」可以看出羌亂對關西整體的破壞，邊區動亂造成糧食價格高昂，形成人口移動的驅力。

　　安帝以後三輔歷經多次羌亂、黨錮及黃巾之亂，大大破壞三輔的農業環境及生態，〔註71〕加上東漢末涼州軍人多次侵擾三輔，使得三輔地區的人口急遽減少，許多士人紛紛逃往各地避難。

　　當時避難的方向主要是朝荊州、益州及北地三個方向。避難荊州的有趙岐與杜畿，趙岐以中央官身份出使荊州說劉表，「以老病，遂留荊州。」

〔註68〕這一點可從杜篤〈論都賦〉、班固〈兩都賦〉的文字中看出。

〔註69〕《後漢書·竇章傳》，頁821。

〔註70〕《後漢書·馬融傳》，頁1953。

〔註71〕安帝永初二年十一月「先零羌滇零稱天子於北地，遂寇三輔，東犯趙、魏，南入益州，殺漢中太守董炳。」；順帝永和五年「且凍羌寇三輔，殺令長。」；順帝永和六年閏月「鞏唐羌寇隴西，遂及三輔。」；桓帝延熹五年「零吾羌與先零諸種並叛，寇三輔。」；桓帝永康元年春正月「先零羌寇三輔。」，冬十月「先零羌寇三輔，使匈奴中郎將張奐擊破之。」；靈帝中平二年「北宮伯玉等寇三輔，遣左車騎將軍皇甫嵩討之，不尅。」；靈帝中平四年「扶風人馬騰、漢陽人王國並叛，寇三輔。」；獻帝興平元年「三輔大旱，自四月至于是月。帝避正殿請雨，遣使者洗囚徒，原輕繫。是時穀一斛五十萬，豆麥一斛二十萬，人相食啖，白骨委積。」

〔註 72〕；杜畿則是擔任漢中府丞時「會天下亂，遂棄官客荊州，建安中乃還。」〔註 73〕。避難北地的有蘇則：「則世爲著姓，興平中，三輔亂，飢窮，避難北地。客安定，依富室師亮。」〔註 74〕。移居益州的則有法正等人：「建安初，天下饑荒，正與同郡孟達俱入蜀依劉璋。」〔註 75〕；射堅、射援兄弟亦避難益州：「獻帝之初，三輔饑亂，堅去官，與弟援南入蜀依劉璋。」〔註 76〕顯見三輔地區人口流動的方向性，而這些士人選擇移動的地方往往與他們的仕宦往來有關係。

三輔士人因戰亂而避難，移動至這些較爲安定的地方反而爲他們的仕途帶來更大的契機：如趙岐於獻帝時出使荊州，劉表也敬重他，最後「岐以老病，遂留荊州。」〔註 77〕；杜畿原本任漢中府丞，「會天下亂，遂棄官客荊州。」〔註 78〕在荊州時結識荀彧，並經由荀彧的引薦讓他在曹操手下任官。由此可見仕宦上的熟識對於士人避難時的選擇是有影響，也影響到他們日後所屬的陣營。避難荊州者往後多經由荀彧的引薦，成爲曹操的部下；避難益州的人則先後依附劉璋和劉備。〔註 79〕漢末三國時期的同鄉關係常常拿來當成勸誘的條件，甚至在大部分的情況之下，同鄉情誼不受政治勢力影響。〔註 80〕三輔士人在這方面則無明確的例子以供參考，僅備此一說。

值得注意的是，文獻中這些避難別處的三輔士人並未標明他們是與家族一起移動，同時期的文獻如荀彧以潁川爲四戰之地，「或獨將宗族至冀州」〔註 81〕，顯示當時有同族移動的可能性，但在三輔士人的紀錄中都缺乏這樣的紀錄。這或許可以視爲士人人際網絡的優勢造成遷徙時的可能性，人際網絡在避難時發揮大於家族的影響力。

〔註 72〕　《後漢書‧趙岐傳》，頁 2124。
〔註 73〕　《三國志‧魏書‧杜畿傳》，頁 494。
〔註 74〕　《三國志‧魏書‧蘇則傳》注，頁 491。
〔註 75〕　《三國志‧蜀書‧法正》，頁 957。
〔註 76〕　《三輔決錄》，頁 57；《三國志‧蜀書‧先主備》注，頁 885～886。
〔註 77〕　《後漢書‧趙岐傳》，頁 2124。
〔註 78〕　《三國志‧魏書‧杜畿傳》，頁 494。
〔註 79〕　如法正「建安初，天下饑荒，正與同郡孟達俱入蜀依劉璋，久之爲新都令，後召署軍議校尉。」，見《三國志‧蜀書‧法正》，頁 957。
〔註 80〕　劉增貴，〈漢魏士人同鄉關係考論〉（下），頁 86。
〔註 81〕　《三國志‧魏書‧荀彧傳》，頁 308。

第四節 小 結

本章說明三輔地區的地理特色及人口移動。第一節說明自秦到兩漢三輔地區地理行政區的變化以及影響人口組成的徙陵政策；第二節說明三輔地區遷徙家族的特色以及相關發展；第三節則針對三輔地區人口移動的趨勢做一說明。

東漢三輔的家族大多是因西漢的陵寢徙民政策而遷徙到三輔，徙陵的條件（吏二千石、豪強游俠、高貲富厚）造成這些家族不同的家風，而且在這樣交互作用下，部分家族朝向多元化發展，同一家族中可以包含儒學傳經、武功仕宦、商賈及游俠，相較關東地區單傳以儒學傳家的家族來得多元。不少世吏二千石的家族產生延續數代的交往，甚至通婚成為姻親。一般而言，三輔家族中常出現贍養宗族的行為，同族之人相互扶持救助，這點與河北士族安平崔氏有類似之處。最後討論到三輔士人的遷徙性，大部分徙陵的家族終西漢之世沒有再回到原居地，西漢末大亂時，大部分家族不是避地天水、益州等地，就是在險要處築堡壘，東漢成立後避地他處的家族又遷回三輔；東漢中期以後受羌亂的威脅，部分家族開始往東移動，直到東漢末大亂，才又出現大規模的遷徙。

三輔士人在東漢末年的移動方向大致有三個方向，往東至荊州、往南至益州或往西至北地，這樣的移動方向與西漢末大亂時三輔人口的移動方向沒有太大的差異，但是由文獻記載中可以看出東漢末年士人網絡的影響，士人因熟人而移動的情形非常常見，甚至在移動時少見整個宗族移動的現象，這或許也說明人際網絡的影響力漸漸超過宗族，成為締結新關係的重要媒介。

第三章　三輔士人與東漢政治

　　本章主要從區域性的士人如何對全國政治產生影響的角度，來探討三輔士人在東漢政治的特殊地位。西漢三輔地區因爲延續秦代的徙民政策，徙陵的條件顯示他們是政治社會的菁英，徙陵的舉動也強化了這些人對中央政府的認同感，他們亦以國家的菁英自居。到了東漢，政治中心由長安轉移到洛陽，對三輔士人造成全面性的衝擊。面對以南陽豪族爲中心的東漢政權，三輔士人必須以外來者的身份重新參與其中，還要面對帝國核心東移、原本政經地位下降的事實。對三輔士人來說，如何維持政治優勢，重新取得政治地位就成爲重要的課題。

　　本章的第一節將會討論三輔士人如何加入東漢政府，由地方割據勢力轉變成東漢開國功臣的過程，以及首都遷移後對他們造成的衝擊。第二節則討論部分三輔士人由功臣轉變爲外戚，與其他三輔士人緊密連結，形成政治集團主導國家決策的經過，以及他們對「外戚」主政模式的影響。第三、第四節則討論三輔士人於東漢政治的特殊之處：對西北的用兵，及以循吏爲標準的政治思想，以此分析他們在東漢的仕宦的優勢及變化。希望能經由以上的討論，釐清三輔士人在東漢政治中扮演的角色。

第一節　三輔士人與東漢政權建立

　　本節將討論三輔士人參與光武集團的過程，在此之前，先簡單說明東漢政權的特質，亦即所謂的「豪族政權」。東漢光武帝劉秀出身南陽豪族，爲漢代宗室，但家族長期在南陽，已與地方豪族無異。劉秀集團一開始以南陽劉

氏及劉秀母族妻族、南陽當地豪族爲核心，隨著領地擴大，才有其他勢力士人的加入。光武集團原本只是王莽政權覆亡後，在中國各地出現眾多武裝集團之一，在用兵全國的過程逐漸結合或是吞併其他的重大勢力如更始集團、竇融集團、隗囂集團、公孫述集團等。〔註1〕換句話說，東漢政權一開始是以南陽豪族爲核心，陸續取得其他地區豪族的加入和認同。具體的例證，就是從東漢開國功臣加入光武的順序及所扮演的角色來判斷。〔註2〕本節擬從區域差異的角度，來看東漢初年三輔士人如何與中央政府發生連結，又與原先所屬勢力產生什麼樣的變化。

三輔士人在什麼時間、以什麼樣的身份加入光武集團，則是一個有趣的課題。考察三輔士人於東漢的出仕，可以發現他們大致來自四個不同的背景：1. 竇融梁統河西集團；2. 天水隗囂集團；3. 益州公孫述集團；4. 西漢時已任官，王莽時或仕或隱。這四項中，前三類都是屬地方割據的豪族勢力，第四類則是原本政權中（西漢、王莽）文官體系的一員。在實際討論三輔士人所屬勢力之前，先介紹兩漢之際三輔地區的狀況。

如第一章所述，影響東漢三輔地區人口分佈最重要的因素是西漢諸帝的徙陵政策，多數吏二千石移居三輔，到東漢都還有延續仕宦。西漢時的三輔是全國政治核心，王莽篡漢後首都仍在長安，政治勢力也未曾轉移。王莽末年天下大亂，除了飢民集團如銅馬、赤眉到處流竄外，據地起兵者更不在少數，屬於帝國核心區的三輔成爲兵家必爭之地，起事者眾多，沒有較大的勢力能稱霸一方。《後漢書‧馮異傳》描述了當時的情形：

> 時赤眉雖降，寇猶盛：延岑據藍田，王歆據下邽，芳丹據新豐，蔣
> 震據霸陵，張邯據長安，公孫守據長陵，楊周據谷口，呂鮪據陳倉，
> 角閎據汧，駱延據盩厔，任良據鄠，汝章據槐里，各稱將軍，擁兵
> 多者萬餘，少者數千人，轉相攻擊。……時百姓飢餓，人相食，黃

〔註1〕 余英時〈東漢政權之建立與士族大姓之關係〉分析兩漢之際各地豪傑起事，綜合歸納出三點：一，兩漢之際的群雄並起是全國性的；二，當時起兵者以宗室、士族、大姓爲主要成分；三，從起事者的區域分佈可看出全國士族發展的情形。見余英時《中國知識階層史論古代篇》（台北，聯經出版事業公司，2001），頁131～139。

〔註2〕 一般論光武開國時功臣，主要以明帝時追封之雲台三十二將爲主，關於光武用人與功臣的問題學界已多有研究，在此從略。可參考可見廖伯源，〈論光武用人政策之若干問題〉，《中研院歷史語言研究所集刊》第六十一本第一分（台北，1991），頁1～27。

金一斤易豆五升。〔註3〕

這段文字可以看出大量起事者在三輔地區互相攻擊，造成了經濟治安的惡化，也影響到三輔大族的利益。當時的士人面對這樣的狀況大致有兩個作法：一是建營壁堡壘，依險阻以防禦盜賊，這可以第五倫為代表，《後漢書・第五倫傳》描述當時的情形：

> 倫少介然有義行。王莽末，盜賊起，宗族閭里爭往附之。倫乃依險固築營壁，有賊，輒奮厲其眾，引彊持滿以拒之，銅馬、赤眉之屬前後數十輩，皆不能下。〔註4〕

建營壁防禦盜賊在兩漢之際是非常普遍的現象，《後漢書・劉盆子傳》亦提到「時三輔大飢，人相食，城郭皆空，白骨蔽野，遺人往往聚為營保，各堅守不下。」〔註5〕

除了就地建營壁防禦外，第二種作法是以三輔大亂不宜久居，選擇家族長期仕宦而熟悉之地區、或是地理條件相對封閉之地舉宗前往，可以竇融、公孫述為代表。二人皆為扶風人，竇融家族累世在河西仕宦，因此聯合河西其他的太守，組成武裝自保集團；公孫述則是因大亂之時恰巧於漢中任官，於是趁機入蜀。由於竇融、公孫述皆為三輔人，許多三輔士人因同鄉關係加入他們的集團。至於天水隗囂，則是因為更始稱帝時曾在長安仕宦，與三輔有地緣關係，更始被殺後長安大亂，隗囂回到天水，禮遇三輔士人，也吸引大量士人前往。

王莽末年以來三輔大亂，造成地區人口的流動，依照竇融走河西、隗囂歸天水、公孫述據巴蜀來判斷，當時人口移動的方向主要是往西至河西走廊、以及往南越過漢水至巴蜀這兩條路線，而且往往是以宗族為單位大規模的遷徙。這樣移動的方向性從秦代到南北朝都是如此，可以說是因關中地理環境所造成。以下就竇融、隗囂、公孫述三個集團的主要組成份子及他們與三輔士人的關連性做說明。

（一）竇融河西集團

竇融梁統集團是當時最大的士族武裝自保集團。竇氏一族發跡於西漢文

〔註3〕　《後漢書・馮異傳》，頁 647。
〔註4〕　《後漢書・第五倫傳》，頁 1395。
〔註5〕　《後漢書・劉盆子傳》，頁 484。關於兩漢之際營壁的研究，可以參考那波利貞〈塢主考〉，《東亞人文學報》三卷四號。

帝竇皇后，宣帝時因吏二千石徙至扶風。更始新立，竇融見其政日亂，且竇氏久宦於河西，有地緣之故，於是聯合河西其他太守刺史，建立一個以士族利益爲前提的武裝自保集團，外抗羌胡、內禦盜賊，由於成效卓著，吸引許多其他地區的民眾遷往河西。建武五年，光武於河北取得根據地後，隨即派遣使者至河西，授與竇融官位，希望能利用竇融在河西的地理優勢牽制鄰近隗囂和公孫述的勢力。如此一來，光武即可將注意力放在河北。東漢統一後，竇融竇友兄弟並典禁軍，顯示光武器重他的程度。

《後漢書·竇融傳》記載竇融集團的成立過程及成員。更始時，竇融辭去鉅鹿太守的職位，請爲張掖屬國都尉，並任命梁統、史苞、竺曾、辛肜、庫鈞爲五郡太守。〔註6〕這五人中，史苞是扶風茂陵人，辛肜有可能是狄道辛氏，梁統是安定人，祖父以貲千萬徙茂陵，哀平時重回安定。〔註7〕從貲千萬徙茂陵看來，安定梁氏亦是當地的豪族。由此可以推斷，竇融集團是代表河西幾個大豪族的利益，集團成員也都有士人的背景。

由於同鄉及地緣的因素，竇融集團吸引了不少避難而來的士人，竇融邀請他們擔任官職，他們也不一定會擔任。這些士人中較重要的有蔡茂（河內懷縣）、孔奮（扶風茂陵）、班彪（扶風安陵）、王隆（馮翊雲陽）。其中班彪爲竇融規劃政治政策，「乃爲融畫策事漢，總西河以拒隗囂。」〔註8〕竇融集團承認光武是唯一正統的政權，並且與鄰近的割據勢力對抗；也因爲這樣的緣故，竇融自建武五年光武授與涼州牧的官職以來，一直與光武關係密切。

（二）隗囂天水集團

隗囂爲天水成紀人。〔註9〕他雖非三輔人，與三輔的地緣關係是在求學（劉

〔註6〕　《後漢書·竇融傳》：「於是以梁統爲武威太守，史苞爲張掖太守，竺曾爲酒泉太守，辛肜爲敦煌太守，庫鈞爲金城太守。融居屬國，領都尉職如故，置從事監察五郡。河西民俗質樸，而融等政亦寬和，上下相親，晏然富殖。修兵馬，習戰射，明烽燧之警，羌胡犯塞，融輒自將與諸郡相救，皆如符要，每輒破之。其後匈奴懲义，稀復侵寇，而保塞羌胡皆震服親附，安定、北地、上郡流人避凶飢者，歸之不絕。」，頁796～797。

〔註7〕　《後漢書·梁統傳》，頁1165。

〔註8〕　《後漢書·班彪傳》，頁1324。

〔註9〕　王莽時劉歆曾引囂爲士，更始新立，隗囂的諸父兄長殺鎮戎大尹以相應，並共推隗囂爲大將軍，隗囂遂以扶風平陵方望爲軍師。更始二年，更始徵隗囂至長安，初以爲右將軍，後升至御史大夫。後赤眉入關中，隗囂欲劫更始以歸光武，事覺，逃歸天水。

歆引爲士）及應更始之徵時建立。他在赤眉入關中時回到天水，自稱「西州大將軍」。「及更始敗，三輔耆老士大夫皆奔歸囂。」〔註10〕可見三輔士大夫對隗囂是有一定的熟悉度，加上三輔大亂，隗囂在天水有家族的勢力且遠離戰爭，無怪乎吸引相當多三輔人士前往：

> 囂素謙恭愛士，傾身引接爲布衣交。以前王莽平河大尹長安谷恭爲掌野大夫，平陵范逡爲師友，趙秉、蘇衡、鄭興爲祭酒，申屠剛、杜林爲持書，楊廣、王遵、周宗及平襄人行巡、阿陽人王捷、長陵人王元爲大將軍，杜陵、金丹之屬爲賓客。由此名震西州，聞於山東。〔註11〕

從這份名單中，可以發現隗囂集團中三輔士人佔很大的比例，名單中的谷恭（京兆長安）、范逡（扶風平陵）、趙秉（扶風平陵）、申屠剛（扶風平陵）、杜林（扶風平陵）、王元（京兆長陵）皆爲三輔人士，再加上方望（扶風平陵）、馬援（扶風茂陵），顯見三輔士人在隗囂集團中扮演重要角色。

　　隗囂之所以能吸引這麼多三輔士人來歸，一方面是隗囂素有名氣且好經書，另一方面是他謙恭下士，加上地緣的熟悉，使得他成爲一方的勢力。光武稱帝後也與隗囂接觸，建武二年鄧禹擊赤眉時，持節命隗囂爲西州大將軍，這是隗囂與光武接觸之始；其後光武與隗囂之間亦有書信往來，但隗囂欲稱霸一方，其下士人多有歸光武者。建武四年隗囂遣馬援觀公孫述、光武，後怨馬援不爲己所用；申屠剛、杜林、鄭眾則於建武六年歸光武，並且得到光武的重用。建武九年隗囂病死，隔年大部分勢力都落入光武手裡，部將王元則奔至巴蜀依公孫述。隗囂在政治上雖採取與光武敵對的態度，但對於手下三輔士人投奔光武的舉動相對寬容，這可能與他對待士人一向友善的態度有關。

（三）公孫述益州集團

　　公孫述爲扶風茂陵人，祖先因吏二千石，武帝時自山東無鹽徙茂陵，他因仕宦地緣之故在巴蜀稱王，追隨他的大多是地方豪族，士人色彩較淡：

> 自更始敗後，光武方事山東，未遑西伐。關中豪桀呂鮪等往往擁眾以萬數，莫知所屬，多往歸述，皆拜爲將軍。遂大作營壘，陳車騎，

〔註10〕《後漢書·隗囂傳》，頁521。
〔註11〕《後漢書·隗囂傳》，頁522。

肄習戰射，會聚兵甲數十萬人，積糧漢中，築宮南鄭。〔註12〕

公孫述於更始二年稱王於巴蜀，後來在建武元年稱帝，他的部下最初以關中豪傑呂鮪、李育等人爲主，光武部將岑彭擊破夷陵後田戎、程汎亡入蜀，成爲公孫述的將領。從上述文字看來，公孫述集團相對來說士人色彩不重，與三輔只有地緣關係較爲接近。

上述三個以三輔人爲主幹的集團中，竇融、隗囂都曾受光武的封爵，但只有竇融聽從光武號令，隗囂、公孫述後來都割據一方與光武對抗，原屬這兩個陣營的士人大多歸順光武，並爲光武所重用。除了源於這幾個勢力的士人外，尙有許多於哀平至王莽時擔任官職者加入光武集團，如郭伋、蘇竟、宋弘、景丹等；於哀平時仕、王莽時隱、後來應光武之徵的則有王丹、馮衍、宣秉等人。從他們因地緣、時間先後分別加入光武集團，可以看出三輔士人是承認光武所重建的東漢政權。

至於三輔士人進入光武集團的順序，則較受地緣關係影響。最早加入光武陣營的三輔士人多是在光武平定河北時加入，如上谷太守耿況、耿況子耿弇（扶風茂陵）及其長史景丹（馮翊櫟陽），他們在更始二年光武平定河北時加入，〔註13〕光武即位後耿弇、景丹都拜大將軍；萬脩（扶風茂陵）更始時爲信都令，後從光武平北平。以上幾人都因原本任官於河北附近，較早進入光武陣營，也都立下不少軍功，耿況、耿弇、景丹、萬脩均封侯，除耿況外皆屬雲台功臣。

其他較早加入光武陣營的士人，多是在哀平、王莽之際就已經任官，加入光武陣營後則延續他們原本擔任的官職，如蘇竟（扶風平陵）王莽時爲代郡中尉，光武即位拜代郡太守；張純（京兆杜陵）哀平間爲侍中，王莽時至列卿，建武初謁得復其封國，建武五年拜太中大夫；郭伋（扶風茂陵）哀平間辟大司空府，王莽時遷并州牧，更始時任左馮翊，光武拜爲雍州牧，後拜爲尙書令；宋弘（京兆長安）哀帝時爲侍中，王莽時任共工（約等於少府），光武即位即拜太中大夫，建武三年拜大司空；張湛（扶風平陵）成哀時爲吏二千石，王莽時歷太守都尉，建武初爲左馮翊，建武五年拜光祿勳；王丹（京兆下邽）哀平時仕，王莽時不仕，鄧禹征關中時王丹爲他補給軍糧，後光武徵

〔註12〕 《後漢書‧公孫述傳》，頁 537。

〔註13〕 《後漢書‧耿弇傳》：「光武見弇等，說，曰：『當與漁陽、上谷士大夫共此大功。』」見《後漢書》，頁 704～705。

爲太子少傅；宣秉（馮翊雲陽）於哀、平、王莽時不仕，更始徵爲侍中，建武元年拜御史中丞。以上的三輔士人在東漢的仕宦多延續他們以前的官職，再由郡國守相轉職中央。這樣的作法一方面借重他們對該地職務的熟悉程度，一方面承認既有的秩序，轉任中央則是讓他們感受到光武對他們的重視。

原屬於其他勢力的士人加入的時間自然較晚，竇融（扶風平陵）於建武五年遣長史劉鈞奉書獻馬給光武，光武即任命竇融爲涼州牧，其下的士人自然也接受光武的官職。屬於隗囂旗下的士人狀況比較特殊，馬援（扶風茂陵）於建武四年奉隗囂的命令查訪公孫述及光武，隨即加入光武陣營，建武八年帶頭西征隗囂；杜林（扶風茂陵）王莽末與范逡、孟冀避地河西，都辟於隗囂，建武六年以三輔已平爲由還歸三輔，後光武徵爲大司徒；申屠剛（扶風茂陵）王莽末避地河西，隗囂用之，後與杜林等人俱歸光武，建武七年詔書徵。隗囂政權要到建武九年才宣告終結，但是建武五年之後旗下的三輔士人紛紛出走，接受光武給的官職。光武對於來自其他勢力的三輔士人亦相當敬重，其中竇融、馬援均封侯，竇融列於雲台三十二將；杜林、申屠剛爾後亦擔任重要官職，顯見光武欲拉攏其他勢力的士人。

三輔士人加入光武時間表如下：

表二：三輔士人加入光武政權時間表〔註14〕

姓　名	籍　貫	加入時間	先前官職	加入後官職
耿況	扶風茂陵	更始二年	上谷太守（更始）	？
耿弇	扶風茂陵	更始二年	耿況子	建威大將軍
景丹	馮翊櫟陽	更始二年	上谷太守長史	驃騎大將軍
萬脩	扶風茂陵	建武元年（？）	信都令（更始）	右將軍
郭伋	扶風茂陵	建武元年	并州牧（王莽）、左馮翊（更始）	中山太守、漁陽太守、潁川太守、雍州牧、太中大夫
蘇竟	扶風平陵	建武元年	代郡中尉（王莽）	代郡太守、侍中
張純	京兆杜陵	建武元年	列卿（王莽）	太中大夫、五官中郎將、太僕、大司空
宋弘	京兆長安	建武元年	共工（王莽）	太中大夫
玉況	京兆杜陵	？	？	陳留太守、司空

〔註14〕本表以《後漢書》列傳的資料製作而成。

張湛	扶風平陵	建武元年	太守都尉（王莽）	左馮翊、光祿勳、太子太傅、太中大夫
魯□	扶風平陵	建武初	武陵太守	卒於官（爲魯恭之父）
王丹	京兆下邽	建武二年	哀平仕、王莽隱	太子少傅
宣秉	馮翊雲陽	建武元年	侍中（更始）	御史中丞、司隸校尉、大司徒司直
竇融	扶風平陵	建武五年	涼州太守（更始）	涼州牧、冀州牧、大司空、衛尉
馬援	扶風茂陵	建武四年	隗囂	太中大夫、隴西太守、虎賁中郎將、伏波將軍
杜林	扶風茂陵	建武六年	隗囂	大司徒司直、光祿勳、東海王傅、少府、光祿勳、大司空

　　由上表可看出參與東漢政權的三輔士人分成兩類，一類是原本擔任地方官而響應光武，一類是原屬其他勢力後來加入，這兩種類型的士人在東漢的政治上形成強烈的風格。原屬其他勢力的三輔士人在統一後大量與東漢皇室通婚，竇融、梁統子皆尚公主，〔註15〕馬、竇、梁三氏更成爲東漢重要的外戚，一路影響東漢政治的發展；從哀平王莽延續仕宦的三輔士人則可分成兩類：歷任邊郡守及循吏兩種類型。歷任邊郡守如扶風平陵蘇氏、扶風耿氏，他們因世代熟悉邊務，在對西北的用兵中扮演重要的角色；循吏則成爲另外的政治典型，邊郡守在內政上的措施也可近於循吏。

　　當光武統一全國後，三輔士人對東漢的中央政府開始有不同的想法。自秦代至王莽，首都皆在關中，政治性移民充實京師的理念充分呈現在秦代移民政策及西漢陵寢徙民上。徙陵政策讓全國的菁英官僚、豪強巨富在三輔生根，在他們的自我認同中，三輔是全國的核心區，能住在關中是非常光榮之事。〔註16〕王莽末年以降關中大亂，竇融、公孫述等人避地他處，也只是爲了保全宗族不得不做出的權宜之計。光武即位時關中尚有許多勢力未平定，定都洛陽也在情理之中；但是當光武統一全國後，三輔士人的精神憂慮漸漸顯露。當時三輔士人所爭議的焦點有二：一是定都洛陽，二是光武重臣中大量南陽人。

〔註15〕　《後漢書・竇融傳》：「竇氏一公，兩侯，三公主，四二千石，相與並時。」，
　　　　　頁 808；梁統子梁松尚光武女舞陰公主。
〔註16〕　這樣的心態可從漢武帝時，將函谷關移至河南新安看出，函谷關位置的改變顯示
　　　　　關中範圍的擴大，見邢義田，〈試釋漢代的關東關西與山東山西〉，頁 25～26。

關於定都洛陽的問題，光武時大臣有諸多討論，最後選定洛陽，與漕運的問題關係最密切。洛陽為天下漕運之中，且光武定都時長安方亂，洛陽距離光武勢力中心的南陽較近，當時光武主力在平定河北的割據勢力，對三輔及其以西之地仍未能平定；且王莽時匈奴復叛，若貿然定都長安，首都隨時有可能面臨威脅，如此一來，定都洛陽也就成為定論。但在三輔士人的認知中，長安是長久以來的首都，也是先帝陵寢之所在，光武定都洛陽看來只是暫時的權宜之計，等三輔安定，還是會遷都長安；但一直到建武十二年光武滅公孫述統一全國，仍未有遷都的舉動，遂引起三輔耆舊的恐慌。首都的東移表示出長安不再是帝國的核心，連帶影響到三輔的政治地位。杜篤（京兆杜陵）曾上書勸光武應復都長安，但沒有被採納。〔註17〕爾後班固兩都賦、張衡二京賦這些關於首都的文學作品，都可視為東漢對定都問題討論的延續。

第二個問題是光武專用南陽人。從光武起事的經過，可以看出他集團中的核心人物是以南陽豪族為中心，在平定其他勢力時順便吸收人才。等到滅了公孫述統一全國，光武偏用南陽人的問題便顯現出來，郭伋便曾上書光武，勸其不應專用南陽人。〔註18〕學界關於光武用人的討論大致集中在范曄以降論光武不專用功臣的概念上。筆者根據廖伯源整理光武前期（建武元年至建武十二年）後期（建武十三年至中元二年）三公、九卿及地方郡國守相的姓名，分析他們的籍貫，可以看出一些端倪。〔註19〕光武前期三公可得姓名者十人，南陽人佔五人，三輔只有一人（京兆宋弘）；九卿可得姓名者十六人，南陽佔四人，三輔兩人（扶風張湛、扶風杜林）；前期守相可得姓名者八十三人，南陽佔十二人，三輔佔八人。在光武統治前期就位至公卿守相的三輔士人大多有特殊的地緣或時間關係，稍後會做說明。至於光武後期三公可得姓名者十八人，南陽佔七人，三輔佔四人（京兆玉況、扶風竇融、扶風杜林、京兆張純）；九卿可得姓名者二十三人，南陽佔六人，三輔四人（扶風杜林、扶風竇融、京兆張純、扶風耿國）；後期郡國守相可得名者九十人，南陽十九

〔註17〕《後漢書・循吏傳・王景》：「先是杜陵杜篤奏上〈論都賦〉，欲令車駕遷還長安。耆老聞者，皆動懷土之心，莫不眷然佇立西望。」，頁2466。

〔註18〕《後漢書・郭伋傳》：「（建武十一年）伋因言選補眾職，當簡天下賢俊，不宜專用南陽人。」，見《後漢書》，頁1092。

〔註19〕廖伯源，〈試論光武帝用人政策之若干問題〉，《中央研究院歷史語言研究所集刊》61：1（台北，1991／7），頁3、6、7、9。

人，三輔十三人。從比例來看，三輔士人在建武十二年後成為中央官僚的數量有提高，成為僅次於南陽的勢力。

定都洛陽對往後東漢的情勢造成很大的影響，最嚴重的是帝國長期只以河南為中心，對邊區的長期漠視引起國家內部的分化。在出擊匈奴、維持西域的問題上，三輔士人著力甚深；但安帝之後連續的天災及羌亂讓東漢政府無心經營西域這一塊，連帶影響到對羌亂的處理。當羌亂轉趨嚴重，大臣甚至提議要棄涼州，把羌亂嚴重的郡治移往三輔。在這樣的情況下，三輔與并、涼已是同一處境。順帝時於境內設堡壘以禦羌人，并州涼州均在此新的防衛線之外，如此一來則是以三輔為邊區。

光武亦察覺到區域人才失衡的問題，他對三輔士人其實相當籠絡，尤其是竇融集團與隗囂集團下的士人，這可從他們擔任重要官職、以及與皇室通婚看出。光武後期有意不用功臣，但竇融兄弟並掌禁軍、其子尚公主，馬援居要職，梁統子梁松亦尚公主，可以看出光武想要拉攏這些士人。光武以降東漢政治史最重要的問題就是外戚，外戚之興乃是仰賴皇后，而東漢皇后非河南即三輔出身，且多為功臣之後，三輔出身的竇氏、馬氏當政時亦多與三輔士人交接，因此下一節即從外戚與三輔士人的關係入手，討論三輔士人對東漢政治參與的程度。

本節討論三輔士人參與東漢光武政權的過程：三輔士人在加入光武前大致屬於兩種身份，一類是地方勢力，如竇融、隗囂及公孫述集團；另一類則是西漢末及王莽、更始期間擔任地方官。由於地區的限制，他們加入光武政權的時間也不同，原先即擔任地方官的在承認光武政權後也被賦予相似的官職，等於承認他們原先的治理；原本屬於其他勢力的士人在加入光武成為光武積極拉攏的對象，不僅與他們通婚，還讓他們擔任中央的重要官職。在東漢統一全國後，三輔士人的憂慮集中在定都洛陽以及人才選用上專用南陽人的問題，這兩個問題也在往後引發政治效應，本章第二節與第三節會再提到。

第二節　三輔外戚之政治集團

史家討論東漢政治時，「外戚政治」或「貴戚政治」〔註20〕是相當重要的

〔註20〕 東晉次《後漢時代の政治と社會》一書用「貴戚政治」來討論東漢的外戚現象，他認為「貴戚」兼指內戚與外戚，即包含皇帝宗室及皇帝的外姻，見其書頁 92～101。

一環，尤其在皇帝多數年幼即位的情況下，外戚主導政治幾乎成爲和帝以後的常態。東漢的外戚之所以長期主導政治，與他們的性質有很大的關係。

　　東漢皇室通婚的對象是以光武功臣及地方豪族爲主，一方面藉助功臣家族的政治勢力達到鞏固政權的目的，另一方面也是拉攏世族的手段，換句話說，嬪妃背後都有家族力量在支持。〔註21〕東漢的皇后大抵出於郭、陰、馬、竇、宋、鄧、梁等大族，這幾個大族全部是光武開國功臣，郭氏、陰氏、鄧氏出身南陽，馬氏、竇氏、宋氏、梁氏則爲三輔功臣，且一開始不屬於光武的勢力。上一節提到光武盡力拉攏原屬於其他勢力的士人，三輔的竇融、竇友兄弟就是很好的例子，他們兄弟二人曾同時擔任衛尉及城門校尉，衛尉負責掌管宮門衛士，城門校尉是掌管洛陽城門，「兄弟並典禁兵」，統領整個首都的兵力，顯見光武對竇融信任的程度。爾後無論外戚或是宦官，要掌握首都兵權都必須先掌握衛尉及城門校尉，從這兩個官職人選的變化亦可看出政治勢力的變化。

　　由於東漢的外戚大多是功臣出身，他們成爲功臣之前是地方豪族，與該地士人相互結交，得勢後相互援引或提拔，形成新的政治勢力。三輔出身的外戚在重大決策上也表現出區域的特性，諸如對西北的用兵、內政的干預、三輔士人的大量擢用等。在這樣的背景下，除了與外戚關係密切的士人，也有認爲應該限制外戚權力的士人，兩者之間也有交鋒，對於區域發展也有不同的看法。大體而言，三輔外戚的代表馬氏及竇氏在西北軍事的發展上展現很大的支持，此時期征伐匈奴、西羌的也多是三輔出身的士人，因此與外戚的關係有緊密的連結。

　　東漢的三輔外戚大致有馬氏、竇氏、宋氏、耿氏等，他們都有功臣的身份，其中以扶風馬氏和扶風竇氏的影響力最大，集團也大都以三輔士人爲核心，以下分別討論他們在東漢政治所扮演的角色。

（一）扶風馬氏

　　東漢第一位三輔出身的皇后是明帝明德馬皇后，她是功臣馬援的女兒。馬援是扶風茂陵人，爲戰國時趙將趙奢之後，因趙奢號爲「馬服君」，因此以馬爲姓；漢武帝時因吏二千石之故從邯鄲徙茂陵。馬援原追隨隗囂，因同鄉

〔註21〕關於東漢皇室與豪族通婚的研究，可參考李學銘〈從東漢政權實質論其時帝室婚姻嗣續與外戚升降之關係〉，《新亞學報》第九卷第二期（香港，1970），頁 225～282。

之便，隗囂還遣馬援觀光武及公孫述，建武四年後即歸光武，並在對隗囂作戰及其他對外作戰立下大功，但後來因征五溪蠻失利，死後遭梁松誣陷，奪爵，援族子馬嚴因此拒竇氏婚約，將馬援小女送入宮中，明帝永平三年立為皇后，這是馬氏復興之始。明帝思中興功臣，圖畫二十八將於南宮雲臺，馬援以椒房之親故，不列其中。〔註22〕

明帝的施政相當苛察，他抑制外戚諸侯王與賓客交結的風氣，同時把外戚干預朝政的情形降到最低，但許多政策到了章帝朝都進行全面的檢討，包括對匈奴及西域的用兵、西域都護的存廢、對諸侯王及外戚的過於殺伐、選用官員的依據等，尤其是章帝對外戚及諸侯王的寬容政策，大大影響往後東漢的發展。

三輔外戚便是在章帝時嶄露頭角，首先掌權的是馬太后的兄弟。馬氏掌權的時間約是從章帝即位後至建初八年，之後章帝皇后竇氏取代馬氏在政治上的地位。

扶風馬氏從馬援以降的世系表如下：

表三：扶風馬氏世系表（東漢）

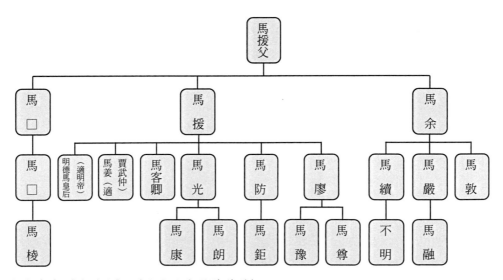

本表參考《後漢書》、〈賈武仲妻馬姜墓誌〉〔註23〕。

〔註22〕　《後漢書・馬援傳》：「顯宗圖畫建武中名臣、列將於雲臺，以椒房故，獨不及援。」，頁851。

〔註23〕　《漢代石刻集成【圖版・釋文篇】》，頁44～45。

　　明帝的施政極力避免外戚諸侯王干預政治，馬皇后對外家的態度亦同，
《三輔決錄》記載：「馬后志在克仁輔主，不以私家干朝廷。兄爲虎賁中郎將，
弟爲黃門郎，迄永平世不遷。」〔註 24〕直到明帝過世，馬家才以外戚的身份
掌權。明帝崩時，詔命馬廖典掌門禁（衛尉），馬防任城門校尉，馬光任越騎
校尉，馬嚴則擔任御史中丞。衛尉負責掌管宮門衛士，城門校尉、越騎校尉
則是掌管洛陽城門及其宿衛，御史中丞負責監察百官。換句話說，章帝即位
之際，馬氏掌握了宮中及首都軍隊的指揮權、以及對百官的監察權，這是馬
氏以外戚身份活躍的開始。〔註 25〕

　　從石刻史料〈賈武仲妻馬姜墓誌〉可以進一步分析馬家在東漢初年的勢
力。〈賈武仲妻馬姜墓誌〉全文如下：

1. 惟永平七年七月廿一日、漢左將軍特進膠東侯、
2. 第五子賈武仲卒、時年廿九、
3. 夫人馬姜、伏波將軍新息忠成侯之女、
4. 明德皇后之姐也、生四女、年廿三而賈
5. 君卒、
6. 夫人深守高節、劬勞歷載、育成幼媛、光□
7. 祖先、遂升二女爲
8. 顯節園貴人、其次適鬲侯朱氏、其
9. 次適陽泉侯劉氏、朱紫繽紛、寵
10. 祿盈門、皆猶
11. 夫人、夫人以母儀之德、爲宗族之覆、春秋
12. 七十三、延平元年七月□日薨、（殤帝 106AD）
13. 皇上閔悼、兩宮賻贈、賜秘器、以禮殯、以
14. 九月十日塋于芒門舊塋、□□子孫、懼不
15. 能章明、故刻石紀〔以下毀損

馬姜爲馬援之女，明帝馬皇后的姐姐，嫁給同爲開國功臣的膠東侯南陽賈復
第五子賈武仲，馬姜與賈武仲的婚姻等於是東漢開國功臣之間的互相聯姻，
使彼此的關係更緊密。馬姜的女兒也都嫁入功臣之門。可見東漢初年功臣集

〔註 24〕　《三輔決錄》，頁 52。
〔註 25〕　狩野直禎，《後漢政治史の研究》（京都：同朋舍，1993），第三章第三節〈第
　　　　　五倫傳考〉，頁 336～339。光武時竇融兄弟也曾分掌衛尉及城門校尉，時人稱
　　　　　爲「兄弟並典禁兵」。

團除了與皇室關係密切，彼此之間的婚姻往來也相當頻繁。當外戚又兼具功臣的身份，在朝廷的影響力也會擴大。

　　章帝不禁外戚的態度造成外戚涉入政治與交通官員。〔註26〕一開始馬太后對兄弟的行爲也加以約束，「太后嘗詔三輔：諸馬婚親有屬託郡縣、干犯吏治者，以法聞。」〔註27〕但建初四年馬太后過世，馬光雖仍擔任衛尉，然馬廖不訓諸子，造成子孫多驕奢，楊終（蜀郡成都）曾以書戒之，〔註28〕但未被採納。「交通士大夫」成爲馬氏下台的關鍵。

　　關於諸馬與賓客交結的風氣可以追溯到馬援。馬援依光武前「賓客多歸附者，遂役屬數百家。」〔註29〕已屬豪族的行爲。天下底定後，光武的政策走向限制豪族，打擊賓客交結與地方武力，明帝更是把這樣的精神發揮到極致。〔註30〕馬援征交阯時也曾告誡諸子：

> 初，兄子嚴、敦並喜譏議，而通輕俠客。援前在交阯，還書誡之曰：
> 「吾欲汝曹聞人過失，如聞父母之名，耳可得聞，口不可得言也。
> 好論議人長短，妄是非正法，此吾所大惡也，寧死不願聞子孫有此
> 行也。」〔註31〕

喜譏議則容易與人有是非，輕通俠客易陷於非法，兩者皆是豪俠之風的表現。光武因馬援的私信懲處梁松、竇固；明帝因楚王英案更是對諸侯王、外戚的交接之風大爲懲處。建初八年諸馬得罪，大抵也是因爲諸馬豪俠之風及與官員過份交接，《後漢書·馬防傳》對諸馬行爲有詳細記載：

> 防兄弟貴盛，奴婢各千人已上，資產巨億，皆買京師膏腴美田，又
> 大起第觀，連閣臨道，彌互街路，多聚聲樂，曲度比諸郊廟。賓客
> 奔湊，四方畢至，京兆杜篤之徒數百人，常爲食客，居門下。刺史、

〔註26〕 東晉次，《後漢時代の政治と社會》（名古屋：名古屋大學出版會，1995），第一章第二節〈章帝の政治と儒家理念〉，頁61～64。東晉次認爲章帝對諸侯王、功臣子孫及地方豪族的支配上採取消極的政策，接近一種「親親主義」，造成官僚層整個性格的轉換，也造成外戚與官員相互交結的情形趨於嚴重。

〔註27〕 《資治通鑑》，頁1479。

〔註28〕 《後漢書·楊終傳》：「漢興，諸侯王不力教誨，多觸禁忌，故有亡國之禍，而乏嘉善之稱。今君位地尊重，海內所望，豈可不臨深履薄，以爲至戒！黃門郎年幼，血氣方盛，既無長君退讓之風，而要結輕狡無行之客，縱而莫誨，視成任性，鑒念前往，可爲寒心。君侯誠宜以臨深履薄爲戒。」頁1599～1600。

〔註29〕 《後漢書·馬援傳》，頁828。

〔註30〕 劉增貴，《漢代豪族研究》，頁118～125。

〔註31〕 《後漢書·馬援傳》，頁844。

守、令多出其家。歲時賑給鄉閭，故人莫不周洽。防又多牧馬畜，
賦斂羌胡。帝不喜之，數加譴勑，所以禁過甚備，由是權埶稍損，
賓客亦衰。八年，因兄子豫怨謗事，有司奏防、光兄弟奢侈踰僭，
濁亂聖化，悉免就國。〔註32〕

可見馬氏賓客眾多，對官員的派命也有一定的影響力，加上舉止奢華，干擾
到皇帝對朝廷的掌握，才有讓他們歸國的舉動。東漢的政治中心在京師洛陽，
諸馬於建初四年馬太后後過世前封侯，「就國」是回到他們的領地，如此則遠
離政治的中心。

　　馬氏在章帝時的影響力主要有兩個層面，一是參與對西羌的用兵，二是
結交士人及官員。建初元年罷西域屯田後，章帝的對外政策相對保守，唯有
在西羌問題上，因干擾到國內的秩序，才派兵鎮壓。建初二年，馬防與耿恭
校兵擊西羌。馬防因有軍功加持，在朝中更為得勢。關於對外用兵的部分，
本章第三節會更詳細討論。「交通士大夫」最後成為馬氏下台的關鍵，諸馬與
士人的交接太過密切，超過了臣子的範圍，他們所親近的士大夫中，絕大部
分都是三輔士人。

　　狩野直禎〈第五倫傳考〉〔註33〕一文，整理出與馬氏交往最密切的三個士人：

1. 杜篤

　　京兆杜陵人，先祖為漢武帝時的杜周。杜周原為南陽杜衍人，武帝時因
吏二千石徙茂陵，其子杜延年時改徙杜陵。杜延年為杜篤高祖父，其外高祖
父則為狄道辛武賢。《後漢書‧杜篤傳》載杜篤自歎：「杜氏文明善政，而篤
不任為吏；辛氏秉義經武，而篤又怯於事。外內五世，至篤衰矣！」杜篤博
學不修小節，不為鄉人所禮，他以文章著稱，曾上〈論都賦〉討論重新定都
關中的問題，本文第一節已有討論。杜篤後為郡文學掾，章帝建初三年隨馬
防擊西羌，為從事中郎，歿於射姑山。

2. 李育

　　扶風漆人，明帝時同郡班固薦於東平王劉蒼，建初元年馬廖薦之為博士，
並參加建初四年的白虎觀議論，之後擔任尚書令。「及馬氏廢，育坐為所舉免
歸。歲餘復徵，再遷侍中。」〔註34〕

〔註32〕《後漢書‧馬防傳》，頁857。
〔註33〕狩野直禎，《後漢政治史の研究》，頁342～346。
〔註34〕《後漢書‧李育傳》，頁2582。

3. 傅毅

扶風茂陵人，章帝建初年間拜爲蘭台令史，與班固、賈逵同典校書。馬防曾以師友待之：「車騎將軍馬防，外戚尊重，請毅爲軍司馬，待以師友之禮。及馬氏敗，免官歸。」〔註35〕

上述三人中，杜篤、傅毅見於《後漢書·文苑傳》，李育列於《後漢書·儒林傳》，三人皆三輔人，杜篤妹妹爲馬氏妻，與馬家有姻親關係；李育、傅毅的求學、任官都與班固及其他三輔士人有密切相關。三人中杜篤死於出征，傅毅、李育則於諸馬就國後被廢黜。從杜篤、傅毅的官職來看，兩人較接近諸馬的幕賓；曾任尚書令的李育才有中央官員的性質。至於與馬氏交接的地方官，受限於史料無法說得那麼清楚。馬氏與三輔士人的交往，較接近私相接濟與私人幕賓的性質。

章帝禮遇外戚的作法也引起了大臣的討論，司空第五倫曾三次上書，力求抑制外戚勢力的擴張及外戚與士大夫的交遊，其中前兩次是針對馬氏掌權而發。根據《資治通鑑》的繫年，第五倫第一次上書是在永平十八年（明帝已過世）擔任司空後，針對馬廖、馬防等掌握禁兵的情勢而發：

> 書曰：『臣無作威作福，其害于而家，凶于而國。』傳曰：『大夫無境外之交，束脩之饋。』近代光烈皇后，雖友愛天至，而卒使陰就歸國，徙廢陰興賓客；其後梁、竇之家，互有非法，明帝即位，竟多誅之。自是洛中無復權戚，書記請託一皆斷絕。……竊聞衛尉廖以布三千匹，城門校尉防以錢三百萬，私贍三輔衣冠，知與不知，莫不畢給。又聞臘日亦遺其在洛中者錢各五千，越騎校尉光，臘用羊三百頭，米四百斛，肉五千斤。臣愚以爲不應經義，惶恐不敢不以聞。〔註36〕

此文的重點，在於「大夫無境外之交，束脩之饋。」外戚不應超越臣子本分，與其他官員交接，並舉出梁松、竇穆等因交通官員私相請託，最後下獄而死的例子。當時馬廖等人是顧命大臣的身份，卻有「私贍三輔衣冠」的行爲，而且臘祭逾制，等於是逾越的行爲。〔註37〕

第五倫第二次上書是在建初二年，當時燒當羌寇隴西漢陽，章帝以馬防

〔註35〕 《後漢書·傅毅傳》，頁2613。
〔註36〕 《後漢書·第五倫傳》，頁1398。
〔註37〕 關於第五倫的三次上奏，狩野直禎〈第五倫傳考〉有分析三次上述的歷史背景，文章收於氏著《後漢政治史の研究》，頁339～350。

為車騎將軍出征，外戚直接參與軍事作戰。上書內容如下：

> 臣愚以為貴戚可封侯以富之，不當職事以任之。何者？繩以法則傷
> 恩，私以親則違憲。伏聞馬防今當西征，……聞防請杜篤為從事中
> 郎，多賜財帛。篤為鄉里所廢，客居美陽，女弟為馬氏妻，恃此交
> 通，在所縣令苦其不法，收繫論之。今來防所，議者咸致疑怪，況
> 乃以為從事，將恐議及朝廷。〔註38〕

這次的上書有兩個重點：一是他認為外戚不應擔任實際的官職，讓馬防以外
戚的身份帶兵打仗更是不可；二是馬氏與士人私下交往的情形嚴重，杜篤於
鄉里中風評很差，馬氏卻重用這樣的人，甚至影響到選舉的公正性。這次上
書章帝依然沒有採納，且馬防因平定西羌有功，朝中地位更高。〔註39〕

　　第五倫兩次的上書的內容都沒有受到重視，一方面與章帝「親親」的政
治風格有關，一方面則是因為外戚的勢力不僅是外戚，功臣的背景讓他們在
政治上有很大的影響力，加上與士人交往泰半屬於私人性質，就算有擔任官
職，也符合徵辟的政治原則。

　　綜觀諸馬當政，對於西北政策並無太主動的意見，會領兵多半是因為馬
氏是以軍功起家，加上西漢以來早有將兵權委任外戚的傳統。諸馬遭受抨擊
的地方是舉止逾度及過度與三輔士人交結，這比較類似私人的行為，贍養士
人、提供官職是私自與士人建立關係，行為逾制是不尊重皇帝的權威，兩項
大致都屬於私領域的行為。總體來說，諸馬對於國家重大政策干涉不大，與
士人的往來也較像私人的師友關係，朝廷的大臣雖不滿馬氏當權，卻也還有
與之抗衡的空間，相較明章之後的外戚，著實有較特殊的地方。諸馬得罪後，
竇氏取代原本馬氏的地位，對政治涉入的程度更深。

（二）扶風竇氏

　　竇氏在西漢即以外戚的身份貴顯，因漢文帝竇皇后之故得列文官。據《後
漢書‧竇融傳》：「（融）七世祖廣國，孝文皇后之弟，封章武侯。融高祖父，
宣帝時以吏二千石自常山徙焉。」〔註40〕竇融在兩漢之際於河西成立武裝自

〔註38〕　《後漢書‧第五倫傳》，頁1399。
〔註39〕　《後漢書‧馬防傳》：「防貴寵最盛，與九卿絕席。光自越騎校尉遷執金吾。
　　　　　四年，封防潁陽侯，光為許侯，兄弟二人各六千戶。防以顯宗寢疾，入參醫
　　　　　藥，又平定西羌，增邑千三百五十戶。屢上表讓位，俱以特進就第。皇太后
　　　　　崩，明年，拜防光祿勳，光為衛尉。防數言政事，多見採用。」，頁856。
〔註40〕　《後漢書‧竇融傳》，頁795。

保集團，之後受到光武重用。

竇氏自竇融開始的世系表如下：

表四：東漢竇氏世系表：〔註41〕

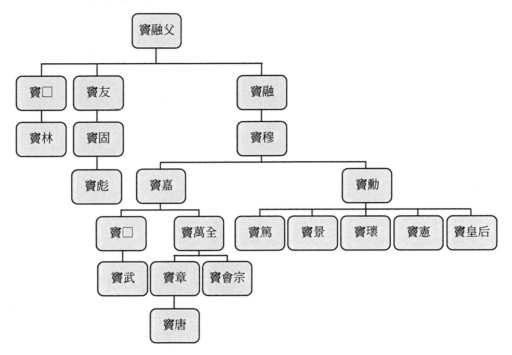

諸竇在光武時貴盛無比，「竇氏一公，兩侯，三公主，四二千石，相與並時。自祖及孫，官府邸第相望京邑，奴婢以千數，於親戚、功臣中莫與為比。」〔註42〕明帝時諸竇得罪歸國，章帝建初二年竇勳小女入宮，建初三年立為皇后，〔註43〕竇家復興。當時諸馬仍貴，一直到建初八年諸馬得罪歸國，竇氏才取代諸馬的地位。建初七年竇固代馬防為光祿勳，建初八年代馬光為衛尉，皇后之兄竇憲、竇篤則分別任職虎賁中郎將及黃門侍郎。諸竇掌權的時間，約從章帝建初八年（83A.D.）到和帝永元四年（92A.D.）。建初八年諸馬歸國，諸竇除了接替原本馬氏擔任的官職，連其門下賓客也一併接手，如李育、傅毅等。竇憲後因奪沁水公主園地，章帝大怒，到章帝崩都未加重用，但竇家

〔註41〕 此表根據《後漢書》而作。
〔註42〕 《後漢書·竇融傳》，頁808。
〔註43〕 竇勳女立為皇后的時間，《後漢書·竇憲傳》作建初二年，《資治通鑑》作建初三年，此處從《通鑑》。

的勢力仍大；章帝崩後，「憲以侍中，內幹機密，出宣誥命。肅宗遺詔以篤爲虎賁中郎將，篤弟景、瓌並中常侍，於是兄弟皆在親要之地。」〔註44〕

竇氏的獨大也引起大臣的注意，第五倫、丁鴻、鄭弘等人都曾先後上書。第五倫的上書內容如下：

> 伏見虎賁中郎將竇憲，椒房之親，典司禁兵，出入省闥，年盛志美，卑謙樂善，此誠其好士交結之方。然諸出入貴戚者，類多瑕釁禁錮之人，尤少守約安貧之節，士大夫無志之徒更相販賣，雲集其門。……三輔論議者，至云以貴戚廢錮，當復以貴戚浣濯之，猶解醒當以酒也。詖險趣埶之徒，誠不可親近。臣愚願陛下中宮嚴勒憲等閉門自守，無妄交通士大夫，防其未萌，慮於無形，令憲永保福祿，君臣交歡，無纖介之隙。〔註45〕

這是第五倫對外戚問題第三次的上書，針對竇憲，強調椒房之親應「無妄交通士大夫」。「以貴戚廢錮，當復以貴戚浣濯之」則指竇氏先前諸多不法而被廢黜之事。〔註46〕若繼續放任竇氏與官員的交結，恐怕會重蹈覆轍。

第五倫前後三次上書，重點在於不應讓外戚擔任實際官職，以及防止外戚與士人的交遊，但兩者都沒有什麼成效。外戚因對外戰爭的成功（馬防對西羌），政治地位更加提高，官員之間的交遊請託更是嚴重。扶風馬氏從馬援而起的經營產業、聚集賓客正是兩漢之際豪族的典型；扶風竇氏在西漢就是外戚起家，到竇融雄霸一方，已與豪族無異。馬、竇在成為外戚前就透過姻親、薦舉、贍養等方式與地方士人建立密切的關係；當外戚得勢、掌握更多政治資源，士人自然與外戚交往援引。竇憲以下外戚介入政治的程度更深，外戚與士人交結的問題更爲嚴重，甚至安帝以後，士大夫與外戚聯手，兩者的關係更深。

竇憲主政時最重要的政策是重開對匈奴的用兵，這部份下一節會詳細討論。因為對外用兵的成功，竇憲勢力大增，對內政也有相當程度的干預：

> 憲既平匈奴，威名大盛，以耿夔、任尚等爲爪牙，鄧疊、郭璜爲心

〔註44〕 《後漢書·竇憲傳》，頁813。
〔註45〕 《後漢書·第五倫傳》，頁1400～1401。《資治通鑑》將上書繫在建初八年。
〔註46〕 「貴戚」一詞根據東晉次的研究，泛指皇帝的內外親屬，內戚與外戚：內戚指男性血族與配偶，包括宗室、諸侯王等；外戚則指女性血族與外姻。詳見東晉次，《後漢時代の政治と社會》，第二章第一節，頁94～101。東晉次在討論東漢外戚的問題時，以意涵較廣的「貴戚」取代「外戚」一詞。

腹。班固、傅毅之徒，皆置幕府，以典文章。刺史、守令多出其門。
尚書僕射郅壽、樂恢並以忤意，相繼自殺。由是朝臣震懾，望風承
旨。〔註47〕

竇氏的影響力來自對推薦官員的任命，「刺史、守令多出其門」顯見他在朝中
的影響。東晉次整理竇憲主要的政治勢力，分成兩類：一是出身三輔的士人，
這是竇氏賓客中的核心，最重要的有扶風耿氏（耿秉、耿夔等）、廉范（前後
任雲中太守、蜀郡太守）、班固、傅毅、〔註48〕王調（河南尹）〔註49〕；第二
類則是河北豪族，有落魄外戚郭璜（光武郭皇后之甥，屬河北豪族）、崔駰（涿
郡安平人）。〔註50〕若依賓客的性質分類，則可分成三種：一是西北用兵，以
三輔士人為主；二是文章幕府，亦以三輔士人為主；〔註51〕第三類則是相互
結交之官員，以三輔、河北豪族為主。〔註52〕三輔士人與河北豪族的共通特
徵是對邊境情勢的熟悉，也因此在西北的用兵上有較主動的思維。竇憲所交
結的朝廷官員多擔任國家核心地區的太守刺史，史料顯示竇憲對重要官員的
任命指派也有其影響力。

　　與竇憲抗衡之勢力被東晉次歸類為「儒家官僚」，除了樂恢、何敞、魯恭
等人出身三輔外，大多屬於南陽、潁川、汝南等地豪族出身的官僚。〔註53〕

〔註47〕　《後漢書·竇憲傳》，頁819。

〔註48〕　《後漢書·文苑傳·傅毅傳》：「永元元年，車騎將軍竇憲復請毅為主記室，
崔駰為主簿。及憲遷大將軍，復以毅為司馬，班固為中護軍。」頁2613。傅
毅在馬氏寵衰後擔任竇憲的幕賓，主要以文才見長。

〔註49〕　東晉次以王調事跡見於《三輔決錄注》，而將王調歸類為三輔士人，詳見《三
輔決錄》頁43。這樣的說法有問題，因為《三輔決錄》所記並不限於三輔之
士人。《後漢書》未載王調郡望，因此只能存而不論。

〔註50〕　東晉次，〈竇氏專權與三輔士人〉，《後漢時代の政治と社會》，第二章第二節，
頁134～136。

〔註51〕　竇憲先後以傅毅、崔駰、班固典文章，當時竇憲府以文章盛，《後漢書·文苑
傳》：「永元元年，車騎將軍竇憲復請（傅）毅為主記室，崔駰為主簿。及憲
遷大將軍，復以毅為司馬，班固為中護軍。憲府文章之盛，冠於當世。」頁
2613。

〔註52〕　除了上述幾人以外，袁山松書載：「河南尹王調、漢陽太守朱敞、南陽太守滿
般、高丹等皆其賓客。」《後漢書·樂恢傳》：「是時河南尹王調、洛陽令李阜
與竇憲厚善，縱舍自由。恢劾奏調、阜。」《後漢書·鄭弘傳》：「奏尚書張林
阿附侍中竇憲，而素行臧穢，又上洛陽令楊光，憲之賓客，在官貪殘，並不
宜處位。」蜀郡太守廉范、太尉掾徐齮也在竇憲賓客之列。時任太尉的宋由，
在竇氏敗後坐免自殺，算是負連帶的政治責任。

〔註53〕　如袁安（汝南汝陽）、任隗（南陽宛人）、朱暉（南陽宛人）、宋意（南陽安眾）、

竇憲與儒家官僚的歧見主要表現在對匈奴的用兵上，內治派的儒家官員因爲出身於帝國核心的南陽、潁川、汝南等地，並沒有與北邊邊境接壤；竇憲一派的三輔、河北士人則直接面臨外族的問題，因此這樣的意見對立也可以反應他們彼此地域社會的性格。

　　竇憲的主政對往後的東漢造成很大的影響：外戚對朝政干預的層級提高，甚至超過三公的決策；士人與外戚開始密切合作；對西北用兵更影響到東漢未來的分裂。竇憲以後的外戚以南陽鄧氏、安定梁氏爲主，兩者因地緣關係與三輔士人不親近，且外戚本身有較深的儒家思維。也造成這些外戚與三輔外戚有不同的風格。

　　總的來說，早期的三輔外戚讓士人加入政府的意識不濃厚，相較之後的南陽鄧氏儒家色彩也不重；馬氏對三輔士人的援引較接近接濟性質，竇氏開始在中央政府安插自己的人事，但公卿仍有反對的能力。鄧氏以後的外戚大抵是與大臣合作掌握政權，士人變成主動與外戚聯合對抗宦官的形勢，到後來甚至演變成士人聯合外戚欲殺宦官，也引起了黨錮。鄧氏之後外戚幕僚多出身南陽、潁川、汝南及益州，影響到三輔士人於中央的仕宦，安帝以後公卿絕少三輔人，顯示在外戚影響力深入行政體系後，重要官員幾乎爲部份地區所壟斷，即便三輔出身的耿寶、竇武當政，其核心還是以山東士人爲中心。

表五：三輔外戚主政時間表：〔註54〕

時　間	人　名	籍　貫	核心幕僚／事蹟
明帝、章帝	馬防等諸馬	扶風茂陵	杜篤、李育、傅毅／征羌人
明帝	秦彭	扶風茂陵	永平十五年隨耿秉征北匈奴
章帝、和帝	竇憲及諸竇	扶風平陵	征北匈奴
安帝	耿寶	扶風茂陵	安帝信中常侍樊豐、江京、阿母王聖及外屬耿寶等讒言，免太尉楊震，廢太子爲濟陰王
順帝	竇章	扶風平陵	是時梁、竇並貴，各有賓客，多交搆其閒，章推心待之，故得免於患。
靈帝	竇武	扶風平陵	與太尉陳蕃欲誅宦官

丁鴻（潁川定陵）、韓陵（潁川舞陰）、郅壽（汝南西平）、張酺（汝南細陽）、陳寵（沛國洨人）、周榮（盧江舒人）、鄭弘（會稽山陰）等。

〔註54〕按照《後漢書》列傳紀錄製作。

　　由上表可以看出，安帝以後的三輔外戚介入中央朝政的程度頗深，如耿
寶有聯合宦官罷黜太子大臣的形跡；竇武則與當時士人領袖陳蕃聯手欲誅宦
官，最後反被其所弒。但他們在主政時與三輔士人的連結性，相較諸馬與竇
憲降低許多，主導國家政策的傾向也不算明確，幾乎都是擴充自身勢力與其
他勢力對抗。馬防、竇憲與他們所聯繫起的三輔政治集團在和帝之後幾乎不
復見，由鄧氏開始的外戚結合儒家官僚或結合其他利益團體成為外戚政治的
主流。但是由竇憲開始外戚充分介入國家機器的風氣，則至東漢末都無法改
變，造成了外戚只要掌權幾乎就能控制國家的現象。

　　本節以三輔外戚對東漢政治的影響為主題，針對扶風馬氏及扶風竇氏主
政的特色做分析，對於他們的掌權過程、主要政策影響、賓客組成及與儒家
官僚衝突的部分一一說明，再比較他們與安帝之後外戚的差別。總而言之，
三輔外戚一開始以功臣的姿態與東漢皇室聯姻，靠著自身的政治影響力結合
大量三輔士人，在用兵西北的議題上造成重大影響。馬、竇與三輔士人間的
緊密性，相較後來外戚與當地士人的緊密性高出許多，可以將三輔外戚和其
下的三輔士人視為同一個集團，他們對特定議題有相同的認知，隨著竇氏失
勢三輔士人也失去政治上最強的援引；即便後來仍有出身三輔的外戚，與三
輔士人間的連結性已消失，不同於竇憲以前的狀況。

第三節　三輔士人與西北軍事

　　第二節討論到三輔士人於東漢形成的外戚集團，他們在政策面對東漢影
響最大的，是在用兵西北的議題上。在用兵西北的訴求下，許多三輔士人仰
賴家族歷任邊郡守的經驗，在對匈奴用兵及征伐西羌上建立功業，甚至影響
了東漢對外機構的設置。用兵西北的經驗也成為三輔士人從政的優勢，以下
詳細敘述。

　　東漢建立後，最大的外患是匈奴的問題。光武建武二十七年大司農耿國
（耿況子）就曾上言，宜建度遼將軍屯五原，防止南匈奴逃亡，當時未從；
〔註55〕明帝永平八年鄭眾（河南開封、鄭興子）亦言宜設官防止南北匈奴交
通，於是始設度遼將軍。〔註56〕永平十五年耿秉（耿國子）數上書請擊匈奴，
下太僕祭肜（潁川潁陽、祭遵從弟）、虎賁中郎將馬廖（馬援子）、顯親侯竇

〔註55〕　《後漢書‧耿國傳》，頁716。耿國永平元年卒。
〔註56〕　《後漢書‧南匈奴傳》，頁2949。

固（竇融弟子）、下伯侯劉張、好畤侯耿忠（耿弇子）議。耿秉認為應「先擊
白山，破車師，通使烏孫諸國以斷其右臂；……然後匈奴可擊也。」〔註57〕
耿秉的提議最後被採納，永平十六年大舉出征匈奴，其事詳見《後漢書·竇
固傳》：

> 帝欲遵武帝故事，擊匈奴，通西域，以固明習邊事，十五年冬，拜
> 為奉車都尉，以騎都尉耿忠為副，謁者僕射耿秉為駙馬都尉，秦彭
> 為副，皆置從事、司馬，並出屯涼州。明年，固與忠率酒泉、敦煌、
> 張掖甲卒及盧水羌胡萬二千騎出酒泉塞，耿秉、秦彭率武威、隴西、
> 天水募士及羌胡萬騎出居延塞，又太僕祭肜、度遼將軍吳棠將河東
> 北地、西河羌胡及南單于兵萬一千騎出高闕塞，騎都尉來苗、護烏
> 桓校尉文穆將太原、鴈門、代郡、上谷、漁陽、右北平、定襄郡兵
> 及烏桓、鮮卑萬一千騎出平城塞。……時諸將唯固有功，加位特進。
> 明年，復出玉門擊西域，詔耿秉及騎都尉劉張皆去符傳以屬固。固
> 遂破白山，降車師，事已具耿秉傳。固在邊數年，羌胡服其恩信。
> 〔註58〕

永平十六年竇固並遣班超（班彪子）使西域，西域復通；同年北匈奴入雲中，
太守廉范（京兆杜陵）拒之。〔註59〕永平十七年，竇固、耿秉、劉張出昆侖
塞擊西域，班超奏重設西域都護及戊己校尉，並以耿恭為戊校尉（耿況孫）。

上面的史料可以大致看出，明帝時議論及出征匈奴的主力是功臣之後，
竇固為竇融弟子、馬廖為馬援子、耿忠為耿弇子、耿秉為耿國子、鄭眾為鄭
興子、祭肜為祭遵從弟、班超為班彪子。以上幾人除鄭眾、祭肜外皆為三輔
人士，鄭眾父鄭興早年避難於天水，與杜林、馬援等亦熟識；祭遵為光武平
河北、隗囂的主力，對邊區的形勢也有認識。此時的三輔士人雖為功臣之後，
但卻因熟悉西北軍事而有發展的機會。這些士人家族往往有「世為邊郡守」
的傳統，如竇融「明習邊事」、耿氏長期任上谷太守，從竇固出征的蘇純（遠

〔註57〕《資治通鑑》第四冊，頁 1458～1459。此段史料未見於《後漢書》，為袁宏《後
漢紀》所記，但《後漢紀》將此事繫於永平十三年，見《後漢紀》，頁 187～
188。考察前後史料，《通鑑》將此事繫於永平十五年較為正確。

〔註58〕《後漢書·竇固傳》，頁 810。

〔註59〕關於廉范為雲中太守拒北匈奴的時間，袁宏《後漢紀》作永平四年，范曄《後
漢書》及《資治通鑑》均作永平十六年，以廉范生平經歷，他任雲中太守的
時間應為永平十六年。

祖蘇建）亦是歷任邊郡守，〔註60〕雲中太守廉范則是廉頗後人，同樣家族歷任邊郡守。〔註61〕後文將進一步討論。

明帝時採納耿秉的提議，出征匈奴通西域，並且復設西域都護。章帝即位後，曾經對於是否繼續明帝北征匈奴的政策做過討論。楊終（蜀郡成都）在建初元年（76A.D.）曾上書論撤銷屯田和西域。

> 自永平以來，仍連大獄，有司窮考，轉相牽引，掠考冤濫，家屬徙邊。加以北征匈奴，西開三十六國，頻年服役，轉輸煩費。又遠屯伊吾、樓蘭、車師、戊己，民懷土思，怨結邊域。傳曰：『安土重居，謂之眾庶。』昔殷民近遷洛邑，且猶怨望，何況去中土之肥饒，寄不毛之荒極乎？且南方暑濕，障毒互生。愁困之民，足以感動天地，移變陰陽矣。陛下留念省察，以濟元元。」書奏，肅宗下其章。司空第五倫亦同終議。太尉牟融、司徒鮑昱、校書郎班固等難倫，以施行既久，孝子無改父之道，先帝所建，不宜回異。終復上書曰：「……今伊吾之役，樓蘭之屯，久而未還，非天意也。」帝從之，聽還徙者，悉罷邊屯。〔註62〕

章帝最後採納楊終的建議，罷西域都護及戊己校尉，於是班超、耿恭均還，建初二年更罷伊吾盧屯兵。建初五年班超欲平西域，章帝許之兵，但未設官署。元和二年，武威太守孟雲上書宜還南匈奴所掠北匈奴生口，議下朝廷，太尉鄭弘、司空第五倫以為不可，司徒桓虞、太僕袁安以為可，在朝中有一番激辯，最後章帝下令還之。

從罷西域都護及校尉、罷伊吾盧屯田、用兵西域但不設官署、還北匈奴生口等事來看，章帝的對外政策趨於保守。屯田是國防的前線，需要大量的人力去維持該地的運作，而這些徙邊的人多是罪犯或其家屬，明帝時多大獄、受牽連之人甚多，章帝將邊屯撤掉可能有這個考量。明帝時對西北用兵的將領多出身三輔，如竇固、耿秉、蘇純、廉范、班超等，章帝時對西北用兵的保守，連帶壓縮到三輔士人發展的空間。章帝主動用兵的只有建初二年馬防、耿恭擊西羌一事，此事因燒當羌反，寇隴西、漢陽，才有派兵的舉動。顯示

〔註60〕 《後漢書·蘇章傳》：「祖父純，字桓公，有高名，……永平中，為奉車都尉竇固軍，出擊北匈奴、車師有功，封中陵鄉侯，官至南陽太守。」，頁1106。

〔註61〕 《後漢書·廉范傳》：「廉范字叔度，京兆杜陵人，趙將廉頗之後也。漢興，以廉氏豪宗，自苦陘徙焉。世為邊郡守，或葬隴西襄武，故因仕焉。」，頁1101。

〔註62〕 《後漢書·楊終傳》，頁1598。

章帝所重在內政，當時擔任三公的第五倫等人對外政策也偏保守，〔註63〕唯有西羌因屬國內的動亂，才有主動出擊的作法。

　　章和二年章帝崩，和帝即位，同年北匈奴饑亂，南匈奴上書欲平之，竇太后書下耿秉，耿秉以為宜出征匈奴。當時發生竇憲殺都鄉侯之事，竇憲於是上書自擊匈奴以贖死。出擊匈奴引發朝中大臣激烈的討論，事載《後漢書‧袁安傳》：

> 安與太尉宋由、司空任隗及九卿詣朝堂上書諫，以為匈奴不犯邊塞，
> 而無故勞師遠涉，損費國用，徼功萬里，非社稷之計。〔註64〕

三公宋由（京兆長安）、任隗（南陽宛）、袁安（汝南汝陽）都不贊成無故出兵匈奴，侍御史魯恭（扶風平陵）、何敞（扶風平陵）等人亦上書勸阻，但在竇太后意志下不得不屈服。永元元年六月，竇憲與耿秉等出塞擊匈奴：

> 憲與秉各將四千騎及南匈奴左谷蠡王師子萬騎出朔方雞鹿塞，南單
> 于屯屠河，將萬餘騎出滿夷谷，度遼將軍鄧鴻及緣邊義從羌胡八千
> 騎，與左賢王安國萬騎出陽塞，皆會涿邪山。憲分遣副校尉閻盤、
> 司馬耿夔、耿譚將左谷蠡王師子、右呼衍王須訾等，精騎萬餘，與
> 北單于戰於稽落山，大破之，虜眾崩潰，單于遁走，追擊諸部，遂
> 臨私渠北鞮海。斬名王已下萬三千級，獲生口馬牛羊橐駝百餘萬
> 頭。……憲、秉遂登燕然山，去塞三千餘里，刻石勒功，紀漢威德，
> 令班固作銘。〔註65〕

這次的出擊非常成功，竇憲回朝封大將軍；永初二年竇憲遣副將奪回伊吾之地，南匈奴復上書求滅北廷，於是出擊北單于；到了永元三年，竇憲以北匈奴弱欲滅之，遣耿夔、任尚出擊，北單于逃走，對匈奴的用兵才結束，同年復置西域都護，以班超為都護。北單于破後塞北地空，竇憲想效法南單于的作法，置北單于中郎將領護，事下公卿議，獨袁安與任隗奏以為不可，皇帝不聽，後果如袁安所言。〔註66〕永元四年（92A.D.）和帝與五常侍誅竇氏，

〔註63〕　第五倫任司空在明帝永平十八年（章帝已即位），當年匈奴與車師圍攻耿恭，
　　　　　關寵上書求救，第五倫以為不宜救；司徒鮑昱認為應救，章帝許之，才派兵
　　　　　救耿恭。建初元年楊終上書議撤西域屯田，第五倫也是支持撤兵的大臣。建
　　　　　初二年馬防征西羌，倫亦上書諫之。綜合來看，第五倫的對外政策非常保守，
　　　　　在用兵主張上十分消極，也說明並非三輔士人都主張對外用兵。
〔註64〕　《後漢書‧袁安傳》，頁1519。
〔註65〕　《後漢書‧竇憲傳》，頁814。
〔註66〕　《後漢書‧袁安傳》：「『又烏桓、鮮卑新殺北單于，凡人之情，咸畏仇讎，今

竇憲就國自殺，才結束竇憲的主政，對匈奴的用兵也因此暫停。

竇固與竇憲前後兩次出擊匈奴，目的和意義都不同。竇固出擊的目標是在西域，竇憲時則是北匈奴屢弱欲一舉滅之。比較竇固與竇憲出擊匈奴的將領，可以發現幾乎都以三輔人為主幹。竇固時主要將領如下：

表六：竇固出征將領表

姓　名	籍　貫	家　世
耿秉	扶風茂陵	耿況之孫，耿國之子。耿況加入光武前為上谷太守，熟知邊境。
耿恭	扶風茂陵	耿國弟耿廣之子。
秦彭	扶風茂陵	以明帝彭貴人兄擢為四姓小候，永平十五年隨耿秉出征。
蘇純	扶風平陵	六世祖漢武帝時蘇建，從衛青擊匈奴。蘇純隨竇固擊匈奴車師。
班超	扶風安陵	父班彪，曾典竇融文章。
廉范	京兆杜陵	廉頗之後。家族世為邊郡守。永平十五年為雲中太守禦匈奴。

以上幾人家族都有歷任邊郡守的背景，出征是藉助他們對西北軍勢的熟悉，其中耿秉在竇憲出征時也擔任重要的角色。竇憲時出征匈奴的主要將領則如下：

表七：竇憲出征將領表

姓　名	籍　貫	家　世
耿秉	扶風茂陵	耿國之子，明帝時隨竇固出征北匈奴。
耿夔	扶風茂陵	耿秉之弟
耿譚	扶風茂陵	為耿氏宗族，但資料不詳
閻盤	不詳	不詳，且姓名有多種寫法。
任尚	不詳	竇氏廢後任征西校尉，參與對西羌的戰爭。
鄧鴻	南陽新野	鄧禹之子。
班固	扶風安陵	班彪子，班超兄。隨竇憲出征，但職務接近秘書。

※表六、表七根據後漢書而作。

立其弟，則二虜懷怨。兵、食可廢，信不可去。且漢故事，供給南單于費直歲一億九十餘萬，西域歲七千四百八十萬。今北庭彌遠，其費過倍，是乃空盡天下，而非建策之要也。』詔下其議。安又與憲更相難折。憲險急負執，言辭驕訐，至詆毀安，稱光武誅韓歆、戴涉故事，安終不移。憲竟立匈奴降者右鹿蠡王於除鞬為單于，後遂反叛，辛如安策。」，頁1521。

　　統計兩次出征的將領可以看出其中的差別。竇固出征匈奴時的主將多是功臣之後及外戚，如竇氏、耿氏、秦彭，另外就是家族有歷任邊郡守資歷的士人，如蘇純、廉范。對西北邊區的熟悉是竇固對匈奴作戰能成功的主因。到了竇憲出擊匈奴，主要的將領以扶風耿氏爲主，〔註67〕其餘多是竇憲的幕僚，較少歷任邊守的士人，其中班固雖然隨征，但是是借重他的文章長才而非武功。竇氏廢後其下的將領雖被廢黜，一段時間後仍繼續擔任西北的相關職務，如任尚後爲征西校尉、耿夔任遼東太守及度遼將軍，顯示朝廷相當程度借重他們對西北邊務的熟悉。

　　竇氏失勢後，和帝親政，和帝以降對於西北的政策保守，更關鍵的轉折是在安帝。安帝以後羌亂轉烈，接替竇氏的外戚南陽鄧氏核心幕僚多出身南陽、潁川、汝南及益州，有很深的儒家思維。鄧太后及其兄鄧騭主政的要點是讓天下回復安定，整體政治思維有三個要點：節儉、罷力役及賢才推進。由於水患和羌亂對國家財政造成衝擊，不得不檢討用兵西北的花費。反映在對外政策上因而有涼州放棄論及西域放棄論。〔註68〕

　　涼州放棄論是安帝永初四年出龐參（河南緱氏）提案：

> 比年羌寇特困隴右，供徭賦役爲損日滋，官員人責數十億萬。今復募發百姓，調取穀帛，衙賣什物，以應吏求。外傷羌虜，內困徵賦。遂乃千里轉糧，遠給武都西郡。塗路傾阻，難勞百端，疾行則鈔暴爲害，遲進則穀食稍損，運糧散於曠野，牛馬死於山澤。縣官不足，輒貸於民。民已窮矣，將從誰求？名救金城，而實困三輔。三輔既困，還復爲金城之禍矣。參前數言宜弃西域，乃爲西州士大夫所笑。今苟貪不毛之地，營恤不使之民，暴軍伊吾之野，以慮三族之外，果破涼州，禍亂至今。夫拓境不寧，無益於彊；多田不耕，何救飢敝！故善爲國者，務懷其內，不求外利；務富其民，不貪廣土。三輔山原曠遠，民庶稀疏，故縣丘城，可居者多。今宜徙邊郡不能自存者，入居諸陵，田戍故縣。孤城絕郡，以權徙之；轉運遠費，聚而近之；徭役煩數，休而息之。此

〔註67〕關於扶風耿氏的研究可參考王慧榮譯，岡安勇〈東漢扶風耿氏事迹考論——關於後漢豪族勢力的個案研究〉，《齊魯學刊》2002第三期，頁130～137。文中提到扶風耿氏由功臣→西北軍事→外戚的發展過程，隨竇氏兩次出征匈奴的多是東漢扶風耿氏第三代的成員。

〔註68〕東晉次，《後漢時代の政治と社會》，頁200～204。

善之善者也。〔註69〕

龐參的上書是從國防補給線的角度來看待涼州與西域的問題。「宜徙邊郡不能自存者，入居諸陵」是把在涼州無法生存的百姓遷到諸帝陵所在的三輔，以節省軍糧補給的重大花費。鄧騭初步同意這樣的政策，但在虞詡的提案反對下作罷。虞詡爲陳國武平人，當時辟於太尉李脩，他上書李脩論勿棄涼州：

> 竊聞公卿定策當弃涼州，求之愚心，未見其便。先帝開拓土宇，劬勞後定，而今憚小費，舉而弃之。涼州既弃，即以三輔爲塞；三輔爲塞，則園陵單外。此不可之甚者也。諺曰：『關西出將，關東出相。』觀其習兵壯勇，實過餘州。今羌胡所以不敢入據三輔，爲心腹之害者，以涼州在後故也。其土人所以推鋒執銳，無反顧之心者，爲臣屬於漢故也。〔註70〕

虞詡這番話的重點在「棄涼州則以三輔爲塞」，若放棄涼州是整個國防線的後退，只會造成更糟的狀況；此舉更會影響到涼州人民對東漢中央的認同。後來李脩同意虞詡的提案，並且「辟西州豪桀爲掾屬，拜牧守長吏子弟爲郎，以安慰之。」多辟涼州士人爲官，蔭補涼州地方長官子弟，以加強涼州士人對中央的向心力。〔註71〕但隨著羌禍轉烈，邊區的太守出身內地全無戰意，爭相徙郡縣以避寇難，永初五年三月下詔「隴西徙襄武，安定徙美陽，北地徙池陽，上郡徙衙。」〔註72〕除襄武位於隴西之外，扶風美陽縣在郿縣東方，馮翊池陽縣則在安陵北方，馮翊衙縣位置最北，此舉完全將涼州邊郡移至三輔。

　　這個政策一直到順帝永建四年虞詡上書請安定、北地、上郡居民還舊土才宣告終結。「徙邊郡民」的政策成效極差，將吏民內遷後三輔反而成爲羌人寇掠之地，邊塞內遷而三輔成爲前線，東漢政府乃築一新的塢候防禦線。自安帝永初五年（111）至順帝永和五年（140）爲止，漢廷築塢堡以防南匈奴與羌人等外族對內郡的侵擾，塢堡北起中山國，南經常山國、趙郡，至魏郡凡六百一十所，形成一南北走向的帝國新防線，主要保衛冀州及關東諸郡國；此外於馮翊、扶風再設一條防衛線。而并州、涼州均在此

〔註69〕 《後漢書・龐參傳》，頁1688。
〔註70〕 《後漢書・虞詡傳》，頁1866。
〔註71〕 《後漢書・虞詡傳》，頁1866。
〔註72〕 《後漢書・孝安帝紀》，頁216。

線之外，顯示此二州少數民族人數已超過漢人，東漢政府難以掌握。〔註73〕
三輔由國家核心區變成實質上的邊區，加上羌人多侵擾，不少士人遷往河
南、陳留。〔註74〕

　　除了涼州放棄論，鄧氏掌政的第二個重點是西域棄留論，這點可從西域
都護的設廢看出。明帝永平17年（74A.D.），竇固擊匈奴，復設西域都護，與
西域復通；章帝建初元年（76A.D.）罷西域屯田，召回官員；和帝永元三年
（91A.D.）竇憲滅北匈奴，復置西域都護；安帝永初元年（107A.D.）以「西
域阻遠，數有背叛」，罷西域都護；安帝永寧元年（120A.D.）聽班勇議復羈縻
西域，但未能出兵屯田；安帝延光二年（123A.D.），北匈奴與車師寇西河，議
棄西域，敦煌太守張璫上書：「臣在京師，亦以為西域宜棄，今親踐其土地，
乃知棄西域則河西不能自存。」〔註75〕，復以班勇為西域長史「自建武至于
延光，西域三絕三通。順帝永建二年（127A.D.），勇復擊降焉耆。於是龜茲、
疏勒、于寘、莎車等十七國皆來服從，而烏孫、蔥領已西遂絕。」〔註76〕桓
帝永興元年（153A.D.）後，西域漸絕。

　　東漢於西域的經營如下表：

表八：東漢西域經營表〔註77〕

時　間	事　蹟
明帝永平17年（74）	竇固平西域，重設西域都護及戊己校尉
章帝建初1年（76）	罷西域都護及屯田，召回官員
和帝永元3年（91）	竇憲滅北匈奴，復置西域都護
安帝永初1年（107）	罷西域都護
安帝永寧1年（120）	聽班勇議復羈縻西域，但未能出兵屯田
安帝延光2年（123）	議棄西域，未成。復以班勇為西域長史
順帝永建2年（127）	西域17國來服，但烏孫、蔥嶺以西已絕
桓帝永興1年（153）	中國內亂，西域漸絕

〔註73〕　廖伯源，〈東漢西北邊界之內移〉，頁119～122。
〔註74〕　如竇章「永初中，三輔遭羌寇，章避難東國，家於外黃（陳留）。」
〔註75〕　《資治通鑑》，頁1625。
〔註76〕　《後漢書・西域傳》，頁2912。
〔註77〕　本表編年與事蹟以《資治通鑑》記錄為主。

　　觀察東漢的西域政策，是與對匈奴用兵的態度息息相關。胡三省評班勇提的西域政策，指出經營西域的關鍵在於有無武力抵擋游牧勢力，尤其是對匈奴有無軍事絕對優勢。〔註78〕安帝以後最嚴重的問題是西羌的反叛，已無多餘的兵力對外作戰，西域的去留變成難解的問題，從永寧元年同意班勇以五百人羈縻西域，就可看出朝廷的意見是希望用最少的兵力達到效果，加上朝中大臣非邊區出身，對西域態度消極，才會設了又棄，到最後因為國力的關係，西域等於名存實亡。東漢西域的經營一直仰賴三輔士人，從班超、耿恭到班勇，幾乎都用最少的兵力達成羈縻西域的效果，但在國防線的退縮及補給不力下，只能以失敗告終。

　　安帝以後對西北的用兵是以平定西羌為主，此時主要仰賴并州、涼州的新興軍人來解決羌亂的問題，三輔士人在這方面著力較少，對西北熟悉的仕宦優勢漸漸消失。此時代三輔士人而興的是益州士人，安帝永初二年羌亂起於涼州寇掠三輔，扶風魯恭推薦他的學生益州士族李郃、張皓、陳禪等人於鄧騭，為鄧騭所用，在平定羌亂上有功，之後又在順帝廢立的議題上做出貢獻，使得益州士人的重要性提高。〔註79〕

　　關於三輔士人對西北軍事的影響，還可以從他們擔任護羌校尉的人數看來。邢義田〈允文允武：漢代官吏的一種典型〉〔註80〕一文的附錄二東漢護羌校尉表，共得32人，可考三輔出身者五人，以下僅列出三輔士人擔任護羌校尉者：

表九：東漢三輔士人任護羌校尉表〔註81〕

姓　名	籍　貫	曾任官職	出　處	任職時間及備註
竇林	扶風平陵	謁者、護羌校尉	87／2880（中華書局版標點《後漢書》卷／頁）	永平元年（明帝）

〔註78〕《資治通鑑》，頁1606。胡三省原文如下：「武帝通西域，未能盡臣屬西域也；及宣帝時，日逐降，呼韓邪內附，始盡得西域。明帝使班超通西域，未能盡臣屬西域也；及竇憲破北匈奴，超始盡得西域。今漢內困於諸羌，而北匈奴游魂蒲類，安能以五百人成功哉！」

〔註79〕劉增貴，〈漢代的益州士族〉，頁547～548。

〔註80〕邢義田，〈允文允武：漢代官吏的一種典型〉，收於氏著《天下一家：皇帝、官僚與社會》（北京：中華書局，2011），頁224～284。

〔註81〕本表格引用自邢義田，〈允文允武‧漢代官吏的一種典型〉，頁224～284。

馬賢	扶風茂陵	騎都尉、護羌校尉、謁者、征西將軍	5／220，231；6／264，270	元初二年（安帝）；元初五年復任
任尚	不明	長史、司馬、戊己校尉、中郎將、護烏桓校尉、西域校尉、征西校尉、護羌校尉、侍御史	4／177，179；5／205～207，224～227；16／610；23／818；47／1586；87／2886～2888	元初四年（五年任尚有罪，又由馬賢回任）屬於竇憲對外征戰的人馬
馬續	扶風茂陵	張掖太守、護羌校尉、度遼將軍、中郎將	6／269 87／2894 90／2987	永建五年（順帝）馬續述《天文志》（《續漢志》10／3214）為馬融從兄
第五訪	京兆長陵	郡功曹、孝廉、新都令、張掖太守、南陽太守、護羌校尉	76／2475～2476 87／2897	永壽五年（桓帝）（少孤貧……有閒暇則以學文）為第五倫族孫

　　可考的五人當中，分屬竇氏、馬氏與第五氏，任尚出身不明，但屬於竇憲出征匈奴的人馬，在竇憲死後仍然擔任西北軍職相關的官職。

　　安帝以下的掌權的外戚有河南鄧氏、河南閻氏、扶風耿氏（耿寶）、安定梁氏、扶風竇氏（竇武）、南陽何氏等。雖然有出身三輔的外戚如耿寶、竇武等，但他們主政時的核心官僚已非三輔士人，而以帝國核心區的河南、潁川、汝南等地的士人為主。因為這樣的緣故，安帝以下三輔士人擔任公卿的比例大幅降低，連太守刺史的人數都減少。〔註82〕

　　筆者根據嚴耕望《兩漢太守刺史表》東漢部份的紀錄，發現三輔士人在地方階層仕宦的特性。劉增貴〈漢代的益州士族〉一文中有針對東漢公卿數量及守相人數的區域統計，〔註83〕但是將司隸校尉部合併計算，筆者統計時將三輔獨立出來，以便更清楚說明他們仕宦的特色。

〔註82〕東晉次《後漢時代の政治と社會》統計順帝時任三公九卿及尚書令的籍貫，可考的 42 人當中，僅朱寵（京兆）、郭虔（馮翊）、宋漢（京兆）、竇章（扶風）四人為三輔人，其中竇章是外戚，宋漢為宋由之子，宋由也擔任過三公，可見順帝時的三輔士人若無家族的勢力，靠個人的力量很難在中央任官，見該書頁 222。

〔註83〕統計圖表的部份有表四：後漢各州守相數量比較表，頁 540；表七：後漢各州守相時代分布表，頁 543。

表十：東漢三輔士人任各州太守表（以任官次數計）〔註84〕

	三輔	司隸	豫州	冀州	兗州	徐州	青州	荊州	揚州	益州	涼州	并州	幽州	交州	總計
光武	2	2	1	2	2			2	1	1	2	2	3		21
明帝				1				1		1	2	3	2		10
章帝			1	2	2	1	1	1		1					9
和帝			2	1	2			1	4		2	1			13
安帝	1	1	1			1		3			2	1	1		11
順帝				1	1	1		1			2	1			7
桓帝		1		1				1			1				3
靈帝				1		1					1	1			4
獻帝	2	2	1					1		1	7				14
不明		1	1	1						2	2				7
總計	5	7	8	9	7	3	2	10	5	6	21	9	6	0	98

　　三輔士人於東漢的仕宦人數僅次於司隸中的三河（河東、河內、河南）、豫州與荊州，三河、豫州為帝國核心區，荊州（特別是南陽）則為帝鄉，在仕宦上都有優勢。〔註85〕以太守的人數來看，三輔士人在光武、和帝及獻帝時的人數達到高峰，這樣的現象，也與本章前幾節敘述的狀況相同。光武時有意地拉攏三輔士人，和帝時竇憲主政對三輔士人多有援引，竇憲死後三公亦多三輔人；安帝以後因中央決策的改變，三輔成為實質上的邊區，中央層級的官員大量減少，連帶影響到他們在地方階層的仕宦，在此時還擔任太守之人如馬融、蘇章、竇章，都是出身三輔大族。到了獻帝時三輔士人才又大量在地方上任職，尤其是在涼州的事務上，這一方面有地緣因素，一方面與曹操挑選地方官的特質有關。

　　本節討論三輔士人與西北用兵的關係。從明帝採取對北匈奴用兵開始，三輔士人就扮演重要的角色，在竇固、竇憲兩次北征匈奴的戰役中，主要的將領幾乎都是三輔出身，這是仰賴他們對西北情勢的熟悉；匈奴平定後再度開啟對西域的經營，三輔士人也在其中扮演重要角色。但安帝以後對外政策

〔註84〕　本表引用自劉增貴〈漢代的益州士族〉。
〔註85〕　劉增貴，〈漢代的益州士族〉，頁 537～538。

改變，涼州放棄論與西域放棄論的成立讓三輔成爲實質上的邊區，由於國防線的後退，朝廷改以涼州士人和益州士人征討西羌，大量壓縮到三輔士人的空間；加上原居地三輔受到羌亂破壞，多數士人往東避難，減少了可以出仕的機會，一直要到獻帝時曹操仰賴三輔士人對西北情勢的熟悉，用三輔士人與涼州軍人對抗，穩定了西北的局勢，三輔士人於政治上的優勢才又重新回來。

第四節　三輔士人之爲政風格

　　本章第二節與第三節討論到三輔士人在外戚政治及西北軍事中扮演的角色，接下來這一節將從他們地方施政的特色來談，亦即所謂「循吏」的傳統。余英時認爲兩漢「循吏」最重要的三個特色是「富之」、「教之」、「無訟」，完全符合儒家對理想地方官的敘述。〔註86〕作爲西漢傳統的延續，《後漢書》中亦可見大量關於循吏的記載，除了〈循吏傳〉之外，東漢初年大臣列傳中也有大量的循吏事跡被記載，集中於《後漢書》列傳十五十六中。針對這個現象，東晉次提出解釋，認爲東漢初年大量循吏的出現，是因爲當時的豪族問題始然。西漢對待豪族的統治方式可約略分成循吏及酷吏兩個模式，光武政權建立之初對豪族多有拉攏，這也反映在地方官對豪族的態度上。東晉次認爲這些循吏型的官員多半任職於帝國邊陲地區，因此在開墾荒地、建造水利工程上可以有較多的作爲；任職於核心區的官員則多半是疏通原本舊的設施，或是就原有的系統加以改進而已。考察《後漢書》列傳可以發現這些循吏其實分佈於全國各地，並成爲東漢地方官的典型。〔註87〕

　　「循吏」的特質雖非三輔士人所獨有，卻成爲他們在擔任地方官時普遍的作爲，也成爲他們討論吏治的依據，這樣的特色從東漢初一直持續到三國時期。本節著重在兩個部份，一是他們任職地方官的實蹟，二是三輔士人對選用官員的評論，用這兩點來說明三輔士人與循吏傳統的關係。

　　依照時間先後順序，第一個帶有循吏色彩的是扶風郭伋。他在光武時擔任漁陽太守、潁川太守及幷州牧均有治蹟：

　　　　漁陽既離王莽之亂，重以彭寵之敗，民多猾惡，寇賊充斥。伋到，

〔註86〕余英時，〈漢代循吏與文化傳播〉，收於《中國思想傳統的現代詮釋》（台北：聯經出版公司，1987），頁 167～258。
〔註87〕東晉次，《後漢時代の政治と社會》，頁 72～76。

> 示以信賞，糾戮渠帥，盜賊銷散。時匈奴數抄郡界，邊境苦之。伋
> 整勒士馬，設攻守之略，匈奴畏憚遠迹，不敢復入塞，民得安業。
> 在職五歲，戶口增倍。後潁川盜賊群起，九年，徵拜潁川太守。……
> 伋到郡，招懷山賊陽夏趙宏、襄城召吳等數百人，皆束手詣伋降，
> 悉遣歸附農。……伋前在并州，素結恩德，及後入界，所到縣邑，
> 老幼相攜，逢迎道路。所過問民疾苦，聘求耆德雄俊，設几杖之禮，
> 朝夕與參政事。〔註88〕

郭伋於漁陽太守任內主要的問題是盜賊和匈奴，他以「信賞」糾合部下的信任，殲滅盜賊首領，因而收到良好的效果，對匈奴也因攻守有方而收到成效。接下來轉任潁川太守也是要處理盜賊的問題，郭伋對他們招降，連帶盜賊的黨羽都歸順，重新務農。他在并州「設几杖之禮」，使長幼有序，而達到教化的效果。略晚於郭伋的第五倫，在會稽太守及蜀郡太守任內亦有治蹟：

> 會稽俗多淫祀，好卜筮。民常以牛祭神，百姓財產以之困匱，其自
> 食牛肉而不以薦祠者，發病且死先為牛鳴，前後郡將莫敢禁。倫到
> 官，移書屬縣，曉告百姓。其巫祝有依託鬼神詐怖愚民，皆案論之。
> 有妄屠牛者，吏輒行罰。民初頗恐懼，或祝詛妄言，倫案之愈急，
> 後遂斷絕，百姓以安。（第五倫）倫在職四年，遷蜀郡太守。蜀地肥
> 饒，人吏富實，掾史家貲多至千萬，皆鮮車怒馬，以財貨自達。倫
> 悉簡其豐贍者遣還之，更選孤貧志行之人以處曹任，於是爭賕抑絕，
> 文職修理。所舉吏多至九卿、二千石，時以為知人。〔註89〕

第五倫於會稽太守任內主要的治蹟是去除淫祀（牛祭），讓百姓能脫離巫祝詐怖的恐懼；在蜀郡太守任內則是類似西漢文翁治蜀推行教育，讓孤寒子弟擔任掾史高職，抑制原本過於崇尚財貨的現象，改善當地的風氣，同時發掘許多人才。

章帝時的因重視地方吏治，良二千石更多。廉范當時治蜀成效卓越：

> 建初中，遷蜀郡太守，其俗尚文辯，好相持短長，范每屬以淳厚，
> 不受偷薄之說。成都民物豐盛，邑宇逼側，舊制禁民夜作，以防火
> 災，而更相隱蔽，燒者日屬。范乃毀削先令，但嚴使儲水而已。百

〔註88〕 《後漢書·郭伋傳》，頁1091～1093。
〔註89〕 《後漢書·第五倫傳》，頁1397～1398。

姓爲便，乃歌之曰：「廉叔度，來何暮？不禁火，民安作。平生無襦
今五絝。」〔註90〕

廉范家族歷任邊郡守，他任雲中太守任內對防禦匈奴收到良好的成效，他在
蜀郡的治理則是強調要改變風俗，以淳厚改變文巧好辯的風氣，並且廢除禁
民夜作點火的惡法，讓當地民生更爲富庶。同爲三輔士人的第五倫、廉范先
後擔任蜀郡太守，都留下相當好的風評，讓當地居民感念。章帝時良二千石
還有扶風馬棱：

> 章和元年，遷廣陵太守。時穀貴民飢，奏罷鹽官，以利百姓，賑貧
> 贏，薄賦稅，興復陂湖，溉田二萬餘頃，吏民刻石頌之。永元二年，
> 轉漢陽太守，有威嚴稱。〔註91〕

馬棱於廣陵太守的任內著重平抑物價、少收稅，並且修復水利設施，讓灌溉
的面積擴大，當地居民感念他的治蹟還爲他刻石讚頌。同時扶風茂陵秦彭任
山陽太守亦有治蹟：

> 建初元年，遷山陽太守。以禮訓人，不任刑罰。崇好儒雅，敦明庠
> 序。每春秋饗射，輒修升降揖讓之儀。乃爲人設四誡，以定六親長
> 幼之禮。有遵奉教化者，擢爲鄉三老，常以八月致酒肉以勸勉之。
> 吏有過咎，罷遣而已，不加恥辱。百姓懷愛，莫有欺犯。興起稻田
> 數千頃，每於農月，親度頃畝，分別肥埆，差爲三品，各立文簿，
> 藏之鄉縣。是姦吏踧踖，無所容詐。乃上言，宜令天下齊同其制。
> 書以其所立條式，班令三府，並下州郡。〔註92〕

秦彭爲以儒家的長幼之禮爲依歸，進行飲酒禮、鄉禮以教化百姓；對於田地
的肥沃度還分成三品，減少考課時的弊病。秦彭並把這些措施上書朝廷，以
便推行到全國。同時的扶風平陵魯恭任中牟縣令，也以德化著稱：

> 恭專以德化爲理，不任刑罰。訟人許伯等爭田，累守令不能決，恭
> 爲平理曲直，皆退而自責，輟耕相讓。……建初七年，郡國螟傷稼，
> 犬牙緣界，不入中牟。河南尹袁安聞之，疑其不實，使仁恕掾肥親
> 往廉之。恭隨行阡陌，俱坐桑下，有雉過，止其傍。傍有童兒，親
> 曰：「兒何不捕之？」兒言「雉方將雛」。親瞿然而起，與恭訣曰：「所

〔註90〕 《後漢書・廉范傳》，頁1103。《東觀漢記校注》亦有記載：「廉范爲蜀郡守，
令民不禁火，百姓皆喜，家得其願，時生子皆以廉爲名者千。」，頁591。
〔註91〕 《後漢書・馬棱傳》，頁862。
〔註92〕 《後漢書・循吏傳・秦彭》，頁2467。

> 以來者，欲察君之政迹耳。今蟲不犯境，此一異也；化及鳥獸，此
> 二異也；豎子有仁心，此三異也。久留，徒擾賢者耳。」還府，具
> 以狀白安，是歲，嘉禾生恭便坐廷中，安因上書言狀，帝異之。會
> 詔百官舉賢良方正，恭薦中牟名士王方，帝即徵方詣公車，禮之與
> 公卿所舉同，方致位侍中。〔註93〕

魯恭於中牟令任內治蹟良好，讓鄉人止訟，甚至避免了天災，引起河南尹
袁安的質疑，並派人調查，結果證明魯恭治蹟之優良，甚至感染到兒童，
魯恭並拔擢中牟當地的優秀士人。魯恭之弟魯丕亦於章帝時有治蹟：「永元
二年，遷東郡太守。丕在二郡，爲人修通溉灌，百姓殷富。數薦達幽隱名
士。」〔註94〕則魯丕亦著重修整水利設備及推薦人才這兩樣行爲。

何敞於和帝時任汝南太守，其爲政亦有循吏之風：

> 敞疾文俗吏以苛刻求當時名譽，故在職以寬和爲政。立春日，常召
> 督郵還府，分遣儒術大吏案行屬縣，顯孝悌有義行者。及舉冤獄，
> 以春秋義斷之。是以郡中無怨聲，百姓化其恩禮。其出居者，皆歸
> 養其父母，追行喪服，推財相讓者二百許人。置立禮官，不任文吏。
> 又修理鮦陽舊渠，百姓賴其利，墾田增三萬餘頃，吏人共刻石，頌
> 敞功德。〔註95〕

何敞的中心思想是「不任文吏」，減少施政的苛察，並以春秋之義斷獄，讓百
姓能有相讓之風，並且修築水利設施，擴大墾田的面積，吏民並刻石紀念他
的功績。以上的官員多仕宦於和帝以前，從人數來看以章帝時循吏的治蹟最
多，這與章帝希望以儒學教化取代文法之吏的風氣應該有關。

安帝以後，三輔地區因受羌亂的侵擾，加上朝廷政策的改變，出任地方
太守的人數明顯減少，三輔士人的出仕往往更需倚賴家族的力量。安帝、順
帝時任武原縣令、冀州刺史及幷州刺史的蘇章就是一例，蘇章是蘇建的後人，
祖父蘇純於明帝時與竇固一起出擊匈奴，家族有邊郡守的傳統。蘇章在各個
官職任內都有治蹟：

> 出爲武原令，時歲飢，輒開倉廩，活三千餘戶。順帝時，遷冀州刺
> 史。故人爲清河太守，章行部案其姦臧。乃請太守，爲設酒肴，陳

〔註93〕 《後漢書‧魯恭傳》，頁874～875。
〔註94〕 《後漢書‧魯丕傳》，頁884。
〔註95〕 《後漢書‧何敞傳》，頁1487。

平生之好甚歡。太守喜曰：「人皆有一天，我獨有二天。」章曰：「今
夕蘇孺文與故人飲者，私恩也；明日冀州刺史案事者，公法也。」
遂舉正其罪。州境知章無私，望風畏肅。換為并州刺史，以摧折權
豪，忤旨，坐免。隱身鄉里，不交當世。〔註96〕

任職武原令當時遇到飢荒，蘇章開倉廩賑災，使百姓能存活；遷冀州刺史時
又能拒故舊的請託，公正嚴明，即使後來因得罪權貴而免官，也不改變。

於順帝時出任張掖太守的第五訪，政績亦有類似之處：

歲飢，粟石數千，訪乃開倉賑給以救其敝。吏懼譴，爭欲上言。訪
曰：「若上須報，是弃民也。太守樂以一身救百姓！」遂出穀賦人。
順帝璽書嘉之。由是一郡得全。歲餘，官民並豐，界無姦盜。〔註97〕

第五訪為第五倫的族孫，任張掖太守時遭逢飢荒，他不畏行政責任發糧食給
百姓，使得全郡人口得以保全，並且治安良好，他也受到順帝的褒揚。從蘇
章、第五訪前後任地方官都需開放官糧賑災來看，當時除了羌亂外天災不
斷，影響到糧食的生產及環境負載力。順帝以下則缺少三輔士人擔任地方官
的實際事蹟，不過從獻帝以後三輔士人的作為來看，循吏的傳統是有維持下
去。

如第三節所言，三輔士人重新大量擔任地方官是在曹操掌權的獻帝時
期，此時三輔士人擔任西北地區太守的人數非常多，這與他們熟悉邊境事務
有關；且當時涼州士人集團多聽從董卓號令，屢次對三輔造成威脅，或許也
是曹操重用三輔士人的原因。在這些地方官中尤其帶有循吏色彩的有蘇則及
杜畿。蘇則於獻帝時任金城太守：

蘇則字文師，扶風武功人也。少以學行聞，舉孝廉茂才，辟公府，
皆不就。起家為酒泉太守，轉安定、武都，所在有威名。太祖征張
魯，過其郡，見則悅之，使為軍導。魯破，則綏定下辯諸氐，通河
西道，徙為金城太守。是時喪亂之後，吏民流散飢窮，戶口損耗，
則撫循之甚謹。外招懷羌胡，得其牛羊，以養貧老。與民分糧而食，
旬月之間，流民皆歸，得數千家。乃明為禁令，有干犯者輒戮，其
從教者必賞。親自教民耕種，其歲大豐收，由是歸附者日多。李越
以隴西反，則率羌胡圍越，越即請服。太祖崩，西平麴演叛，稱護

<hr>

〔註96〕《後漢書・蘇章傳》，頁 1107。
〔註97〕《後漢書・循吏傳・第五訪》，頁 2475～2476。

羌校尉。則勒兵討之。演恐,乞降。文帝以其功,加則護羌校尉,
賜爵關內侯。〔註98〕

蘇則從出仕開始都在涼州各郡擔任太守,因此熟悉當地情勢,曹操破張魯後
以他為金城太守。蘇則先招納流民,友善對待羌胡,教導人民耕種等技術,
政治上賞罰分明,流民附歸者因而增多,西河的情勢也因此得到安定。京兆
杜陵杜畿則擔任河東太守:

是時天下郡縣皆殘破,河東最先定,少耗減。畿治之,崇寬惠,與
民無為。民嘗辭訟,有相告者,畿親見為陳大義,遣令歸諦思之,
若意有所不盡,更來詣府。鄉邑父老自相責怒曰:「有君如此,奈何
不從其教?」自是少有辭訟。班下屬縣,舉孝子、貞婦、順孫,復
其繇役,隨時慰勉之。漸課民畜牸牛、草馬,下逮雞豚犬豕,皆有
章程。百姓勤農,家家豐實。畿乃曰:「民富矣,不可不教也。」於
是冬月修戎講武,又開學宮,親自執經教授,郡中化之。〔註99〕

杜畿為西漢杜周之後,由於關中大亂避難至荊州,再由荀彧推薦給曹操。他
擔任河東太守時強調無為息訟,減免孝子、貞婦、順孫的徭役,並且訂出課
徵的章程,讓百姓能富足,最後再於冬天開學宮推行教育,完全符合「富之、
教之、無訟」的循吏標準。在杜畿的治理下河東安泰十幾年,成為曹操統一
北方的基石。〔註100〕

　除了傳統文獻的記載外,漢代的石刻中也記錄不少三輔士人當官的實際
表現,如曾任武都太守的耿勳:

1. 漢武都太守、右扶風茂陵耿君、諱勳、字伯瑋、其先本自鉅
2. 鹿、世有令名、為漢建功、俾侯三國、卿守將帥、爵位相承、以
3. 迄于君、君敦詩說禮、家仍典軍、壓難和戎、虓虎慷慨、以得
4. 奉貢上計、廷陳惠康安邊之謀、上納其謨、拜郎、上黨府丞、
5. 掌令、考績有成、符英乃胙、熹平二年三月癸酉到官、奉宣
6. 詔書、哀閔垂恩、猛不殘義、寬不宥姦、喜不縱慝、感不戮仁、

〔註98〕 《三國志‧魏書‧蘇則》,頁490~491。
〔註99〕 《三國志‧魏書‧杜畿傳》,頁496。
〔註100〕 《資治通鑑》胡三省注:「為曹操因河東資實以平關中張本。杜畿之子為杜恕,
　　　　恕之子為杜預。其守河東,觀其方略,固未易才也。余竊謂杜氏仕於魏、晉,
　　　　累世貴盛,必有家傳,史因而書之,固有過其實者。」,頁2063。胡三省認為
　　　　杜畿應是有才,但因累世貴盛,記載恐有失真之處。

7. 賞恭罰否、昇奧□流。其於統系、寵存贈亡、篤之至也、歲在

8. 癸丑、厥運淫雨、傷害稼穡、率土普議、開倉振澹、身冒炎赫

9. 火星之熱、至屬縣、巡行窮匱、陟降山谷、經營拔涉、草止露

10. 宿、捄活□餐千有餘人、出奉錢市□□作衣、賜給貧乏、發

11. 荒田耕種、賦與寡獨王佳小男楊孝等三百餘戶、減省貪

12. 吏二百八十人、勸勉趨時、百姓樂業、老者得終其壽、幼者

13. 得以全育、甘棠之愛、不是過矣、又開故道銅官、鑄作錢器、

14. 興利無極、外羌且□等、怖威悔惡、重譯乞降、脩治狹道、分

15. 子效力、□□如農、得眾兆之歡心、可謂印之若神明已、夫

16. 美政不紀、人無述焉、國人僉嘆、刊勒斯石、表示無窮、其辭

17. 曰、

18. 泰華惟岳、神曜吐精、育茲令德、既喆且明、寔謂耿君、天胙

19. 顯榮、司牧茈政、布化惟成、柔嘉惟賊、穆如風清、勒卹民隱、

20. 拯阨捄傾、匪皇啓處、東撫西征、赤子遭慈、以活以生、山靈

21. 挺寶、匈災乃平、愷悌父母、民賴以寧、

22. 熹平三年四月廿日壬戌、西部道橋掾下辨李示垠造、〔註101〕

耿勳出身扶風茂陵，耿氏在東漢以功臣出身，又在對西北的爭伐取得軍功，爾後更成為外戚。在這樣的家族背景下，耿勳既有軍功的背景，擔任地方官時又能注意恩威並濟。這樣允文允武的風格，可與邢義田〈允文允武——漢代官吏的一種典型〉〔註102〕研究中的印象相互結合。

　　綜觀三輔士人在東漢的整體仕宦，不論時代先後，都有濃厚的循吏色彩，舉凡開發農田水利、禁止當地惡俗或惡法、感化盜賊、減少訴訟、或是改革考課制度、加強儒學教育，都與儒家理想若相符節，成為他們擔任地方官的一大特色。

　　以上是三輔士人於地方政治的實蹟，接下來要討論三輔士人對選用官吏的評論。第五倫、韋彪等人在進行政論時，強調用「循吏」的概念取代「文法之吏」，連帶對當時政治風氣有所批評。〔註103〕第五倫於章帝時曾上書討論

〔註101〕《漢代石刻集成【圖版・釋文篇】》，頁201～211。

〔註102〕收錄於邢義田，《天下一家：皇帝、官僚與社會》（北京：中華書局，2011），頁224～282。

〔註103〕閻步克《士大夫政治演生史稿》中將東漢政治分為儒生與文吏兩派，一派代表儒家，一派代表法家，儒法合流造成儒生與文吏的融合成為士大夫政治的

選用太守刺史的標準：

> 倫雖峭直，然常疾俗吏苛刻。及爲三公，值帝長者，屢有善政，乃
> 上疏斷稱盛美，因以勸成風德，曰：「陛下即位，躬天然之德，體晏
> 晏之姿，以寬弘臨下，出入四年，前歲誅刺史、二千石貪殘者六人。
> 斯皆明聖所鑒，非羣下所及。然詔書每下寬和而政急不解，務存節
> 儉而奢侈不止者，咎在俗敝，羣下不稱故也。光武承王莽之餘，頗
> 以嚴猛爲政，後代因之，遂成風化。郡國所舉，類多辨職俗吏，殊
> 未有寬博之選以應上求者也。陳留令劉豫，冠軍令駒協，並以刻薄
> 之姿，臨人宰邑，專念掠殺，務爲嚴苦，吏民愁怨，莫不疾之，而
> 今之議者反以爲能，違天心，失經義，誠不可不慎也。非徒應坐豫、
> 協，亦當宜譴舉者。務進仁賢以任時政，不過數人，則風俗自化矣。
> 臣嘗讀書記，知秦以酷急亡國，又目見王莽亦以苛法自滅，故勤勤
> 懇懇，實在於此。又聞諸王主貴戚，驕奢踰制，京師尚然，何以示
> 遠？故曰：『其身不正，雖令不從。』以身教者從，以言教者訟。夫
> 陰陽和歲乃豐，君臣同心化乃成也。其刺史、太守以下，拜除京師
> 及道出洛陽者，宜皆召見，可因博問四方，兼以觀察其人。諸上書
> 言事有不合者，可但報歸田里，不宜過加喜怒，以明在寬。」〔註104〕

第五倫這段上書，重點在評論光武以來過於刻薄的政治風氣，當在位者選用
刻薄的地方官，地方也只會報上苛刻的「俗吏」，而缺乏寬博之風。第五倫以
歷史爲鑑，統治過於嚴苛幾乎都導致滅亡，勸章帝應慎選太守刺史，並且寬
和對待與皇帝意見不合的大臣，以收爲政寬厚之效。同時任大鴻臚的扶風韋
彪，也對選舉人才的標準做出批評：

> 是時陳事者，多言郡國貢舉率非功次，故守職益懈而吏事寖疏，咎
> 在州郡。有詔下公卿朝臣議。彪上議曰：「伏惟明詔，憂勞百姓，垂
> 恩選舉，務得其人。夫國以簡賢爲務，賢以孝行爲首。孔子曰：『事
> 親孝故忠可移於君，是以求忠臣必於孝子之門。』夫人才行少能相
> 兼，是以孟公綽優於趙、魏老，不可以爲滕、薛大夫。忠孝之人，
> 持心近厚；鍛鍊之吏，持心近薄。三代之所以直道而行者，在其所

定調。詳見《士大夫政治演生史稿》（北京：北京大學出版社，1996）第十章，
頁 412～439。
〔註104〕《後漢書・第五倫傳》，頁 1399～1400。

以磨之故也。士宜以才行爲先，不可純以閥閲。然其要歸，在於選
二千石。二千石賢，則貢舉皆得其人矣。」帝深納之。彪以世承二
帝吏化之後，多以苛刻爲能，又置官選職，不必以才，因盛夏多寒，
上疏諫曰：「臣聞政化之本，必順陰陽。伏見立夏以來，當暑而寒，
殆以刑罰刻急，郡國不奉時令之所致也。農人急於務而苛吏奪其時，
賦發充常調而貪吏割其財，此其巨患也。夫欲急人所務，當先除其
所患。天下樞要，在於尚書，尚書之選，豈可不重？而閒者多從郎
官超升此位，雖曉習文法，長於應對，然察察小慧，類無大能。宜
簡嘗歷州宰素有名者，唯進退舒遲，時有不逮，然端心向公，奉職
周密。宜鑒嘗夫捷急之對，深思絳侯木訥之功也。往時楚獄大起，
故置令史以助郎職，而類多小人，好爲姦利。今者務簡，可皆停省。
又諫議之職，應用公直之士，通才謇正，有補益於朝者。今或從徵
試輩爲大夫。又御史外遷，動據州郡。並宜清選其任，責以言績。
其二千石視事雖久，而爲吏民所便安者，宜增秩重賞，勿妄遷徙。

〔註 105〕

這段文字討論了兩個重點，一是地方貢舉不實的問題，韋彪認爲其根本在愼
選二千石，能有好的二千石自然能選拔出好的人才；第二則是政治風氣的問
題，韋彪認爲政治風氣太苛刻導致了天災變異，究其根本，應從尙書的選用
著手，以往尙書多半是文法深刻之人，在政治的作爲上常有太過苛刻的弊病，
他建議可以從優良地方官中選擇擔任尙書的人才，並且獎勵良二千石，不要
輕易的調動，讓他們在地方的良政能夠持續。

　　從第五倫和韋彪的議論，可以看出他們在政治上的訴求是要有優良的地
方官，而且地方官不能以文法苛察爲任，應以寬厚爲要。將他們的發言對照
三輔士人的循吏事蹟，可以發現若相符節之處。從儒家理想的官吏形象改變
文法深刻的政治現實，成爲三輔士人相當特殊的地方。

　　本節討論三輔士人實際施政的風格與政治議論。從東漢到三國，「循吏」
成爲跨越時代的特色，也因爲這是實際施政的結果，使得三輔士人在政論上
也會特別強調地方官的選用，因此特別長於地方的內政。這樣的施政風格在
三國時更發揮到極致，使得曹操在太守階層大量選用三輔士人。

〔註 105〕《後漢書・韋彪傳》，頁 917～919。

小　結

　　本章試圖從多種角度討論三輔士人對東漢政治的整體影響。第一節討論三輔士人加入東漢政府的過程。三輔士人大致上以三種身份加入光武的政權：一是原先在河北地區任官的三輔士人，在光武對河北用兵時就加入光武；二是原本擔任地方守相，在東漢政權成立後承認光武的正統，也獲得光武的承認；三是原屬於其他勢力的士人，後來歸順光武，光武對這類士人特別地拉攏。在光武統一全國後，三輔士人對於定都洛陽以及專用南陽人兩點有憂慮，在首都既定的狀況之下，光武以大量任用三輔士人爲中央官來彌補彼此的關係，並且讓皇室與三輔士人通婚。處於非核心區的狀況下，三輔士人在東漢政治的優勢來自於外戚掌政、對西北形勢的熟悉以及循吏傳統的延續。

　　第二節接著討論三輔外戚對東漢政治的影響。由於與皇室通婚的緣故，三輔士人成爲東漢最早掌權的外戚。東漢皇室通婚的對象以功臣爲主，扶風馬氏與扶風竇氏原本都屬於其他的勢力，臣服於光武後成爲開國功臣。章帝即位後，扶風諸馬掌握了首都兵權及監察權，成爲朝中最大的勢力，他們藉著對西羌作戰的成功獲得更高地位，同時以私人的身份贍養三輔士人。馬氏失勢後，扶風竇氏接著掌權，他們藉著討伐北匈奴成功擴大在朝中的地位，他們也與士人交往密切，而且將影響力擴大到對官員的遴選，竇憲的主政替往後掌權的外戚提供範例。馬氏與竇氏的主政在對外作戰方面都取得成功，他們的統治集團也都以三輔士人爲核心，但諸馬與士人的關係較接近私人幕賓的性質，到了竇憲則擴大到一般的官員。以第五倫爲首儒家官員對外戚所主導的政治也展開批評，認爲外戚舉止不應逾制，也不該私下交通官員。竇憲失勢後，掌權的河南外戚與益州、汝穎士人形成統治集團，造成三輔士人在中央的影響力大減，直接衝擊到東漢的對外政策。

　　第三節則討論三輔士人與東漢的對外政策。由於三輔士人多出身徙陵世家，不少家族成員有歷任邊郡太守的傳統，對於西北形勢相對熟悉。明帝時以竇固爲首重開對匈奴的用兵和經營西域，和帝竇憲北伐則徹底將北匈奴擊潰。在竇固、竇憲兩次北伐中，三輔士人都是重要的將領，他們的成功也得到朝廷的重視，班超更是重開對西域的經營。但安帝以後，主要的外患是西羌，在國防線過長補給不易的狀況下，，以河南外戚爲主的領導階層開始討論放棄涼州與西域棄留的問題，最後決定將涼州邊民強行移往三輔，西域也在國力無法維持的狀況下中斷經營。邊界的內移造成重大的影響，由安帝時

陸續形成的防衛塢堡來看，三輔地區成為實質的邊區。受到羌亂的影響，士人被迫離開原居地避難；討伐西羌的將領以益州士人和涼州士人為主，他們取代了三輔士人在西北用兵的地位，這也造成三輔士人從地方到中央的任官人數都大幅減少。在順帝後還能出仕的三輔士人幾乎都是東漢累世官宦之家，也因此人才流動不易，區域發展更加失衡。

本章第四節則討論三輔士人的施政特色。從東漢初年到三國曹魏，他們的施政幾乎都帶有循吏的性質，不外乎重視水利、獎勵農業發展、重視教育以及減少訴訟等。三國時曹操選用大量三輔士人擔任西北的太守，一方面是借重他們對西北的熟悉，一方面則是他們的施政能有效安頓地方秩序，並且招亡流民，恢復地區的農業生產。由於三輔士人親身實踐循吏政治，他們的政論常以選用好的地方官為核心，並強調文法之吏不是理想的官員類型。

綜觀三輔士人對東漢政治的影響，可以發現他們有很多特質是一直延續到三國，諸如由功臣轉為外戚，並且開啟外戚與士人的密切合作；藉由對西北軍事的熟悉，而在征討匈奴、經營西域上有極大的影響；地方官循吏的風格也形成實際的政治典範。另一方面，從東漢建國即困擾三輔士人的問題也一直延續著，首都都於洛陽代表帝國核心區的轉移，到後來三輔地區甚至成為邊區；偏用南陽人與核心區的轉移也是一體兩面。由於失去核心區的地位，三輔士人在仕宦上處於較不利的形勢，他們透過與三輔出身的外戚合作，爭取西北的軍功，雖然也收到實際的成果，但在國家政策改變後對西北的優勢也消失，反而是循吏的風格延續最久，這或許也值得深思。

第四章　三輔士人之人際網絡

　　第三章討論三輔士人與東漢政治的關連性，作為理解三輔士人整體特色的背景，本章按著要討論三輔士人複雜的人際網絡。東漢是士人網絡發展成熟的時代，士人透過地域、家族、門生故吏等社會關係緊密連結，彼此的密切交往，加上由鄉論所演變出來的鄉里風評及人倫品鑑，都使士人社群出現不同的風貌。經過黨錮的催化，士人彼此的關係更加緊密。在各種關係中，「家族」與「鄉里」是各種關係的基礎，本章即是以區域士人的特色為基礎，討論三輔士人的人際網絡。

　　關於東漢士人人際網絡的基礎「鄉里」，研究最詳細的是劉增貴〈漢魏士人同鄉關係考論〉，〔註1〕秦漢社會的基層結構是地方行政系統中的鄉里，由於察舉制的緣故，士大夫出仕仰賴鄉里之譽，加上戰國以來的地域認同，「同鄉」概念從鄉里擴大到州郡（以郡為主），「鄉里」因此反應較大的地域概念。鄉里指的是同郡，地域認同與人物結合造成地域觀念的強化，因而產生紀錄地方人物風土的著作。東漢士大夫常見的社會關係有同族、同鄉與同志，同鄉關係中還包括骨肉姻親與鄉里同儕。鄉里中的政治社會網絡可能包含師友、同學、婚姻、同僚（同仕於地方政府）、同歲（同年察舉）等。另外察舉制度間接形成鄉舉里選的人物評論圈，這樣的圈子也與鄉里政治中的網絡重疊，地方士人因此呈現出複雜的人際網絡。

　　由於士人交際圈的發達，部分區域士人受到學者的重視，包括東漢汝潁士人文化圈、益州士人文化圈，〔註2〕都有相關的研究成果。關於益州士人的

〔註1〕劉增貴，〈漢魏士人同鄉關係考論〉上、下，《大陸雜誌》84：1～84：2（台北，1992）。
〔註2〕詳見第一章文獻回顧，在此不贅述。

研究較為詳細，劉增貴〈漢代的益州士族〉〔註3〕一文討論了兩漢益州士族形成的過程，由於益州地理形勢相對封閉，地方士人的人際網絡及彼此互為師友、相互通婚的情形非常普遍，形成高度相關連的人際網絡；本文還論及益州士人仕宦與東漢形勢的關係，指出他們在中央仕宦地位的提升是由於支持順帝即位以及對西羌用兵的成功，該文是目前對益州士人討論最全面的文章。〔註4〕

相較益州與汝潁士人所受到的重視，目前對三輔士人的研究尚未有針對他們在東漢的整體現象做說明，大多是以個別豪族為研究主題，缺乏對三輔士人整體特色的描寫。這與他們在東漢中晚期脫離執政圈、與黨錮關係不密切有關。前人研究中不論是對鄉里關係或是討論東漢的人物評論，都有不同的分類方式，這些分類方式與他們所要申論的主題環環相扣，也與他們所歸納出的史料性質有關。在本章的討論中，前人的分類方式難以涵蓋三輔地區的整體狀況，因而根據史料的特色重新劃分討論的主題。

考察三輔地方士人的網絡，筆者主要依賴的史料有范曄《後漢書》、袁宏《後漢紀》、陳壽《三國志》及趙岐《三輔決錄》。由於《後漢書》成書還在《三國志》之後，是由後代觀點追溯東漢的歷史，在東漢中晚期、尤其關於黨錮的紀錄上有資料的侷限性。相較之下，三輔地區雖缺乏如《華陽國志》完整的地方記錄，卻有趙岐《三輔決錄》這樣當代人記錄當代人物事蹟的作品，其書雖曾亡逸，卻有重要的參考價值。根據長安史蹟叢刊版《三輔決錄》跋，〔註5〕《三輔決錄》應亡於宋末元初，因《宋史・藝文志》始無《三輔決錄》書目。清人張澍根據傳世的史料重新整理，將《三輔決錄》的錄與注分開，重定為兩卷，並徵引其他的資料補充《決錄》的註解。筆者亦以以張澍輯逸版本為主。〔註6〕

〔註3〕 劉增貴，〈漢代的益州士族〉，《中央研究院歷史語言研究所集刊》60：3（台北，1989），頁527～577。
〔註4〕 討論東漢至三國時期益州士人的文章相當多，詳見第一章文獻回顧。
〔註5〕 趙岐，《三輔決錄》，頁82～83。
〔註6〕 張澍輯逸的範圍根據這些內容可分成三類：一是魏晉南北朝所修正史，如《三國志》注、《後漢書》等，這類史書多半將《三輔決錄》的資料當作可採信或旁證的資料，引用時會註明是《決錄》或《決錄》注所記，便於釐清《決錄》正文與摯虞所注；第二類是魏晉南北朝依《決錄》意旨而作的續作，如《高士傳》、《聖賢羣輔錄》，這些書在作意上與《決錄》若干相符，而所採錄人物範圍不限三輔；第三類則是唐宋類書，如《藝文類聚》、《太平御覽》、《太平

　　張澍輯逸時依史料狀況考證《三輔決錄》與注的差異。唯《三輔決錄》從亡失到輯逸，未見於其他史料記錄的部份自然丟失，今天所能見到的《三輔決錄》二卷，能證實爲趙岐所作的部份已有限，大部分較完整的資料是摯虞注的部份。西晉摯虞爲京兆長安人，少事皇甫謐。由於時代的關係，《決錄》注中有不少與趙岐同時或稍晚於趙岐的資料，摯虞去趙岐五十餘年，對於趙岐所記人物的補充可信度仍然相當高，對於趙岐身後三輔的政治事件的紀錄甚至詳於正史，如金禕欲挾天子以攻魏，《三國志》注引《決錄》注，《資治通鑑》即採《三輔決錄》注的說法。〔註7〕足證摯虞注在保留史實上有值得參考之處。

　　經張澍輯逸的《三輔決錄》現存兩卷，收錄西漢武帝至東漢末士人六十餘人，敘述士人的軼事、學術淵源、師友交往、政治作爲、或仕或隱，雖然內容並不全面，仍可從中管窺東漢士人文化的發展與地區差異。本章將以《三輔決錄》和東漢其他史料作爲依據，分別從家族婚姻關係、鄉里名聲評論、仕宦援引及師友關係四類著手，逐一勾勒出三輔士人的人際網絡，以期達到對三輔士人整體的認識。

　　　廣記》，這些書籍多將《決錄》史料當作人物軼事，引用上較不嚴謹，僅以《決錄》統稱錄與注。張澍所輯逸的書目包括皇甫謐《高士傳》、嵇康《聖賢高士傳》、陶潛《聖賢羣輔錄》、《三國志》注、《後漢書》、《後漢書·百官志》、《世說新語》、《文選》六臣注、《史記索隱》；以及大量唐宋類書如《北堂書鈔》、《初學記》、《藝文類聚》、《太平御覽》、《太平廣記》、《太平寰宇記》、《姓氏辯證》、《廣韻》、《三輔黃圖》、《玉海》等書。

〔註7〕《三國志·魏書·武帝操》：「二十三年春正月，漢太醫令吉本與少府耿紀、司直韋晃等反，攻許，燒丞相長史王必營，必與潁川典農中郎將嚴匡討斬之。」，此條注引《三輔決錄注》：「時有京兆金禕字德禕，自以世爲漢臣，自日磾討莽何羅，忠誠顯著，名節累葉。漢祚將移，謂可季興，乃喟然發憤，遂與耿紀、韋晃、吉本、本子邈、邈弟穆等結謀。紀字季行，少有美名，爲丞相掾，王甚敬異之，遷侍中，守少府。邈字文然，穆字思然，以禕慷慨有日磾之風，又與王必善，因以聞之，若殺必，欲挾天子以攻魏，南援劉備。時關羽彊盛，而王在鄴，留必典兵督許中事。文然等率雜人及家僮千餘人夜燒門攻必，禕遣人爲內應，射必中肩。必不知攻者爲誰，以素與禕善，走投禕，夜喚德禕，禕家不知是必，謂爲文然等，錯應曰：『王長史已死乎？卿曹事立矣！』必乃更他路奔？一曰：必欲投禕，其帳下督謂必曰：『今日事竟知誰門而投入乎？』扶必奔南城·會天明，必猶在，文然等散，故敗。後十餘日，必竟以創死。」，頁50。《資治通鑑》卷六十八亦載此事，見頁2154。

第一節　鄉里名聲與人物評論

　　本節將從士人交遊的場域「鄉里」來討論人際網絡與人物品評。劉增貴〈漢魏士人同鄉關係考論〉一文談到秦漢社會由古代聚落共同體轉變成行政系統中的鄉里，但鄉人聚落的傳統仍然延續著：士大夫的居鄉與出仕，強調長幼的齒序與輩份，鄉里政治圈可能同時兼有同族、同學、姻親等關係，形成複雜的地方社會；在京師則有類似會館的存在，同鄉士人也有互相援引的情誼。〔註8〕

　　就目前所見的史料，三輔士人與鄉里的關係約可分成幾個類別：一是作為士人交往的場域，彼此建立聲名及關係；二是仕宦上的籌碼，東漢的察舉、徵辟制度仰賴士人在鄉里間的風評，在鄉里有好的名聲才有出仕的可能，因此鄉里的名聲與仕宦的聲譽實為一體兩面。鄉里名聲逐步構成鄉里評論圈，基於鄉里名聲的人物評論也成為往後清議的基礎。鄉論有其社會性及政治性影響，本節先討論鄉論中關於人格特質的部分，第二節則會集中討論鄉論與政治的關係。

　　三輔地區缺乏像華陽國志那樣對地方士族詳細統計和描繪的史料，目前較可仰賴的史料只有《後漢書》、《東觀漢記》、《後漢紀》與《三輔決錄》，前三者屬於史書，《三輔決錄》為以地方為中心的著作，主要記載以人物言行和短評為主，對個人的描述大於家族的風格。本節將從鄉里名聲和人物評論著手，分析三輔士人的人際關係。

　　關於鄉論以至於人物評論乃至於後來的清議學界已研究甚多，且多半是從清議發展的歷史來談鄉論，焦點多半集中在東漢晚年士人共評圈及清議與黨錮的關連。〔註9〕三輔士人由於地理位置等因素，並未形成那麼抽象化、政治化的人物評論圈，考察《三輔決錄》及各種史書的記載，可以將三輔士人的人物評論視為鄉論人物品評的雛形。考察這些評論，可以發現他們大致可以分成幾種類型：依評論人數多寡可分成人物個別評論及綜合評論；依個人特質做的評論則可分為當官潛能、人格特質、學術涵養、特殊技藝這幾類。以下將這些評論個別分類。

〔註8〕　劉增貴，〈漢魏士人同鄉關係考論〉，頁20～22。
〔註9〕　岡村繁〈後漢末期的評論風氣〉指出，桓靈之際的清議風潮，是以陳留、汝南、潁川三郡為核心，這與三郡位於首都附近知識程度較高、入官途徑又較為嚴峻有關。見氏著《漢魏六朝的思想和文學》，頁93～97。

（一）個別人物評論

　　依據個別人物特質做的評論可分爲當官潛能、人格特質、學術涵養、特殊技藝等。若評論人有做官的潛質，而日後果眞實現的，會被認爲有「視人之明」。這類的紀錄有好幾個例子，如扶風法眞對南郡胡廣的評論：

> 初，（法）眞年未弱冠，父在南郡，步往候父，已欲去，父留之待正旦，使觀朝吏會。會者數百人，眞於窗中闚其與父語。畢，問眞孰賢。眞曰：「曹掾胡廣有公卿之量。」其後廣果歷九卿三公之位，世以服眞之知人。〔註10〕

法雄爲南郡太守時使其子法眞觀諸掾吏有才者，法眞指胡廣有公卿的器量，胡廣後來果然位至三公，對照之下，法眞有知人之賢。〔註11〕衡農對龐勃也有類似的預言：

> 高陵龐智伯名勃，爲郡小吏。東平衡農字剽卿，爲書生，貧乏，乃客鍛於勃家。勃知其賢，優加禮待，顧直過償。會當去，送十里過舅家，復貸錢贈之。農不肯受。勃曰：「不受，令勃不安。」農乃受。曰：「爲馮翊乃相報。」別七、八年果爲馮翊，勃爲門下書佐，忘之矣。農乃見問，乃寤。〔註12〕

龐勃在衡農擔任低階官員時就認爲他有一天可以擔任馮翊地方長官，後來衡農果然擔任馮翊長（相當於太守），應證了龐勃的觀察。類似的例子還有游殷，他在張既年幼時就將之視爲生死之交：

> （張）既爲兒童，郡功曹游殷察異之，引既過家，既敬諾。殷先歸，敕家具設賓饌。及既至，殷妻笑曰：「君其悖乎！張德容童昏小兒，何異客哉！」殷曰：「卿勿怪，乃方伯之器也。」殷遂與既論霸王之略。饗訖，以子楚託之；既謙不受，殷固託之，既以殷邦之宿望，難違其旨，乃許之。殷先與司隸校尉胡軫有隙，軫誣搆殺殷。殷死月餘，軫得疾患，自說但言「伏罪，伏罪，游功曹將鬼來」。於是遂死。于時關中稱曰：「生有知人之明，死有貴神之靈。」〔註13〕

〔註10〕　《三國志・蜀志・法正傳》注，頁957；《三輔決錄》，頁16。
〔註11〕　《後漢書・胡廣傳》：「廣少孤貧，親執家苦。長大，隨輩入郡爲散吏。太守法雄之子眞，從家來省其父。眞頗知人。會歲終應舉，雄勒眞助其求才。雄因大會諸吏，眞自於牖閒密占察之，乃指廣以白雄，遂察孝廉。」，頁1505。
〔註12〕　《三輔決錄》，頁33。
〔註13〕　《三國志・魏志・張既傳》注，頁473；《三輔決錄》，頁63～64。

張既馮翊高陵人，位至涼州刺史，游殷在他尚年幼時就認定他會有發展，以禮善待之，後來張既官至涼州刺史。游殷後為胡軫所害，「同郡吉伯房、郭公休與殷同歲，相善，為總麻三月。」〔註14〕，「同歲」通常指同年察舉，也可見他們的同鄉之誼。〔註15〕

除了對做官潛能的評論外，更多的評論是針對個人特質及學術專長所發，有些人格特質在鄉黨不一定完全得到稱讚，如扶風蘇章的祖父蘇純：「有高名，性強切而持毀譽，士友咸憚之，至乃相謂曰：『見蘇桓公，患其教責人，不見，又思之。』三輔號為『大人』。」〔註16〕蘇純的個性讓鄉人又敬又畏，甚至以「大人」稱之，可見鄉人敬重他的程度。扶風張湛在鄉里間的評價也類似：

> 矜嚴好禮，動止有則，居處幽室，必自修整，雖遇妻子，若嚴君焉。
>
> 及在鄉黨，詳言正色，三輔以為儀表。人或謂湛偽詐，湛聞而笑曰：
>
> 「我誠詐也。人皆詐惡，我獨詐善，不亦可乎？」〔註17〕

張湛因行止有度，在鄉黨間亦正色，三輔人一方面以他為儀表，一方面又說他矯飾假裝，張湛不以為意，反而以「詐善」自居。蘇純、張湛兩人都因人格剛直，導致鄉人不見得都喜歡，但兩人都不在意，表現出剛正的態度，而不願讓自己成為鄉愿之人。

有些人物評論在鄉黨中會成為定論，這類的評論常常形成七個字的套語，方便於流傳。如《後漢書》對馮豹的紀錄：

> （馮）豹字仲文，年十二，母為父所出。後母惡之，嘗因豹夜寐，
>
> 欲行毒害，豹逃走得免。敬事愈謹，而母疾之益深，時人稱其孝。
>
> 長好儒學，以詩、春秋教麗山下。鄉里為之語曰：「道德彬彬馮仲文。」
>
> 〔註18〕

馮豹為後母所忌，行為仍然忠謹，因此為鄉里所稱。同樣七字評論還見於井丹：

〔註14〕 《三輔決錄》，頁66。
〔註15〕 岡村繁認為東漢末期對年少者所做的預言性批評關注重點有二，一是是否有成為傑出政治家的才能，二是是否能成為有益宗族的人物。見岡村繁〈後漢末期的評論風氣〉，頁141。
〔註16〕 《後漢書‧蘇章傳》，頁1106。
〔註17〕 《後漢書‧張湛傳》，頁928。
〔註18〕 《後漢書‧馮豹傳》，頁1004。

井丹字大春。少通五經，善談論，故京師爲之語曰：「五經紛綸井大春。」〔註19〕

井丹爲扶風郿人，「五經紛綸井大春」這樣的評論是針對他的學術涵養而發，也有可能是在他受業太學期間同學的互評。賈逵也有這樣的評語：

賈逵，字景伯，能講左氏及五經本文，以大小夏侯尚書教授，長八尺二寸，諸儒爲之語曰：「問事不休賈長頭。」〔註20〕

賈逵爲扶風平陵人，是賈誼的九世孫，以經學顯名於諸儒，又因他的身材特色，因此被稱爲「問事不休賈長頭」。同時的魯丕也因在經學方面的努力而得到類似的評價：「門生就學者常百餘人，關東號之曰『五經復興魯叔陵』。」〔註21〕三輔士人的經學素養成爲他們成名的途徑之一。上述幾個例子都以七字爲套語，用四字形容這個人的學行再加上三個字的姓名，這樣的評語在東漢蔚爲風潮，尤其是黨錮前後的鄉論鄉評幾乎全被七字評論所取代。七字的評論通常難以考察評論的來源，可以視爲鄉黨或是社會集體的評價。〔註22〕

七字評論可以視爲鄉論及大眾意見的集合，通常是在評論人不清楚的狀況下；另一種狀況是清楚留下評論人及被評論人的紀錄。這類評論常見對個人特質的做綜合說明，如班彪評劉龔：

長安劉氏惟有孟公論可觀者。班叔皮與京兆丞郭季通書曰：「劉孟公藏器於身，用心篤固，實瑚璉之器，宗廟之寶也。」〔註23〕

劉龔爲東漢宗室，班彪對他有高度評價。張芝對彌生也有相似的評論：

彌生字仲叔。其父賤，故張伯英與李幼才書曰：「彌仲叔高德美名，命世之才也。非彌氏小族所當有，新豐瘠土所當出也。」〔註24〕

張芝（弘農）以新豐甚少大族及人物作爲類比，襯托出彌生之才能的難得。

〔註19〕 《三輔決錄》，頁28；《後漢書・逸民傳》，頁2764。
〔註20〕 《東觀漢記校注》，頁628。
〔註21〕 《後漢書・魯丕傳》，頁883。
〔註22〕 關於七字評論的整理，可見劉增貴〈論後漢末的人物評論風氣〉，《成功大學歷史學報》第九期，頁167～169；及王仁祥《人倫鑒識起源的學術史考察（魏晉以前）》（台北：台灣大學出版中心，2008），頁347～353。七字評論的流行幾乎是全國性的其評論也漸漸從個人學行擴大到以地區（如關東、關西），黨錮之後甚至天下（天下、海內）來稱呼。七字評論劉增貴文中稱爲「七字諺」，因東漢對這樣的七字評語並沒有給予特殊的名稱，因此文中還是稱爲七字評論。
〔註23〕 《三輔決錄》，頁27。
〔註24〕 《三輔決錄》，頁57。

類似對家世的綜合評論還有三輔對何、張二氏的評論：

> 張氏得鈞，何氏得算，故三輔舊語曰：「何氏算，張氏鈞。何氏肥，
> 張氏瘦。」言何氏肥者輒貴，瘦者輒賤。張氏瘦者輒貴，肥者輒賤，
> 故二族以鈞算知凶吉，以肥瘦知貴賤。〔註25〕

這段三輔舊語是以張、何兩家得到神異之物因而家門興旺，甚至從同族中的胖瘦就可以知道貴賤。

除了家族名聲的評論外，還有評論當代書法的文字：

> （趙）襲字元嗣。先是杜伯度、崔子玉以工草書稱于前代，襲與羅
> 暉拙書，見蚩於張伯英。英頗自矜高，與朱賜書云「上比崔、杜不
> 足，下方羅、趙有餘」也。〔註26〕

張伯英即張芝，杜伯度應為杜度，崔子玉即崔瑗，時代較張芝稍早，都是以書法聞名，張芝將自己與先賢並舉，意在貶低趙襲與羅暉。

以上所討論的案例是以單獨一人為評論對象，評論的範圍從個人才能、政治潛能、人格特質到專長都有，時間先後則橫跨東漢初（如張湛）到東漢末（如張既）。

（二）數人綜合評論

這類的評論是將有相同特質或同樣背景的人物放在一起評論，在東漢非常常見。在這類的評論中仕宦常常成為評比的標準，如：

> 大鴻臚韋彪字孟達，與上黨太守公孫伯達、河陽長魏仲達皆扶風平
> 陵人，同時齊名，世號三達。〔註27〕

公孫伯達、魏仲達於現存的東漢史料中找不到兩人的資料；韋彪仕於明章朝，〔註28〕推測三人仕宦的時間應差不多。此條記錄是因三人同郡同鄉（扶風平陵），字號中又有「達」字，聞名於當時，所以將三人並稱「三達」。類似的記錄還有第五巡等人：

> 孝廉杜陵金敞字元休，位至襄州刺史。上計掾長陵第五巡字文休，
> 興先之子。興先名種，司空伯魚之孫，名士也。上計掾杜陵韋端字

〔註25〕 《三輔決錄》，頁46。

〔註26〕 《後漢書·趙岐傳》注，頁2122～2123；《三輔決錄》，頁5～6。趙襲為趙岐從兄。

〔註27〕 《三輔決錄》，頁25。

〔註28〕 韋彪高祖韋賢，為漢宣帝宰相，後徙京兆杜陵，韋氏一族唯韋彪遷往扶風平陵，其餘仍居京兆杜陵。

甫休，仕至涼州牧、太尉。同郡齊名，時人謂之京兆三休，并以光
和元年察舉。〔註29〕

金敞又作金尚，《後漢書·呂布傳》注有他的記載：「元休名尚，京兆人。同
郡韋休甫、第五文休俱著名，號爲『三休』。」〔註30〕第五巡則是第五倫之孫，
韋端《三國志》記其任涼州太守事，從第五巡的生平來看，三人約仕宦於順
帝到獻帝之間。三人以同郡（京兆），字號中都有「休」字，加上同一年察舉，
被並稱爲「京兆三休」。同時、同鄉的士人容易拿來做綜合比較，類似的例子
還有馬融等人：

> 矯愼字仲彥，扶風茂陵人也。少慕松喬導引之術，隱遯山谷，與南
> 郡太守馬融、并州刺史蘇章鄉里並時，然二人純遠不及愼也。〔註31〕

矯愼《後漢書·逸民列傳》有傳，〔註32〕由於他未出仕，由馬融、蘇章仕宦
的時間推測，幾人年代應介於和帝到靈帝之間。馬融爲扶風茂陵人，蘇章則
爲扶風平陵人，文中的「鄉里」指的是同郡（扶風）。《後漢書》的紀錄還點
出矯愼、馬融、蘇章三個人的特長，作爲評比他們的標準。與這幾人同時的
還有曹眾：

> 曹眾字伯師，與鄉里蘇孺文、竇伯向、馬季長並遊宦，惟眾不遇，
> 以壽終於家。〔註33〕

曹眾於《後漢書》無傳，文中的竇伯向即竇章，爲竇融玄孫，扶風平陵人。
曹眾與這幾人同時仕宦，但在政治上無太大表現。除了同郡士人的共評，士
人之間跨地域的評比也經常出現，南陽郭丹「在朝廉直公正，與侯霸、杜林、
張湛、郭伋齊名相善。」〔註34〕除侯霸爲河南人，杜林、張湛、郭伋皆爲三
輔人，這幾人同時在光武時任關，風評相近、彼此也友善；另外如安平崔瑗
「與扶風馬融、南陽張衡特相友好。」〔註35〕崔瑗、馬融、張衡三人各自出
身不同地區，卻因學養及仕宦相互吸引，時人並稱之。

〔註29〕　《三輔決錄》，頁 37。
〔註30〕　《後漢書·呂布傳》，頁 2447。
〔註31〕　《三輔決錄》，頁 6。
〔註32〕　《後漢書·矯愼傳》：「矯愼字仲彥，扶風茂陵人也。少好黃老，隱遯山谷，
　　　　　因穴爲室，仰慕松、喬導引之術。與馬融、蘇章鄉里並時，融以才博顯名，
　　　　　章以廉直稱，然皆推先於愼。」，頁 2771。
〔註33〕　《三輔決錄》，頁 22。
〔註34〕　《後漢書·郭丹傳》，頁 941。
〔註35〕　《後漢書·崔瑗傳》，頁 1722。

除了字號、同鄉並稱之外，不少評論是針對兄弟之間而發，如馬嚴馬敦兄弟：

（馬嚴）仕郡督郵，援常與計議，委以家事。弟敦，字孺卿，亦知名。援卒後，嚴乃與敦俱歸安陵、居鉅下，三輔稱其義行，號曰「鉅下二卿」。〔註36〕

馬嚴馬敦兄弟於馬援死後居鉅下，三輔人以二人的義行稱「鉅下二卿」，這是非常高的讚美。此外京兆韋氏亦有不少兄弟相稱的例子：

韋權字孔衡，權弟瓚字孔玉，瓚弟矩字孔規。太尉掾韋子才之三子皆修仁義兄弟孝友。逢盜賊，一人病不能去，兄弟相慕。兵至，俱死。時人稱之，號韋氏三義。〔註37〕

此條記錄僅見於《三輔決錄》，講述的是兄弟三人以義相守的故事，三人遇盜賊而死，被當時的人高度評價。同樣評論兄弟的還有關於韋端二子的記載：

（韋）康字元將，亦京兆人。孔融與康父端書曰：「前日元將來，淵才亮茂，雅度弘毅，偉世之器也。昨日仲將又來，懿性貞實，文敏篤誠，保家之主也。不意雙珠，近出老蚌，甚珍貴之。」端從涼州牧徵爲太僕，康代爲涼州刺史，時人榮之。……仲將名誕，見劉邵傳。〔註38〕

韋端及其二子韋康、韋誕的事蹟多記載於《三國志》，他們父子因孔融的評論而聲名大噪。除了這樣明確的評論外，東漢史料中稱「兄弟齊名」的人數還不少，在此不一一列舉。〔註39〕

政治上的名聲之外，鄉里對隱逸士人之間的交遊也有紀錄：

求仲、羊仲，不知何許人，皆治車爲業，挫廉逃名。蔣元卿之去袞州還杜陵，荊棘塞門。舍中有三徑不出，惟二人從之遊。時人謂之二仲。〔註40〕

求仲、羊仲未見於東漢文獻記載，蔣元卿即蔣詡，時代在王莽光武之間。三人的交遊爲鄉里所稱羨，故將之並稱。此外，「舉案齊眉」的梁鴻（扶風平陵）與高恢的交遊亦見於《後漢書·逸民傳》：

〔註36〕 《後漢書·馬嚴傳》，頁858〜859。
〔註37〕 《三輔決錄》，頁30。
〔註38〕 《三國志·魏志·荀彧傳》注，頁312；《三輔決錄》，頁70。
〔註39〕 如韋彪族子韋義「義少與二兄齊名。」，見《後漢書·韋彪傳》，頁921。
〔註40〕 《三輔決錄》，頁15。

初，鴻友人京兆高恢，少好老子，隱於華陰山中。及鴻東遊思恢，

作詩曰：「鳥嚶嚶兮友之期，念高子兮僕懷思，想念恢兮愛集茲。」

二人遂不復相見。恢亦高抗，終身不仕。〔註41〕

梁鴻與高恢均隱居不仕，兩的的交往爲時人所美，《三輔決錄》、《高士傳》都有他們的記載。

　　以上幾條史料都是將數人並列評論，所並列的人或因字號相同、或因同鄉、同時仕宦，或是志趣相投、兄弟相善等原因，被一併傳頌。這幾個案例中的「同鄉」從同縣到同郡都有；而聲名散佈的範圍更大，從三輔到全國都有，這有可能是誇大的說辭，也有可能是地方的公論。

　　從個別人物評論及數人綜合評論中可看出兩種評論之間的差異：單一人物多著重在他本人的才能及特色，最後歸結成恰當的套語；數人綜合評論則可從相同的比較基準看出端倪，或是同年察舉、字號相同、郡望相同、或是事蹟相累、或是同族及兄弟並稱，可以看出比較基準的多元化。不論是個人評論或是數人評論都可視爲鄉論的雛形，三輔地區的鄉論所討論的範圍與黨錮事件後以「天下」爲評論範圍的鄉論有巨大的差異，以下試論之。

　　川勝義雄曾經以區域爲分別提出「鄉論的重層構造」：在鄉、縣形成第一級鄉論，在郡形成第二級鄉論，在中央則成第三級鄉論。〔註42〕從本節所討論的案例中可以發現，三輔士人彼此的交際雖然頻繁，但是他們鄉論的類型大抵是在鄉、縣、郡的範圍，少數鄉論有大一點的範圍，如以「三輔」或「關西」相稱，大致上都還不能算是中央層級的鄉論。這或許與中央層級鄉論的出現是以黨錮爲催化，而三輔士人對黨錮涉入的程度又不高，以致於沒有參與其中的互評圈。〔註43〕舉例來說，黨錮所稱之三君、八俊、八顧、八及、

〔註41〕　《後漢書・逸民列傳・梁鴻傳》，頁 2768。

〔註42〕　川勝義雄著，徐谷芃、李濟滄譯，《六朝貴族制社會研究》（上海：上海古籍出版社，2008），頁 45～46。

〔註43〕　據王仁祥的研究，以「天下」爲名的人物評論始於黃香（天下無雙江夏黃童），而盛於桓靈之際，且絕大部分都見於《後漢書・黨錮傳》，見氏著《人倫鑒識起源的學術史考察（魏晉以前）》，頁 357～353。劉增貴〈論後漢末的人物評論風氣〉一文曾統計東漢末年的人物評論家，發現評論家的範圍能夠超越地域的結合，所品評人物不限本籍，而有「天下士」的型態；但他們所評比的人物還是以本籍居多，某種程度來說是鄉論的擴大，因此該文認爲在區分漢末人物品評的類型上，應分成州郡評論圈與天下評論圈，且「天下士人的敘品，只是無數地域人物敘品的擴大而已」。見該文頁 173～784。筆者較同意劉增貴先生的說法。

八廚中，僅三君之一的竇武爲三輔出身，﹝註44﹞且竇武的身份是外戚，屬於執政集團，並不屬於以李膺爲中心的人物評論圈。三輔士人雖然在全國有名的黨錮人物中僅佔一人，但並不表示他們不受黨錮影響，如《後漢書・趙岐傳》：「會南匈奴、烏桓、鮮卑反叛，公卿舉岐，擢拜并州刺史。岐欲奏守邊之策，未及上，會坐黨事免，因撰次以爲禦寇論。靈帝初，復遭黨錮十餘歲。」﹝註45﹞可見趙岐的仕宦遭遇兩次黨錮，但如趙岐這樣的士人，卻非《後漢書・黨錮傳》所歸類出的黨人。這樣的情形可與第二章討論三輔士人與東漢政治的情形做一對比，竇憲之後的三輔外戚基本上是與汝潁士人合作，他們的幕僚也大部分非三輔出身，在實際政治上造成三輔士人擔任中央官比例大幅降低，加上用兵西北的議題上涼州與益州士人代興，衝擊到三輔士人的空間。因此安帝以下到桓靈之間，三輔士人在政治上影響力大幅降低，加上以汝潁爲核心的士人互評圈有明顯的地域性，造成三輔士人參與當時清議的比例偏低，也就在黨錮的評品中成爲不被提及的一群。

雖然三輔的人物評論圈並未形成複雜的人物互評圈，大致上以郡縣爲單位評比，卻可以提供我們對鄉論的認識。關於鄉論的性質，東晉次認爲鄉論中議論者的主體應該是士大夫豪族，「時人」、「鄉里」、「郡人」的譏議，形成以士大夫豪族爲中心的現象。換言之，「鄉論」雖不能否定是眾多百姓的口頭傳講，但其成因與內容實取決於士大夫階層的態度。﹝註46﹞由三輔的人物評論資料，可以支持東晉次的結論，「鄉里」所討論的核心仍是當地的仕宦大族，

﹝註44﹞　《後漢書・黨錮傳》：「竇武（扶風平陵）、劉淑（河間樂成）、陳蕃（汝南平輿）爲『三君』。君者，言一世之所宗也。李膺（潁川襄城）、荀昱（沛國潁陰）、杜密（潁川城陽）、王暢（山陽高平）、劉祐（伯陵安平）、魏朗（會稽上虞）、趙典（蜀郡成都）、朱寓爲『八俊』。俊者，言人之英也。郭林宗（太原介休）、宗慈（南陽安眾）、巴肅（渤海東城）、夏馥（陳留圉）、范滂（汝南細陽）、尹勳（河南鞏）、蔡衍（陳國項）、羊陟（太山平陽）爲『八顧』。顧者，言能以德行引人者也。張儉（山陽高平）、岑晊（南洋棘陽）、劉表（山陽高平）、陳翔（汝南召陵）、孔昱（魯國）、苑康（渤海重合）、檀敷（山陽高平）、翟超（不詳）爲『八及』。及者，言其能導人追宗者也。度尚（山陽湖路）、張邈（東平壽張）、王考（東平壽張）、劉儒（東郡陽平）、胡母班（泰山奉高）、秦周（陳留）平丘、蕃嚮（魯國）、王章（不詳）爲『八廚』。廚者，言能以財救人者也。」，頁2187。這三十五人中僅二人郡縣不明，其餘三十三人中，出身三輔者僅竇武一人。

﹝註45﹞　《後漢書・趙岐傳》，頁2123。

﹝註46﹞　東晉次，〈後漢的選舉與地方社會〉，收入《日本中青年學者論中國史・上古秦漢卷》（上海：上海古籍出版社，1995），頁572～601。

對他們的評論就形成鄉論。因爲評論仍在鄉里中進行，鄉論的內容較偏向實際的事物，相對抽象的七字評論也有出現，但和東漢晚期常出現的「天下楷模」、「天下規矩」等套語相比，仍然有較高的特殊性和參考價值。

　　本節從「鄉里」的角度討論三輔地區的人際網絡。鄉里是士人交際的場域，也是仕宦的起源，鄉里形成的鄉論則成爲人物品鑑的雛形，換言之，本節以鄉論爲中心考察三輔地區的人際網絡。三輔地區的人物評鑑資料散見於《後漢書》、《東觀漢紀》、《後漢紀》及《三輔決錄》。三輔地區的鄉論依評論對象可分爲個人單獨評論及數人合評，個人評論多半著重在個人特質上，包括人格特質、學術特長及特殊技藝，都是評論的範圍，不少鄉論會出現個人特質與字號結合的七字評論；數人合評則會依這些人之間的關係，如同年、同歲、同郡、同族或是兄弟等共通特徵，將數人並列或是並稱。由於三輔鄉論的範圍大約是州郡的層級，加上三輔士人與黨錮事件的清流派士人關連性弱，透過三輔地區的人物評論，反而能讓我們瞭解鄉論的原始風貌，也爲東漢的人物品鑑研究提供一些新的方向。

第二節　徵辟與同鄉援引

　　第一節討論了三輔地區有關鄉論的紀錄，這一節將討論與鄉論與實際政治的關連。與政治關連的鄉論又可分成兩類，一類是因鄉里的名聲而被徵辟，一類是同鄉在政治上互相引薦。東漢文獻記錄中徵辟察舉的範圍從皇帝、公卿到地方官都有。鄉論直接影響到士人的知名度以及他們出仕的機會，不管這些人最後選擇出仕或隱逸，被徵辟都會提高他們的名聲。三輔因鄉里名聲而被徵辟的士人很多，不應徵舉的士人也不少，以下先列出不應徵辟隱居的士人：

> 鄭樸字子眞，谷口人也。修道靜默，世服其清高。成帝時，元舅大將軍王鳳以禮聘之，遂不屈。揚雄盛稱其德曰：「谷口鄭子眞耕於巖石之下，名振京師。」馮翊人刻石祠之，至今不絕。〔註47〕

《漢書》有記載鄭樸的事蹟：「其後谷口有鄭子眞，蜀有嚴君平，皆修身自保，非其服弗服，非其食弗食。」〔註48〕他因不應王鳳的禮遇爲時人所榮，馮翊

〔註47〕《三輔決錄》，頁13。
〔註48〕《漢書‧王貢兩龔鮑傳》，頁3056。

人還刻石祭拜他，《漢書》中將他跟嚴光並稱，揚雄還特別稱讚他，可見他的名聲流布於當時的知識圈。鄭樸生活的年代約在西漢末到王莽，同時代稍晚的丁邯出仕時則與光武有過爭論：

> 故事尚書郎以令史久缺補之，世祖始改用孝廉爲郎，以孝廉丁邯補爲。邯稱病不就。詔問：「實病？羞爲郎乎？」對曰：「臣實不病，恥以孝廉爲令史職耳！」世祖怒曰：「虎賁滅頭杖之數十。」詔曰：「欲爲郎不？」邯曰：「能殺臣者陛下，不能爲郎者臣。中詔遣出，竟不爲郎。〔註49〕

丁邯爲京兆陽陵人，光武欲以孝廉爲尚書郎，丁邯不肯擔任此職，展現不凡的器度。稍晚同樣隱居不仕的還有法眞：

> 法眞字高卿，扶風郿人，南郡太守雄之子也。好學而無常家，博通內外圖典，爲關西大儒。弟子自遠方至者，陳留范冉等數百人。辟公府，舉賢良，皆不就。性恬靜寡欲，不交人閒事。太守請見之，眞乃幅巾詣謁。太守曰：「昔魯哀公雖爲不肖，而仲尼稱臣。太守虛薄，欲以功曹相屈，光贊本朝，何如？」眞曰：「以明府見待有禮，故敢自同賓末。若欲吏之，眞將在北山之北，南山之南矣。」太守慓然，不敢復言。同郡田弱薦眞曰：「處士法眞，體兼四業，學窮典奧，幽居恬泊，樂以忘憂，將蹈老氏之高蹤，不爲玄纁屈也。臣願聖朝就加袞職，必能唱清廟之歌，致來儀之鳳矣。」會順帝西巡，弱又薦之。帝虛心欲致，前後四徵。眞曰：「吾既不能遯形遠世，豈飲洗耳之水哉？」遂深自隱絕，終不降屈。友人郭正稱之曰：「法眞名可得聞，身難得而見，逃名而名我隨，避名而名我追，可謂百世之師者矣！」乃共刊石頌之，號曰玄德先生。年八十九，中平五年，以壽終。〔註50〕

法眞爲當代大儒，在年幼時就已有識人之能，指出胡廣有公卿的器量，及長隱居教授，不論太守還是順帝幾次徵辟都不就，他的友人郭正感念他的德行刻石稱頌他。除法眞之外，韓康也是一例：

> 韓康字伯休，一名恬休，京兆霸陵人。家世著姓。……博士公車連徵不至。桓帝乃備玄纁之禮，以安車聘之。使者奉詔造康，康不得

〔註49〕 《後漢書‧百官志》注，頁3598；《三輔決錄》，頁19～20。
〔註50〕 《後漢書‧逸民列傳‧法眞傳》，頁2774。

已，乃許諾。辭安車，自乘柴車，冒晨先使者發。至亭，亭長以韓
徵君當過，方發人牛脩道橋。及見康柴車幅巾，以爲田叟也，使奪
其牛。康即釋駕與之。有頃，使者至，奪牛翁乃徵君也。使者欲奏
殺亭長。康曰：「此自老子與之，亭長何罪！」乃止。康因中道逃遁，
以壽終。〔註51〕

面對桓帝直接的徵辟，韓康也是不應徵選，《後漢書》還記錄他潛逃成功的插
曲。鄭樸、辛繕、法眞及韓康的事蹟都載於《三輔決錄》，這些關於隱士的資
料被皇甫謐《高士傳》及後來性質類似的作品不斷傳抄，《後漢書‧隱逸傳》
所收關於三輔的隱逸士人也全部來自《三輔決錄》，可見隱逸之士在《三輔決
錄》的記載中自成一格。〔註52〕在《三輔決錄》的記載中，選擇隱逸不仕的
士人多半受到鄉里的敬重，許多隱士的事蹟都被刻石傳頌。此外還有許多人
是隱逸教授，這部分的資料會在第三節討論。

　　東漢政治中同鄉士人互相援引的情形非常常見。三輔士人間互相援引或
薦舉可分成兩類，一類是外戚當政時的擢用，如上一章討論外戚時提到諸馬
「私贍三輔衣官」、諸竇大量任用三輔士人如李育、班固等等；第二類的引薦
是一般官員對任用人才的建議。第一類的引薦於上一章有充分討論，在這邊
不贅述，至於第二類的引薦，則多有所見，如馬援無意中拔擢龍述的故事：

　　馬援戒兄子書：「龍伯高敦厚周甚，口無擇言，吾愛之重之。願汝曹
　　效之。」世祖見援書，即擢伯高爲零陵太守。在郡四年，甚有治化。

〔註53〕

光武因馬援私人書信高度評價龍述，而提拔他爲零陵太守。如宋弘（京兆長
安）向光武推薦士人：

　　帝嘗問弘通博之士，弘乃薦沛國桓譚才學洽聞，幾能及楊雄、劉向
　　父子。於是召譚拜議郎、給事中。……弘推進賢士馮翊、桓梁三十
　　餘人，或相及爲公卿者。〔註54〕

宋弘引薦的人才不限於三輔人士，他推薦桓譚等人不是因爲人主的好惡，因
此爲士人所重，對於他推進的人才也予以晉用。班固（扶風安陵）亦推曾薦

〔註51〕　《後漢書‧逸民列傳‧韓康傳》，頁2770～2771。
〔註52〕　《後漢書‧逸民傳》中共收錄十九人，三輔有六人，佔 1／3。六人的資料全
　　　　　見於《三輔決錄》。
〔註53〕　《三輔決錄》，頁47～48；此事亦見於《後漢書‧馬援傳》，頁844～845。
〔註54〕　《後漢書‧宋弘傳》，頁904。

六名士人給東平王劉蒼：

> 竊見故司空掾桓梁，宿儒盛名，冠德州里，七十從心，行不踰矩，
> 蓋清廟之光暉，當世之俊彥也。京兆祭酒晉馮，結髮修身，白首無
> 違，好古樂道，玄默自守，古人之美行，時俗所莫及。扶風掾李育，
> 經明行著，教授百人，客居杜陵，茅室土階。京兆、扶風二郡更請，
> 徒以家貧，數辭病去。溫故知新，論議通明，廉清修絜，行能純備，
> 雖前世名儒，國家所器，韋、平、孔、翟，無以加焉。宜令考績，
> 以參萬事。京兆督郵郭基，孝行著於州里，經學稱於師門，政務之
> 績，有絕異之效。如得及明時，秉事下僚，進有羽翮奮翔之用，退
> 有杞梁一介之死。涼州從事王雍，躬卞嚴之節，文之以術藝，涼州
> 冠蓋，未有宜先雍者也。……弘農功曹史殷肅，達學洽聞，才能絕
> 倫，誦詩三百，奉使專對。〔註55〕

這六人中桓梁、晉馮籍貫不詳，李育爲扶風漆人，長於春秋公羊傳，於馬氏、
竇氏門下均有仕宦，班固要推舉人才時亦推薦李育；郭基、王雍、殷肅等人
籍貫也不詳，但他們任官的地點都在三輔附近，班固也因此有地緣關係來推
薦他們。此外，宋弘族孫宋則亦曾提拔同郡人才：

> （宋漢）子則，字元矩，爲鄢陵令，亦有名。拔同郡韋著、扶風法
> 眞，稱爲知人。〔註56〕

韋著爲京兆人，與法眞同爲當時有名之隱士，因同鄉關係爲宋則所提拔，也
因兩人均是著名的隱士，符合社會的期待，宋則被稱爲「知人」。

在仕宦的相互援引上，同鄉關係只是其中一個條件，擔任郡國守相必是
自辟掾吏，〔註57〕因此三輔士人拔擢非同郡士人，或是他郡之人提拔三輔士
人的情形都相當普遍，如鮑永與鮑恢：

> 鮑永爲司隸校尉，矜嚴公正，平陵鮑恢爲從事，恢亦抗直不避強禦。
>
> 詔曰：「貴戚且斂手，以避二鮑。」〔註58〕

上黨鮑永爲司隸校尉，辟扶風平陵鮑恢，兩人作風都剛直不屈於貴戚，故

〔註55〕《後漢書‧班彪傳》，頁 1331～1332。

〔註56〕《後漢書‧宋由傳》，頁 906。胡廣、陳蕃等人前後曾上書請辟韋著，韋著皆
　　　　不從，見《後漢書‧徐稺傳》，頁 1746～1747。

〔註57〕趙翼《陔餘叢考‧郡國首相得自置吏》：「漢時諸侯自置吏四百石以下，其傅
　　　　相大臣則朝廷置之，州郡掾吏督郵從事則牧守自置之。」，頁 296。

〔註58〕《東觀漢記校注》，頁 567。

並稱爲「二鮑」；南陽延篤擔任京兆尹時，曾辟趙岐（京兆長陵）爲郡功曹；〔註59〕趙岐晚年至荊州依劉表時，也曾向劉表推薦安丘孫嵩爲青州刺史；〔註60〕蘇章爲冀州刺史，召安平崔瑗爲別駕；〔註61〕魯恭（扶風平陵）擔任司徒時，大量推薦他的學生李郃等益州士人進入中央政府。〔註62〕這些例子都說明仕宦造成全國不同地區的士人互相交流，形成跨越鄉里的人際網絡，以往論東漢「故吏」的現象，也與地方官徵辟有很大的關係。

　　最後，筆者想以班固爲中心討論三輔士人與政治產生的網絡。東晉次《後漢時代の政治と社會》一書有整理〈班固知友表〉，轉引如下：

表十一：班固知友表〔註63〕

時　間	姓　名	出身地	出　典
太學時代	李育	扶風漆縣	《後漢書・儒林傳・李育傳》
	傅毅	扶風茂陵	《後漢書・文苑傳・傅毅傳》
	孔僖	魯國魯縣	《後漢書・儒林傳・孔僖傳》
	崔駰	涿郡安平	《後漢書・崔駰傳》
鄉里引退・東平王蒼府時代	桓梁	馮翊	《後漢書・宋弘傳》
	晉馮	（京兆祭酒）	《史通・古今正史篇》
	李育	扶風漆縣	《後漢書・儒林傳・李育》
	郭基	（京兆督郵）	《後漢書・班固傳》
	王雍	（涼州從事）	《後漢書・班固傳》
	殷肅	（弘農功曹史）	《史通・古今正史篇》
蘭台令史・校書郎時期	尹敏	南陽堵陽	《後漢書・儒林傳・尹敏傳》
	陳宗	？	《論衡・須頌篇》
	孟冀	扶風平陵	《後漢書・馬援傳》《後漢書・杜林傳》

〔註59〕　《後漢書・趙岐傳》：「會河東太守劉祐去郡，而中常侍左悺兄勝代之，岐恥疾宦官，即日西歸。京兆尹延篤復以爲功曹。」，頁 2122。
〔註60〕　《後漢書・趙岐傳》：「時孫嵩亦寓於（劉）表，表不爲禮，（趙）岐乃稱嵩素行篤烈，因共上爲青州刺史。」，頁 2124。孫嵩曾於趙岐避難北海時相助，故於荊州時趙岐亦向劉表引薦他。
〔註61〕　《三輔決錄》，頁 41。
〔註62〕　東晉次，《後漢時代の政治と社會》，頁 208～209。
〔註63〕　東晉次，《後漢時代の政治と社會》，頁 129。

劉復	南陽蔡陽	《後漢書・北海靖王傳》
賈逵	扶風平陵	《後漢書・賈逵傳》
傅毅	扶風茂陵	《後漢書・文苑傳・傅毅傳》
楊終	蜀郡成都	《後漢書・楊終傳》

　　東晉次依照時間先後將班固所交往的對象分類，依據上表，可以發現班固的交遊圈隨著仕宦擴大有重疊的趨勢，太學時期他交往的對象除了同郡的李育、傅毅外還有孔僖、崔駰等他郡士人；東平王府的時期的友人是他曾上書推薦的士人；蘭臺校書時期班固與他的同僚密切交往，並且一同修訂世祖本紀。〔註64〕此表並未提及班固擔任竇憲中護軍的情形，當時竇憲幕府裡與班固熟識的有傅毅及崔駰，兩人都是自太學時就與班固交往，也都以文章著名。由班固的例子可以看出士人出仕後交遊圈的擴大及與原本人際網絡間的交互作用，士人經由游學、仕宦、薦舉交雜出複雜的網絡，甚至在舊的關係上增添新的關係。

　　本節從徵辟及同鄉援引的角度來考察三輔士人的人際網絡。由於東漢的察舉徵辟制度下，受到鄉論推薦的士人往往成為優先徵辟的對象，面對地方官員、三公乃至皇帝的徵辟，大致出現出仕與不仕兩種狀況。由《三輔決錄》的紀錄中，可以看出三輔地區對隱居的士人多半有崇高的評價，甚至還有刻石、立祠的舉動，顯示三輔地區並不以政治地位高低作為判斷士人成就的唯一標準，隱居教授、德化鄉里一樣也會贏得鄉人的敬重。應徵辟而任官的士人狀況就比較多，有因鄉里名聲而被徵辟，也有因同鄉之間的推薦而獲得官職。另外受到地方官本籍迴避政策的影響，自行徵辟的掾吏必定是不同籍貫，這提供了三輔士人與其他地區士人交流的管道，也使得三輔士人在政治上產生鄉里之外的人際網絡，這樣的人際網絡在東漢末年三輔人口移動中也扮演重要角色。最後再以班固的交友圈作為範例，檢視政治關係對士人人際網絡的重大影響。

第三節　講學與游學

　　第二節討論了三輔士人與仕宦有關的人際網絡，其中有透過徵辟關係而形成的「故吏」的部分；本節將從師生關係與交友部分來談，亦即「門生」之部分。東漢士人的養成過程必然經過求學的階段，求學者與老師、

〔註64〕　《後漢書・班固傳》：「與前睢陽令陳宗、長陵令尹敏、司隸從事孟異共成世
　　　　　祖本紀。遷為郎，典校祕書。固又撰功臣、平林、新市、公孫述事，作列傳、
　　　　　載記二十八篇。」，頁1334。

同學間產生密切的關係，並且影響到士人生涯的各個面向。

　　三輔士人間的師生關係大致可分成兩類：一是私人的師生關係，包括私人講學及官學的問學；二是游太學時的同學、同窗關係。

　　根據崔寔《四民月令》的記載：「（正月）命成童已上入太學，學五經；命幼童入小學，學篇章。……（冬十一月）命幼童入小學，讀《孝經》、《論語》篇章。」〔註65〕，是依照年齡不同而有不同的教材，學童的教育是以「成童」為分界點，成童以前學習字書、《孝經》、《論語》；成童以上則入太學，習五經。根據東晉次的研究，他用文獻中士人游太學的時間，推測「成童」的年紀約在十五到二十歲間。而遊學的範圍從太學、郡國學到私學都有。東漢太學設於首都洛陽，郡國學設於各郡郡治。從「成童」的年紀可以大略推斷士人從師問學的時間，從「游學」的地點則可以知道士人交遊的場域，以下分別從私人講學以及游學所產生的人際網絡。

（一）私人講學

　　東漢官方的學術仍是今文經學，民間受古文經遍覽群書的風氣影響，往往不据於一家之家法，數經同時傳播的情形很普遍，三輔地區尤其受古文經學風影響，多半以私人講學的方式傳經。以下分別介紹他們講學的方式與師生關係。

1. 京兆安丘望之

　　安丘望之的紀錄見於《三輔決錄》：「安丘望之者，京兆長陵人也。少治《老子經》，恬靜不求進宦，號曰『安丘丈人』。成帝聞，欲見之，望之辭不肯見。上以其道德深重，常宗師焉。望之不以見敬為高，愈自損退，為巫醫於民間。著《老子章句》，故老氏有安丘之學。扶風耿況、王汲等皆師之，從受《老子》。」〔註66〕兩漢關於子書的傳授過程史料都很少，《老子》河上公注及《老子》想爾注都僅能推估大致的時間；安丘望之傳授《老子》，並且有著述，雖後世不傳，但仍是可貴的資料。安丘望之的弟子中，耿況為東漢開國功臣，王汲則為王莽從弟，兩人從安丘望之問學的時間應在哀平到王莽之際。〔註67〕

〔註65〕　《四民月令》，頁3～401，3～404。
〔註66〕　《三輔決錄》，頁10～11。
〔註67〕　《後漢書・耿況傳》：「父況，字俠游，以明經為郎，與王莽從弟伋共學老子於安丘先生。」，頁703。

2. 京兆摯恂

摯恂是馬融的老師，《後漢書・馬融傳》有關於他的記載：「初，京兆摯恂以儒術教授，隱于南山，不應徵聘，名重關西，融從其遊學，博通經籍。恂奇融才，以女妻之。」〔註68〕南山應為終南山，在長安西南。摯恂為關西傳經聞名的隱士，最有名的學生是馬融，兩人的關係是師生加翁婿。關於摯恂的學風，《高士傳》有更詳細的記載：「摯恂字季直，伯陵之十二世孫也。明《禮》、《易》，遂治五經，博通百家之言。又善屬文，詞論清美。渭濱弟子扶風馬融、沛國桓麟等自遠方至者十餘人。既通古今而性復溫敏，不恥下問，故學者尊之。常慕其先人之高，遂隱於南山之陰。」〔註69〕摯恂的學風可用「博通百家之言來概括」，既然通五經，則必不据於一家之家法，屬於古文經學的學風。關於摯恂是否注經則沒有類似的紀錄。

3. 扶風法真

據《後漢書・逸民傳》：「法真字高卿，扶風郿人，南郡太守雄之子也。好學而無常家，博通內外圖典，為關西大儒。弟子自遠方至者，陳留范冉等數百人。」〔註70〕法真的學風特色是「好學無常家」，則他必不拘於一家一傳來解經，他的弟子也有自陳留而至者。

以上幾人大多是隱居教授，教學的範圍從五經、讖緯到非儒家經典都有，學風特色大致都是「好學無常師」，不偏守一家之家法。

（二）居官教授

除了私人講學外，許多士人是一邊擔任官職一邊講學。杜林、賈逵、馬融等人都是以講學聞名。杜林是東漢初年傳古文經的重要人物，據《後漢書・杜林傳》：「河南鄭興、東海衛宏等，皆長於古學。興嘗師事劉歆，林既遇之，欣然言曰：『林得興等固諧矣，使宏得林，且有以益之。』及宏見林，闇然而服。濟南徐巡，始師事宏，後皆更受林學。林前於西州得漆書古文尚書一卷，常寶愛之，雖遭難困，握持不離身。出以示宏等曰：『林流離兵亂，常恐斯經將絕。何意東海衛子、濟南徐生復能傳之，是道竟不墜於地也。古文雖不合時務，然願諸生無悔所學。』宏、巡益重之，於是

〔註68〕《後漢書・馬融傳》，頁1953。「慕其先人之高」是指漢武帝時司馬遷的友人摯峻，摯峻高尚不仕。

〔註69〕載於《三輔決錄》，頁10。

〔註70〕《後漢書・逸民傳・法真傳》，頁2774。

古文遂行。」〔註 71〕鄭興曾師事劉歆，後又從杜林問學，東漢古文經學的大家衛宏、徐巡也都分別跟杜林請教過。以上幾人跟杜林問學的時間沒有確切的證據，鄭興由於與杜林同在隗囂旗下，問學應該最早，衛宏等人跟他問學應該是在他擔任太中大夫以後。這樣的問學雖然不算正式的師生關係，卻對東漢古文經學的傳布影響甚大，杜林也成為東漢初年傳古文經（尤其古文尚書）最關鍵的人物。

　　賈逵為賈誼九世孫，世傳《左傳》，〔註 72〕他「弱冠能誦左氏傳及五經本文，以大夏侯尚書教授，雖為古學，兼通五家穀梁之說。」〔註 73〕章帝曾詔賈逵講述《左傳》於公羊高第弟子：「肅宗立，降意儒術，特好古文尚書、左氏傳。建初元年，詔逵入講北宮白虎觀、南宮雲臺。帝善逵說，使發出左氏傳大義長於二傳者。逵於是具條奏之曰，……書奏，帝嘉之，賜布五百匹，衣一襲，令逵自選公羊嚴、顏諸生高才者二十人，教以左氏，與簡紙經傳各一通。」〔註 74〕當時《左傳》不列於太學學官中，章帝讓賈逵教授左傳於春秋公羊傳嚴氏、顏氏弟子，隱然有提高《左傳》地位的意思。除了太學生外，也有其他人從賈逵問學，如安平崔瑗：「年十八，至京師，從侍中賈逵質正大義，逵善待之，瑗因留游學，遂明天官、歷數、京房易傳、六日七分。」〔註 75〕從崔瑗從學的內容，可知賈逵除了《左傳》之外，於京房易傳（立於學官）、天官歷數亦有涉略，范曄於《後漢書‧賈逵傳》末批評賈逵學術不純，混雜讖緯以此求顯貴，大約也是這個原因。〔註 76〕

　　馬融的講學更是有名於當時，據《後漢書‧馬融傳》：「融才高博洽，為世通儒，教養諸生，常有千數。涿郡盧植，北海鄭玄，皆其徒也。善鼓琴，好吹笛，達生任性，不拘儒者之節。居宇器服，多存侈飾。常坐高堂，施絳紗帳，前授生徒，後列女樂，弟子以次相傳，鮮有入其室者。」〔註 77〕南陽

〔註71〕　《後漢書‧杜林傳》，頁 936～937。
〔註72〕　《漢書‧儒林傳》：「漢興，北平侯張蒼及梁太傅賈誼、京兆尹張敞、太中大夫劉公子皆修春秋左氏傳。誼為左氏傳訓故，授趙人貫公。」，頁 3620。
〔註73〕　《後漢書‧賈逵傳》，頁 1235。
〔註74〕　《後漢書‧賈逵傳》，1236～1239。
〔註75〕　《後漢書‧崔駰傳》，頁 1722。
〔註76〕　《後漢書‧賈逵傳》：「論曰：鄭、賈之學，行乎數百年中，遂為諸儒宗，亦徒有以焉爾。桓譚以不善讖流亡，鄭興以遜辭僅免，賈逵能附會文致，最差貴顯。世主以此論學，悲矣哉！」，頁 1241。
〔註77〕　《後漢書‧馬融傳》，頁 1972。

延篤亦從學馬融：「少從潁川唐溪典受左氏傳，旬日能諷之，典深敬焉。又從馬融受業，博通經傳及百家之言，能著文章，有名京師。」〔註78〕延篤已從唐溪受過《左傳》，再從馬融問學則是欲更進一步。馬融傳經的規模之大，恐怕是東漢之最，他有名的學生如鄭玄、盧植、延篤都對傳經有很深的影響。馬融和他們的師生關係也形成一種比擬儒家家內倫理的關係。

上述學者不論是私人講學或是爲官講學，講述的範圍大多不專守一家之師說家法，講究博通，屬於古文經學的學風，這樣的現象與三輔的地緣關係有關。關中本屬秦地，學術上並無經學，以吏爲師；漢武帝時設太學及博士弟子員於長安，這使得原在齊魯今文經學在關中傳播。至於古文經與三輔的關聯是在劉向、歆父子校書，長安本是政府典籍檔案集中之地，劉向、歆除了校書外也在關中傳經，讓關中成爲古文經學的中心。東漢於洛陽重設太學及五經博士，太學中仍教授今文經，古文經經過好幾次的爭論都不立於學官。因東漢太學的學術性消失，一般重視的是古文經。即便今文經學者也有兼通數經的趨勢。由於古文經未列於太學，無論是隱居教授或是以官員身份教授，都屬私人講學之性質。以下附兩漢古文經議立之時間表。

表十二：古文經議立於學官表：〔註79〕

時　間	事　蹟
哀帝建平元年	劉歆請立左氏春秋、毛詩、逸禮、古文尚書於太學
平帝元始五年	立左氏春秋、毛詩、逸禮、古文尚書於學官
王莽地皇二年	增立周官於學官
光武建武四年	韓歆議立費氏易、左氏春秋於博士，范升否之
章帝建初元年	賈逵奏左氏春秋長義，章帝選公羊嚴顏高第從賈逵受之
靈帝熹平五年	盧植上書請立毛詩、左氏春秋、周禮於學官，未成

上文到三輔士人的師生關係及傳經的情形，接下來要談的是他們的同學情誼。「同學」可以是同一師門下，也可以是同時游太學的同學。東漢太學發展到後來，交際的意義大於實質的意義。文獻中甚多士人游學相互爲友的紀錄，在此僅舉出與三輔士人有關來討論。《後漢書・崔駰傳》：「駰，年十三能通詩、易、春秋，博學有偉才，盡通古今訓詁百家之言，善屬文。少游太學，

〔註78〕《後漢書・延篤傳》，頁2103。
〔註79〕本表依劉汝霖《漢晉學術編年》（台北：長安出版社，1979）之內容製作。

與班固、傅毅同時齊名。」〔註80〕崔駰與扶風班固、扶風傅毅同游太學，三人並且齊名，此後班固曾經推薦傅毅給東平王，三人又曾同時在竇憲底下工作，是同學又互相提攜的例子；又如扶風魯恭：「十五，與母及（弟）丕俱居太學，習魯詩，閉戶講誦，絕人閒事，兄弟俱為諸儒所稱，學士爭歸之。」魯恭兄弟二人游太學時因學識及人格為諸儒所推崇，儼然是太學中的領導人物。太學中具備交游、評論、激昂聲名三種性質，〔註81〕名聲也成為士人的資產，與他郡士人的交往也擴大彼此的人脈，可見得「太學經驗」對士人學術雖未必有幫助，卻在各方面發生作用。

最後，筆者想以馬融知友表，說明以馬融為中心的人際網絡，說明三輔士人複雜的師友關係。

表十三：馬融知友表

關係	姓名	籍貫	出處	備註
師承	摰恂	京兆長安	《後漢書‧馬融傳》	亦為馬融岳父
弟子	盧植	涿郡涿縣	《後漢書‧馬融傳》	
	鄭玄	北海高密	《後漢書‧馬融傳》	
	延篤	南陽犫縣	《後漢書‧馬融傳》	
同鄉、友好	矯慎	扶風茂陵	《後漢書‧矯慎傳》	同郡齊名
	蘇章	扶風平陵	《後漢書‧矯慎傳》	同郡齊名
	竇章	扶風平陵	《後漢書‧竇章傳》	同郡齊名
	崔瑗	涿郡安平	《後漢書‧崔瑗傳》	友好
	王符	安定臨涇	《後漢書‧王符傳》	友好
	張衡	南陽西鄂	《後漢書‧崔瑗傳》	友好
姻親	趙岐	京兆長陵	《後漢書‧趙岐傳》	妻為馬融兄女
	袁隗	汝南汝陽	《後漢書‧列女傳》	娶馬融女

馬融的交遊圈則在姻親及師承上有較明顯的地緣關係，他的學生則多來自關東，與他友好的他郡士人則是因志趣相投而相善，此外並沒有提到他們是因何種原因而相識。從馬融的人際網絡看來，他的學術與教學擴大了他的人際圈，也透過傳經擴大自己的影響力，可以將他視為三輔士人傳經最好的

〔註80〕《後漢書‧崔駰傳》，頁1708。
〔註81〕劉增貴，〈論後漢末的人物評論風氣〉，頁166～167。

例子。

　　本節從三輔士人的講學和游學交友來討論他們的人際網絡。三輔士人的講學分成隱居教授和爲官教授兩種，大致的分別在於是否出仕，這兩者的學風相近，大抵是不限於一經一家之師說家法，多傳數經，偏向古文經學的學風。這與三輔地區和古文經學的傳播有地緣關係有關，三輔也因此成爲古文經學的中心，經學成爲三輔士人另一仕宦的優勢。三輔士人的學生來源遍及全國，在價大的學術群體中還可見到擬儒家化的人際網絡。另一方面，太學則是東漢士人交遊的中心，由於太學的學術性被交遊性取代，全國士人在游學的過程中擴大彼此的交往圈，太學時交往的對象，也有可能日後在仕宦上相互支援。

小　結

　　本章考察三輔士人的人際網絡，分別從鄉里人物評論、仕宦徵辟與同鄉援引、講學與游學等三個面向來討論。

　　第一節討論鄉里以及鄉論。透過分析三輔地區人物評論的史料，可以發現三輔地區鄉論的特色。三輔地區的人物評論可以分成個人評論及數人合評，個人評論針對被評者的人格特質、學術涵養做出評論，且常常出現七字的評論；數人合評則針對這些人的共通之處，如同鄉、同學、同年察舉、同族或是兄弟等共通處，將數人綜合分析，由這些評論可得知同鄉的範圍最大是到同郡。由於三輔士人整體涉入黨錮評論圈的程度很低，也就缺乏黨錮以後以「天下」、「海內」爲名的七字評論，呈現郡縣層級的鄉論風貌，這也許是一個理解東漢人物評論的新線索。

　　第二節則討論鄉論所造成的政治效應，即仕宦徵辟和同鄉援引的部分。面對察舉制的徵辟，士人有出仕和隱居兩種選擇，三輔士人選擇隱居者不少，鄉里對這些隱逸之士的評價大多非常正面，這可能顯示三輔地區不將仕宦高低視爲評價人的唯一標準。除了受徵辟而做官，還有一些情形是同鄉之間相互推。由於東漢地方官需本籍迴避且自辟掾吏，造成了三輔士人與其他地區士人的交流，這樣的交流最後影響到東漢末年三輔地區的人口移動。

　　第三節則討論三輔地區的講學與游學。三輔士人的講學大致分成隱居教授及居官教授，身份差別在於出仕與否，學術的內容則大多偏向兼通數經，屬於古文經學的學風。這與三輔和古文經學的地緣關係有關，也因三輔成爲

古文經學中心，前來求學的學生遍及全國，在較大的學術群體還形成比擬儒家家內的倫理，在學術上的特出也形成三輔士人在仕宦上的優勢。另外在太學的游學經驗則讓三輔士人建立跟全國士人間的人際網絡。

　　本章第二節、第三節以班固和馬融來總結三輔士人的政治關係與師友關係。班固、馬融都出身外戚之家，班氏在西漢是外戚，得以獲得中秘藏書，至東漢則以武功和文章顯，馬氏則是東漢的大外戚，初以武功聞名，至馬融則成傳經大儒，兩人的家族都有多元發展的傾向。在鄉里上兩人都與同時期的人物並稱，在全國性的仕宦上，兩人的才學都取得認同，並且爲他們帶來志趣相同的友人。兩人一生的人際網絡，恰巧可以爲東漢三輔士人做最好的例證。

第五章　結　論

　　本义從互補的兩個面向來分析東漢三輔士人的特色。首先，是由政治和社會背景來考察三輔士人的政治關係和爲政風格。

　　三輔於西漢是首都特區，也是政治、經濟和文化的中心，漕運和徙民政策是維持此一地區繁榮的要件。由於徙陵具有身份（吏二千石）、財產（貲百萬石等）限制，移入者亦多以爲榮。從東漢政權定都洛陽，政治中心轉移開始，三輔榮景不再；而建立東漢的功臣以南陽豪族集團爲核心，三輔士人在政治上重要性也大減。但是，早從劉秀在河北建立最初的根據地開始，三輔士人就陸續加入此一政治團體，也獲得相當的重視。對於首都改都洛陽和專用南陽人，三輔士人都有疑慮，而光武也明白這個問題，他大量任用三輔士人擔任中央層級官員，使得三輔士人成爲南陽功臣爲最大的勢力；而皇族與三輔功臣通婚，也是東漢前期強化彼此關係的經常手段。

　　東漢最早掌權的外戚，即是三輔功臣出身的馬氏與竇氏，於章帝、和帝時先後掌政。馬氏與竇氏的共同特色是對外用兵取得成功（馬氏對西羌、竇氏對匈奴）以及大量任用三輔士人擔任幕僚，形成以三輔士人爲中心的執政集團。馬氏、竇氏掌權也引起朝中大臣的不滿，第五倫等人先後上書批評外戚不應交通士大夫。自從和帝聯合宦官殺諸竇後，馬、竇的外戚主政模式宣告終結，自安帝時掌權的外戚南陽鄧氏展演了新的模式，外戚直接與中央文官結合，形成統治集團，此後士人不再是外戚的私人幕賓，而是朝中有影響力的大臣，更加強化外戚在政治上的影響力。同時，與南陽鄧氏合作的士人以汝潁、益州士人爲主，這排擠到其他地區士人在中央的影響力，也造成安帝以後三輔士人擔任中央官員人數大幅降低。即便出現

三輔外戚掌權，如安帝時的耿寶、靈帝時竇武，與之合作的大臣也幾乎是河南、汝潁出身。

即便東漢中期後三輔士人的影響力降低，整體來說三輔士人在東漢的仕宦仍非常具有特色，他們最突出的地方有兩點，一是對西北的經營，一是循吏傳統。在取得對匈奴作戰勝利的背景下，東漢重開對西域的經營，三輔士人亦扮演重要的角色，如班超班勇父子前後的經營。但安帝之後羌亂及天災讓朝廷開始無法負擔龐大的國防經費，最後東漢將實質的國防線內移到三輔，使得三輔成爲邊區，經濟大受衝擊；對西域也採取半放棄的狀態，終至於斷絕。原本三輔士人在東漢初年有著對西北軍事熟悉、及家族長期擔任邊郡太守的優勢，在三輔外戚主導的對外戰爭中也樹立很大的功績；但自安帝將國防線內移後形勢逆轉，三輔不但成爲實質的邊區，主要對外的敵人也從匈奴變成西羌。此時朝廷征討西羌的將領，多是涼州、益州出身，因涼州是最前線、益州早有羌人，藉由涼、益士人對羌人的熟悉來進行對外戰爭，這提高了涼州、益州士人的地位，卻也壓縮到三輔士人的空間，加上國防線內移後三輔遭受羌亂的打擊，造成人口往洛陽一帶東移，更加深了三輔士人仕宦的難度。此時還有能力出仕的三輔士人，幾乎都是家族歷代擔任高官，仰賴家族的資源和名聲才讓他們有出仕的機會。

至於另一項三輔士人的特色「循吏」特質，則可從他們擔任地方官的實際施政和政論看出。考察三輔士人於地方施政的作爲，大抵都在富之（渠道灌溉）、教之（改變民俗、講學）跟無訟（平息爭端），這樣的施政風格從東漢初年到三國時期的地方官都持續維持。在政論方面，三輔士人強調慎選優良的地方官，這與他們的實際施政非常一致。這樣務實的政治風格使得三輔士人在東漢末年爲曹操所重用，三輔出身的杜畿、蘇則、張既等人在各自的太守任內穩定了地方情勢、招輔流民並且重修水利設備，讓曹操得以全力對其他勢力用兵。

本文的第二個面向是討論三輔士人的人際網絡。人際網絡總是由多種關係交織而成，本文參考並且綜合前人的研究，將三輔士人的人際網絡分成家族與婚姻（家族關係）、鄉里與鄉論（地緣關係）、徵辟與同鄉援引（政治關係）及教學與游學（師友關係）四個範疇，最後討論人際網絡與東漢晚期人口移動的關係。

家族與婚姻關係是人際網絡的基礎，東漢活躍的三輔家族幾乎都出自西

漢陵寢徙民，由於徙陵的條件限制，這些官宦世家、高貲富厚與游俠豪強，
不少自西漢以來就有數代的交情，也由於徙陵區「五方之俗雜會，非一國之
風」〔註1〕，個別家族之間也發展出多樣性，不限於某一方面的發展。游俠豪
強家族可以經由儒化躋身官宦世家，傳經之家也可以經商、畜牧乃至以軍功
仕宦。這些家族除了呈現多樣性外，也有贍養宗族、相互扶助的行為，甚至
在東漢中晚期三輔士人政治優勢大大消失之際，士人還可以憑藉家族的力量
出仕。三輔士人通婚的對象隨著仕宦的擴大而不限於特定地區，但三輔家族
間彼此通婚的情形很普遍。總體來說，家族關係所造成網絡是其他關係的基
礎，不論鄉里、政治或是師友的關係都由家族關係衍生。

　　接著要討論鄉里間的人際關係。鄉里是鄉論發生的地點，依照鄉論評論
的對象可以分為個人評論及數人合評。個人評論多半針對人格特質、學術涵
養、做官潛能等項目，有些會形成姓名與特質組合的七字評論；數人合評的
狀況，被一起評論的人有若干共通點，讓鄉人把他們並列，可能是同郡、同
學、同年察舉、同族或兄弟。與黨錮前後形成大量以「天下」、「海內」為評
論範圍的鄉論相比，三輔地區的鄉論還保有初期鄉論的特色，評論的範圍較
多元，評語也較不空洞，加上是屬於郡縣層級的鄉論，較能看出東漢鄉論的
特色。

　　鄉里名聲往往是徵辟和察舉的依據，至於應舉就牽涉到士人的意願。三
輔地區拒絕出仕的士人不少，大多記載於《三輔決錄》，這些士人或隱居教授，
或德化鄉里，都得到鄉人對他們的高度評價，甚至有刻石、立祠紀念的。從
《三輔決錄》對隱士的高度評價，也可看出三輔地區不將做官視為唯一的價
值。應舉出仕的士人則隨著從政資歷不同發展出更綿密的人際網絡，一方面
三輔士人經常有推薦同鄉士人的行為，另一方面由於地方長官本籍迴避的制
度，徵辟當地士人為掾吏也擴大了不同區域士人的交流，而讓士人間的人際
網絡跨越區域。因政治而結合的關係在東漢末年的人口移動裡發生重大的影
響力。

　　教學與游學則可見三輔士人的師友關係。三輔士人不論隱居教授或是
居官教授，都以古文經學的學風為主，解經上不偏於一家之家法，強調博
通。這樣的特色是因為西漢晚期初生的古文經學本以三輔為中心，三輔在
東漢成為古文經學的重鎮，前來問學的學生遍及全國，打破地域的限制而

〔註 1〕 《三輔決錄》原序，頁2。

形成不小的人際網絡。另外三輔士人在游太學時亦結交其他地區的士人，太學在東漢的社交功能大於學術功能，不少三輔士人在太學時就有名聲，他們結交興趣相同的友人，甚至在往後的仕宦上互相提攜，形成另外一種社會關係。

此外，本文可看出三輔士人的仕宦及人際網絡有其特色，特別是在鄉論上，與一般對東漢黨錮以下的人物評論風氣和互評圈的概念有很大的差異。追究其原因，固然與時間發展有關，筆者以為這和史料性質差異有更大的關係。

眾所周知《後漢書》成書的時間極晚，所能收錄的資料以《東觀漢記》、七家《後漢書》、《後漢紀》及當時仍流傳的地方人物志為主。綜觀《後漢書》前後的內容，記錄最詳盡的是光武時期，這應該與班固等人奉明帝命雜定〈世祖本紀〉等史料有關有關。〈世祖本紀〉經劉珍等多人陸續增補後，最終在東漢末形成《東觀漢記》，後來相關《後漢書》的書寫莫不以《東觀漢記》為依歸，范曄還直稱《東觀漢記》為「本書」。〔註2〕

《後漢書》除光武部分記載詳細之外，其他時代的記載則疏密不一，不少事件的記載有跳躍之處，特別是關於黨錮前後的紀錄，敘事偏重一方的情形非常嚴重。而以往討論東漢清流、黨錮、人物評論等相關主題，所能倚賴的只有這些資料。凡是牽涉到黨錮的人物，他們的形象經由多方傳抄，形成時代越往後記載越誇張的現象，三輔地區亦然。本文第二章第四節討論循吏風格時提到的魯恭，關於他的紀錄與其他三輔循吏有很大的差異，甚至是神化的現象：

> 建初七年，郡國螟傷稼，犬牙緣界，不入中牟。河南尹袁安聞之，疑其不實，使仁恕掾肥親往廉之。恭隨行阡陌，俱坐桑下，有雉過，止其傍。傍有童兒，親曰：「兒何不捕之？」兒言「雉方將雛」。親瞿然而起，與恭訣曰：「所以來者，欲察君之政迹耳。今蟲不犯境，此一異也；化及鳥獸，此二異也；豎子有仁心，此三異也。久留，徒擾賢者耳。」還府，具以狀白安，是歲，嘉禾生恭便坐廷中，安因上書言狀，帝異之。〔註3〕

〔註2〕 以上論述見於辛德勇〈所謂「天鳳三年鄣郡都尉」磚銘文與秦「故鄣郡」的名稱及莽漢之際的年號問題〉（未發表），頁26～27。

〔註3〕 《後漢書·魯恭傳》，頁874～875。

魯恭的治績到了「蟲不犯境、化及鳥獸、豎子仁心」的境界，與三輔其他循吏強調治績的寫法有很大的差異。筆者推測會有這樣寫法的差異是與魯恭的身份有關，魯恭是益州士人李郃的老師，李郃之子李固是清流重要代表人物，算起來魯恭等於是這些清流前期士人的導師，如此一來，他的地方官事蹟被如此記錄似乎也不足為奇。

　　本章整理三輔士人的鄉論之所以有異於典型東漢描寫的地方，主要得力於《三輔決錄》的記載。《三輔決錄》雖經過輯逸，其書仍大體是趙岐和摯虞的觀點。趙岐在原序中就提到「其為士好高尚義，貴於名行，其俗失則趨勢進權，惟利是視。」〔註4〕趙岐記錄他所見所傳聞之事，不刻意做價值判斷。如《三輔決錄》中對於何敞的記載：

> （何敞）為汝南太守。和帝南巡過郡，郡有刻鏤屏風，為帝張設之。
> 詔命侍中黃香銘之曰：「古典務農，雕鏤傷民。忠在竭節，義在修身。」
> 敞懼，禮賢命士，改修德化。〔註5〕

這與《後漢書‧何敞傳》中他的汝南太守治績有極大差距，《後漢書‧記載如下》：

> 歲餘，遷汝南太守。敞疾文俗吏以苛刻求當時名譽，故在職以寬和為政。立春日，常召督郵還府，分遣儒術大吏案行屬縣，顯孝悌有義行者。及舉冤獄，以春秋義斷之。是以郡中無怨聲，百姓化其恩禮。其出居者，皆歸養其父母，追行喪服，推財相讓者二百許人。置立禮官，不任文吏。又修理鮦陽舊渠，百姓賴其利，墾田增三萬餘頃。吏人共刻石，頌敞功德。〔註6〕

兩書的記錄相差極大，《後漢書》中的何敞形象耿直直言不諱，所記錄太守事蹟也大抵若此，但《三輔決錄》的記載顯然告訴我們何敞施政亦有濫用民力之嫌而遭和帝告誡。由於生於東漢末，趙岐的紀錄較接近當代史的判斷，呈現出來的人物面貌也較不受刻板印象的寫作所束縛。

　　這樣的史料特性也可以在三輔地區鄉論的紀錄中發現，筆者推測這與三輔士人留下較多的個人著作有關，杜篤、傅毅、馬融等人都留下不少書信及作品，也讓他們的傳記有較多原始資料可參考。這樣較為樸質的史料特質，

〔註4〕　《三輔決錄》原序，頁2。
〔註5〕　《三輔決錄》，頁46～47。
〔註6〕　《後漢書‧何敞傳》，頁1487。

加上安帝以後三輔士人遠離政治中心，又與黨錮牽連甚少，使得三輔地區未形成複雜的互評圈跟專門的人物評論家，記錄上也較無過度美化的問題。相較之下，三輔的鄉論也許還比較接近東漢一般的狀況。〔註7〕

〔註 7〕 安部聰一郎，〈《後漢書》郭太列傳の構成過程——人物批評家としての郭泰像成立——〉一文針對《後漢書·郭泰傳》的史料寫成時間逐一考證，發現不同時期史料呈現出的郭泰形象有微妙的差距，郭泰堪稱清流及人倫鑒識最重要的人物，相關可考證的史料也證實他的人物形象有經過逐步修改的可能，這與筆者對涉及黨錮人物史料的推測相同，該文收於金澤大學文學部論集（史學·考古·地理學篇）第 28 號，2008，頁 13～110。

徵引書目

一、傳統文獻

1. 司馬遷，《史記》，北京：中華書局點校本，2002
2. 班固，《漢書》，北京：中華書局點校本，2002
3. 范曄，《後漢書》，北京：中華書局點校本，2002
4. 陳壽，《三國志》，北京：中華書局點校本，2002
5. 袁宏著，張烈點校，《後漢紀》，北京：中華書局，2002
6. 劉珍等撰，吳樹平校注，《東觀漢記校注》，北京：中華書局，2008
7. 司馬光著，胡三省音注，《資治通鑑》，北京：中華書局，1995
8. 趙岐撰，張澍輯，陳曉捷注，《三輔決錄》，西安：三秦出版社，2006
9. 楊勇著，《陶淵明集校箋》，台北：正文書局，1976
10. 趙翼著，王樹民校證，《廿二史箚記校證》，北京：中華書局，2011
11. 趙翼，《陔餘叢考》，北京：中華書局，2006

二、近人論著

1、論文

1. 王力／王希隆，〈東漢時期羌族內遷探析〉，中國邊疆史地研究第 17 卷 3 期（2007／9）
2. 王社教，〈論西漢定都長安與關中經濟發展的新格局〉，中國地理論叢（1999／03）
3. 王偉，〈東漢治羌政策之檢討〉，中國邊疆史地研究第 18 卷 1 期（2008／3）
4. 王勗，〈羌漢戰爭與東漢帝國的東西矛盾 西北民族大學學報（社會科學版）2007 第 5 期

5. 伍伯常，方土大姓與外來勢力：論劉焉父子的權力基礎　漢學研究 19：2（2001）

6. 吳桂美，〈從豪強宗族到文化士族——東漢馬氏研究〉，海南大學學報人文社會科學版 25：3（2007）

7. 辛德永，〈漢武帝「廣關」與西漢前期地域控制的變遷〉，中國歷史地理論叢 23：2（2008）

8. 辛德勇，〈所謂「天鳳三年鄣郡都尉」碑銘文與秦「故鄣郡」的名稱及芥漢之際的年號問題〉（未發表）

9. 辛德永，〈《後漢書》對研究西漢以前政區地理的史料價值以及相關文獻學問題〉，中國歷史地理論叢 27：4（2012）

10. 沈宗霖，〈從退隱到心隱：試論東漢迄兩晉之際隱逸思想變遷〉，東華中國文學研究 2 期（2003）

11. 張爽，〈試論隗囂政權中的扶風士人集團〉，長春師範學院學報（2004／3）

12. 張鶴泉，〈東漢關中區文化發展的特徵和影響〉，史學集刊（1995／2）

13. 陳鴻琦，〈西漢皇帝之陵邑及其徙民〉，史博館學報第 17 期（台北，2000／6）

14. 詹士模，〈東漢末三國時期的人口移動〉，嘉義大學學報 71 期（2000）

15. 楊遠，〈東漢人物的地理分布〉，幼獅學誌 19：4（1987／10）

16. 廖伯源，〈東漢西北邊界之內移〉，白沙歷史地理學報第三期（2007／4）

17. 廖伯源，〈試論光武帝用人政策之若干問題〉，中央研究院歷史語言研究所集刊 61：1（1990）

18. 劉增貴，〈漢魏士人同鄉關係考論〉，大陸雜誌　84：1／84：2（1992）

19. 劉增貴，〈論漢末的人物評論風氣〉，成功大學歷史學系歷史學報第 10 期（1983）

20. 劉增貴，〈漢代的益州士族〉，中央研究院歷史語言研究所集刊 60：3（1989）

21. 劉增貴，〈從碑刻史料論漢代士族〉，《傅樂成教授紀念文集》（台北：學生書局，1985）

22. 劉厚琴，〈論儒學與兩漢師生關係〉，山東大學學報（社會科學版）（1994／1）

12. 羅彤華，〈東漢的關中區〉，大陸雜誌 78：6（1989／6）

2、專書

1. 王仁祥，《先秦兩漢的隱逸》，台北：國立台灣大學文史叢刊，1995

2. 王仁祥，《人倫鑑識起源的學術史考察》，台北：國立台灣大學文史叢刊，2008

3. 王明珂，《羌在漢藏之間：一個華夏邊緣的歷史人類學研究》，台北：聯經出版事業公司，2003

4. 王明珂，《游牧者的抉擇》，台北：中央研究院／聯經出版事業公司，2009

5. 毛漢光，《中國中古社會史論》，台北：聯經出版事業公司，1988

6. 毛漢光，《中國中古政治史論》，台北：聯經出版事業公司，1990

7. 田餘慶，《秦漢魏晉史探微》，北京：中華書局，2004

8. 余英時，《中國知識階層史論：古代篇》，台北：聯經出版事業公司，1980

9. 余英時，《中國思想傳統的現代詮釋》，台北：聯經出版事業公司，1987

10. 李國鈞、王炳照，《中國教育制度通史》，濟南：山東教育出版社，2000

11. 辛德勇，《秦漢政區與邊界地理研究》，北京：中華書局，2009

12. 周振鶴，《西漢政區地理》，北京：人民出版社，1987

13. 周振鶴，《東漢政區地理》，北京：人民出版社，1987

14. 邢義田，《秦漢史論稿》，台北：東大圖書股份有限公司，1987

15. 邢義田，《天下一家：皇帝、官僚與社會》，北京：中華書局，2011

16. 邢義田，《治國安邦：法制、行政與軍事》，北京：中華書局，2011

17. 邢義田，《地不愛寶：漢代的簡牘》，北京：中華書局，2011

18. 邢義田，《畫爲心聲：畫像石、畫像磚與壁畫》，北京：中華書局，2011

19. 陳啓雲，《荀悅與中古儒學》，瀋陽：遼寧大學出版社，2000

20. 黃寬重編，《中國史新論：基層社會分冊》，台北：中央研究院／聯經出版事業公司，2009

21. 萬繩楠，《魏晉南北朝文化史》，台北：雲龍出版社，2002

22. 劉文起，《王符「潛夫論」所反映之東漢情勢》，台北：文史哲出版社，1995

23. 劉汝霖，《漢晉學術編年》，台北：長安出版社，1979

24. 劉增貴，《漢代婚姻制度》，台北：華世出版社，1980

25. 劉增貴，《漢代豪族研究——豪族的士族化與官僚化》，台北：國立台灣大學歷史學研究所博士論文，1985

26. 閻步克，《士大夫政治演生史稿》，北京：北京大學出版社，1996

27. 閻步克，《波峰與波谷——秦漢魏晉南北朝的政治文明》，北京：北京大學出版社，2009

28. 閻步克，《察舉制度變遷史稿》，瀋陽：遼寧大學出版社，1997

29. 嚴耕望，《中國地方行政制度史甲部》，台北：中央研究院歷史語言研究所，1991

30. 嚴耕望，《兩漢太守刺史表》，台北：中央研究院歷史語言研究所，1993

31. 嚴耕望，《嚴耕望史學論文選集》，北京：中華書局，2006

3、日文研究

1. 川勝義雄著，徐谷梵、李濟滄譯，《六朝貴族制社會研究》，北京：中華書局，2007

2. 好並隆司，《秦漢帝國史研究》，東京：未來社（1978）

3. 西嶋定生著，武尚清譯，《中國古代帝國的形成與結構——二十等爵制研究》，北京：中華書局，2004

4. 永田英正，《漢代石刻集成【圖版・釋文篇】》，京都：同朋舍，1994

5. 永田英正，《漢代石刻集成【本文篇】》，京都：同朋舍，1994

6. 安部聰一郎，〈後漢時代關係史料の再檢討——先行研究の檢討を中心に——〉，史料批判研究，第四號，2000

7. 安部聰一郎，〈袁宏《後漢紀》・范曄《後漢書》史料の成立過程について——劉平・趙孝の記事を中心に——〉，史料批判研究，第五號，2000

8. 安部聰一郎，〈《後漢書》郭太列傳の構成過程——人物批評家としての郭泰像成立——〉，金澤大學文學部論集（史學・考古・地理學篇）第 28 號，2008

9. 谷川道雄著，馬彪譯，《中國中世社會與共同體》，北京：中華書局，2008

10. 谷川道雄著，李濟滄譯，《隋唐帝國形成史論》，上海：上海古籍出版社，2004

11. 東晉次，《後漢時代の政治と社會》，名古屋：名古屋大學出版社，1995

12. 東晉次，〈後漢的選舉與地方社會〉，收入劉俊文主編《日本中青年學者論中國史・上古秦漢卷》，上海：上海古籍出版社

13. 岡安勇撰，王慧榮譯，〈右扶風茂陵耿氏事迹考論——關於後漢豪族勢力的個案研究〉，齊魯學刊 2002 年 3 期

14. 岡村繁著，陸曉光譯，《漢魏六朝的思想和文學》，上海：上海古籍出版社，2009

15. 狩野直禎，《後漢政治史研究》，京都：同朋社，1993

16. 宮崎市定著，韓昇、劉建英譯，《九品官人法研究——科舉前史》，北京：中華書局，2008

17. 增淵龍夫，〈漢代民間秩序的構成和任俠習俗〉，收入劉俊文主編《日本學者研究中國史論著選譯：上古秦漢卷》，北京：中華書局，1993

謝　辭

　　仕台大歷史系所求學的過程中，一路上受到許多師長、同學的鼓勵扶持。大學時初炙阮芝生老師，後又因機緣得在奉元書院聽　毓鋆太老師上四書、易經和春秋，初步認識了儒學的精神以及實踐。能順利完成碩士論文，最要感謝的是我的指導教授閻鴻中先生。閻老師對我的指導從大學時參加國科會大專生研究計畫一直延續到碩士班，我的研究方向也從中庸、人物志研究轉移到兩漢士人文化。

　　除了閻老師之外，研究所期間也曾受到多位老師的提點，甘懷眞老師、陳弱水老師、劉增貴老師都曾在論文寫作期間給我建議。金澤大學副教授安部聰一郎老師在台大客座期間也給我關於東漢研究的啓發和討論。研究所期間曾替阮芝生老師整理論文的文稿，並幫陳弱水老師校對《隱蔽的光景：唐代的婦女文化與家庭生活》及《唐代文士與中國思想的轉型》兩書校對，在編輯校對的過程中，得到兩位老師文字司路上很多的啓發。論文口試時，擔任口試委員的邢義田老師和劉增貴老師也給我非常多中肯的意見，提升了我的研究視野，在此一併致謝。

　　寫作論文過程中，同樣參加研究討論的乃義、協展、書任、怡君、佩玲、冠廷學長同學們給我很多幫助，佩玲還協助我論文校對的部分，在此由衷感謝。大學兼研究所同學的欣芳、韻如、冠妃、雅婷都在寫作過程中不停幫我打氣，給予我莫大的精神支持。在此要特別感謝我的大學同學，目前就讀 University of Chicago 的邱奕傑協助我校對英文摘要的部分。最後我要感謝兩位第一閱稿人，清大社會所中國研究組黃佩君及外子方君豪，佩君經常提供我跨學科的思考，外子是我文章的第一位讀者，論文寫作過程中的諸多辛苦

感謝有他一路支持。台大歷史學報陳南之助教在寫作過程中協助我許多排版的問題，在此一併致謝；同時也要感謝我的日文老師吳滄瑜，沒有他的教導我是沒有辦法閱讀日文文獻的。最後要感謝我的父母，妹妹與弟弟，他們在我成長的過程中給我莫大的鼓勵和支持。

　　碩士學位完成後不久，驚聞毓太老師仙逝，心中哀痛不已。在此致哀。

附錄一：先秦儒家中和思想探源

陳姵璇

本文獲國科會大專學生研究計畫補助

編號 92-2815-C-002-065-H。

提　要

　　《中庸》和〈樂記〉是表現先秦儒家「中和」思想的主要文獻，本文從篇章結構著手分析，進而考察「中和」思想發展過程。《中庸》一方面是承襲先秦儒家「中庸之道」的討論，以此爲基礎提出「中和」的說法，演繹一套完整從個人實踐到與天地合其德的境界。〈樂記〉的「和」基礎涵義是指音樂的特質，引申 義則受《中庸》「中和」觀念的影響，把禮樂教化的影響力擴大調和天地的秩序。

關鍵字：中庸　樂記　中和　禮樂　誠

前　言

　　中庸之道是先秦儒學相當重要的概念，「致中和」的精神亦深深影響到其後中國人的思維方式及處世態度。先秦儒家典籍中對於「中和」思想最核心的討論為《中庸》及《禮記‧樂記》，但以往哲學史著作討論到這兩篇文獻時，往往將其中部分觀念孤立看待，缺乏朱子著注書時分析章句、縱覽看全篇的觀念，〔註1〕而有流於斷章取義的危險。本文主要是從這兩篇文章全文的脈絡來討論「中和」觀念整體和實質的意涵。首先以朱子的分章為主，分析《中庸》的篇章結構，理解作者的本意；其次則討論《禮記‧樂記》中的音樂理論、禮樂的關係及鬼神觀，以助於理解「和」的思想的發揮。

一、先秦儒家「中」的觀念發展

　　殷代甲骨文裡「中」字就已經出現。《說文通訓定聲》：「古訓中為和者，乃中字之轉注，其本訓當為矢著正也。」〔註2〕「中」字之原始涵義為「中的」，指的是箭射中靶心。先秦思想將「中」作為一概念來闡發是春秋中後期以後才出現，《論語》、《孟子》裡已有將「中」視為標準、概念的例子，但因記言體的限制，在討論「中」時多以格言的形式出現，直到《中庸》才提出完整的概念論述。因《中庸》成書的年代一直是學術界的公案，〔註3〕年代較確定的《論語》、《孟子》便成為判斷思想前後的基準點。要給作品定位至少要考慮時間進化、空間分布、和學派差異，然現存可供檢證的先秦文獻實在太少，只好單純從觀念發展的角度考察中庸思想的形成。

（一）儒家早期思想對「中」的討論──以《論語》、《孟子》為中心

　　《論語》理直接提到「中」的章節凡十九處，多訓詁為「當中」〔註4〕、

〔註1〕錢穆，《朱子新學案‧朱子讀書法》：「看前人文字，未得其意，便容易立說，殊害事。凡讀書，先須曉得他底言詞了，然後看說於理當否。今人多是心下先有一個意思了，卻將他人說話來說自家底意思。其有不合者，便硬穿鑿之使合。」（《朱子新學案》第三冊，臺北：聯經出版社，1995初版，725）

〔註2〕朱駿聲，《說文通訓定聲》（臺北：世界書局，1966再版）第一冊，頁7。

〔註3〕詳細討論見梁濤，〈郭店楚簡與《中庸》公案〉，《台大歷史學報》第25期，25～51，2000，6。

〔註4〕如〈公冶長〉「雖在縲絏之中，非其罪也。」；〈述而〉「子曰：『飯疏食，飲水，曲肱而枕之，樂亦在其中矣。』」

「得當」〔註5〕或表示程度〔註6〕，涉及實際觀念的討論共有四處：

> 子曰：「中庸之爲德也，其至矣乎！民鮮久矣！」〈雍也〉〔註7〕

> 子曰：「不得中行而與之，必也狂狷乎！狂者進取；狷者有所不爲也。」〈子路〉〔註8〕

> 逸民：伯夷、叔齊、虞仲、夷逸、朱張、柳下惠、少連。子曰：「不降其志，不辱其身，伯夷、叔齊與！」謂「柳下惠、少連，降志辱身矣！言中倫，行中慮，其斯而已矣。」謂「虞仲、夷逸，隱居放言，身中清，廢中權。我則異於是！無可無不可。」〈微子〉〔註9〕

> 堯曰：「咨！爾舜，天之厤數在爾躬。允執其中，四海困窮，天祿永終。」〈堯曰〉〔註10〕

「中」在孔子的定義裡類似事物理想的準則，也包括「最恰當的做法」這個層次。「中庸之爲德也，其至矣乎！民鮮久矣！」亦見於《中庸》，下節再進行討論。「不得中行而與之」朱子解釋「中行」爲「中道」，狂者進取，時過乎中庸；狷者有所不爲，時或不及中庸，都不是真正能恰當掌握到標準。能夠實踐中道的人是夫子最想從游的，如果不能找到這樣的人，夫子看重的標準就著重於人物原本的個性，如朱註「猶可因其志節，而激勵裁抑之，以進於道。」〔註11〕狂者能有積極向上的一面，狷者則是有所堅持。

　　另外兩章孔子對「中」的定義，主要是放在評論歷史人物的脈絡中。古代的逸民各有他們人格上的特質，影響到他們對政治的態度以及處世不同的準則：「不降其志，不辱其身」是伯夷、叔齊對自己的志節的堅持，不苟合、不妥協，最後以身殉道；「言中倫，行中慮」，是說柳下惠、少連在亂世中雖志向有所降屈，身亦受辱，無法實現自己最高的理想，但是他們說話必然合乎義理，行事皆是經深思熟慮；「身中清，廢中權」，是說虞仲、夷逸隱居獨善，身合於道之清，不談世事以免禍則又合於權道。然而這些做法皆異於孔子，夫子出處進退的理由是「義之所在」，無可無不可，有常道的基礎然後行

〔註5〕如〈子路〉「刑罰不中」；〈先進〉「賜不受命而貨殖，億則屢中。」及「夫人不言，言必有中。」

〔註6〕如〈雍也〉「中人以上，可以語上也；中人以下，不可以語上也。」

〔註7〕蔣伯潛，《論語新解》（香港：啓明書局，1954初版），頁84。

〔註8〕蔣伯潛，《論語新解》，頁202。

〔註9〕蔣伯潛，《論語新解》，頁284。

〔註10〕蔣伯潛，《論語新解》，頁300。

〔註11〕蔣伯潛，《論語新解》，頁203。

「權」，任何環境下皆可安。〔註12〕見於〈堯曰〉篇的「允執其中」，對話的脈絡若按朱子的講法，是「堯命舜，而禪以帝位之辭」〔註13〕，類似的說法也見於《僞古文尚書・大禹謨》〔註14〕及《孟子・離婁》，〔註15〕意思是統治者要誠信地行中道，無過與不及，在正反兩面的看法中能選擇最恰當的施政做法。由眾多文獻的類似說法看來，「執中」並非遠古某一賢君的特殊做法，而是儒家理想統治者的普遍特質。

除了直接提到「中」的概念外，孔子也常以「過猶不及」的觀念來討論他心中理想的準則：

子曰：「質勝文則野；文勝質則史；文質彬彬，然後君子。」〈雍也〉
〔註16〕

子貢問師與商也孰賢？子曰：「師也過，商也不及。」曰：「然師愈與？」子曰：「過猶不及」〈先進〉〔註17〕

第一章是就君子的修養而言，人原本的個性和後天教育的行爲修養必須要調和，不然的話偏於哪一邊都會有流弊。第二章則是討論人才的好壞，做得太過跟沒做到都沒有達到標準，同樣都不恰當。這兩章透過兩個相反的評量標準來說明中道，指出最適宜的行爲是在兩者之間取平衡，每件事情都有分寸，合理的行爲是不超過分寸、也不會不達到標準。

《論語》討論「中」的涵義多不明講，是從兩件不同事物的比較著眼，讓讀者自己去推敲其中的分寸；「中」的標準也不是固定，人的做法會隨著處境不同而改變，在「中」的背後還有一個「權」的標準。〔註18〕

〔註12〕 孟子在討論聖人的各種典型時，把孔子的觀念更擴大發揮，〈萬章〉「伯夷，聖之清者也。伊尹，聖之任者也。柳下惠，聖之和者也。孔子，聖之時者也，孔子之謂集大成。」蔣伯潛，《孟子新解》（臺北：啓明書局，），234～237。

〔註13〕 蔣伯潛，《論語新解》，頁 300。

〔註14〕 「人心惟危，道心惟微；惟精惟一，允執厥中。」〈大禹謨〉晚出，此章應是來自於《荀子・解蔽》「故道經曰：『人心之危，道心之微』危微之幾，惟明君子而後能知之。」見王先謙，《荀子集解》（北京：中華書局，1990），頁 400。

〔註15〕 「湯執中，立賢無方」，蔣伯潛，《孟子新解》，196～197。

〔註16〕 蔣伯潛，《論語新解》，頁 79。

〔註17〕 蔣伯潛，《論語新解》，頁 161。

〔註18〕 《論語》中討論「權」僅見於〈子罕〉「可與立，未可與權。」見蔣伯潛，《論語新解》，頁 133。胡止歸以爲《論語》此章晚出的可能性很大，以爲「權」自孟子才有較多的引申發揮，此章可能是出於孔門後學所傳聞，見胡止歸，〈孔子之「中」自思想探原〉，《〈中庸〉論文資料彙編》（高雄：復文出版社，1981），166～170。

　　《孟子》書中「中」的用法多指「中國」、「心中」、或是人物所處的環境，將「中」概念化討論的多見於〈盡心〉：

> 孟子曰：「楊子取為我，拔一毛而利天下，不為也。墨子兼愛，摩頂放踵，利天下，為之。子莫執中，執中為近之。執中無權，猶執一也。所惡執一者，為其賊道也，舉一而廢百也。」〔註19〕〈盡心上〉
>
> 公孫丑曰：「道則高矣，美矣，宜若登天然，似不可及也。何不使彼為可幾及，而日孳孳也？」孟子曰：「大匠不為拙工，改廢繩墨。羿不為拙射，變其彀率。君子引而不發，躍如也。中道而立，能者從之。」〔註20〕〈盡心上〉
>
> 萬章問曰：「孔子在陳曰：『盍歸乎來！吾黨之士狂簡，進取。』不忘其初。孔子在陳，何必思魯之狂士？」孟子曰：「孔子不得中道而與之，必也狂獧乎！狂者進取，獧者有所不為也。孔子豈不欲中道哉？不可必得，故思其次也。」〔註21〕〈盡心下〉

第一章裡頭，孟子是以「執中無權」來批評其他學說的缺失；第二、三章都是從學習、效法的角度來討論「中道」。「所惡執一」是孟子對楊子、墨子、子莫三人學說的批評，子莫是在楊子、墨子的學說中取其平衡，較近於道，但卻沒有權衡輕重的標準，執於一定的面向而不知變通，〔註22〕是有害於「時中」。中之所貴者權，中道是在任何環境下最恰當的做法，必須隨著所屬條件不同而隨時改變，無權做法就會僵化，不能夠因時制宜。第二章是孟子與公孫丑討論教學方法的問題，孟子以木匠和后羿教人為例，指出教人者不會因弟子的駑鈍而降低標準，君子教人行道是如同射箭一般，雖張弓而不發箭，箭瞄準射中目標的樣子已活躍在人的心中。君子是用「中道」來教導人，無過無不及，非難非易，讓能學的人都跟從，朱子謂此章「言道有定體，教有成法，卑不可抗，高不可貶，語不能顯，默不能藏。」〔註23〕第三章萬章問的問題則是延續孔子對「中行」的討論，不能完全達到中道，則取進取與有所不為之人。孟子顯然也是把「中道」當成學問、人生最高的標準，並配合

〔註19〕　蔣伯潛，《孟子新解》，328～330。
〔註20〕　蔣伯潛，《孟子新解》，340～341。
〔註21〕　蔣伯潛，《孟子新解》，369～370。
〔註22〕　程子曰：「中不可執也，識得，則事事物物，皆有自然之中，不待安排；安排者，不中矣。」此語見朱子此章集註，蔣伯潛，《孟子新解》，329。
〔註23〕　蔣伯潛，《論語新解》，頁 133。

「權」與「時」的觀念，把「中」的原則標準講得更清楚，〔註24〕權變的原則是能使其合乎中道，無時不中。

大抵孔子孟子討論「中」多為簡短的對話，不拘泥地講說怎麼樣得行為才合於中道，而是給你一個正負的指標，放在人心共同經驗來討論。因此在討論「中」的概念時，常會用相反的兩個意見來說明，譬如說「過猶不及」、「叩其兩端」。這樣一來「中」的標準便不是固定的，隨著情境的不同，最適切的做法也不一，然而關鍵在於「中」的背後有「權」作為準則，一切的做法最後都還是合於道，如此才可稱「時中」。

（二）《中庸》對「中道」的繼承與發揮

先秦儒家典籍裡對「中」最完整的討論見於《中庸》。然《中庸》時代、作者、文體的爭論仍是學術史上一大公案。梁濤〈郭店楚簡與《中庸》公案〉〔註25〕針對歷來爭論的作者問題（是否為子思所作）及文體問題（《中庸》前後是否為一個完整的整體）加以討論，希望能運用郭店楚簡子思佚籍的部分分析子思子思想前後發展的過程，把《中庸》思想前後不一解釋為子思思想發展的歷程，用歷史來解決思想差異問題。然而筆者以為，若要詳細討論《中庸》的思想脈絡，必須先就現存的篇章結構作為基礎，筆者以朱子的分章為主，試將《中庸》各篇章的主旨作一分析。

1 《中庸》篇章結構分析：

（1）可離非道也（首章）

（2）中庸（二章至十一章）

　　君子而時中（二章、三章）

　　道之不行（四章、五章）

　　舜其大知（六章）

　　人皆曰「予知」（七章）

　　回之為人也（八章）

〔註24〕《論語・子罕》「子曰：『可與共學，未可與適道；可與適道，未可以立；可與立，未可以權。』」朱註：「可與立者，篤志固執而不變也。權，稱錘也，所以稱物而輕重也者；可與權，謂能權輕重使合義也。」見蔣伯潛，《論語新解》，頁 133。

〔註25〕梁濤，〈郭店楚簡與《中庸》公案〉，《台大歷史學報》第 25 期（台北：2000/6），頁 25～51，

中庸不可能也（九章）

子路問強（十章）

素隱行怪（十一章）

（3）君子之道（十二章至十六章）

造端乎夫婦（十二章）

道不遠人（以人治人）

忠恕違道不遠

庸德之行、庸言之謹（以上十三章）

素其位而行

居易以俟命（以上十四章）

父母其順乎（十五章）

體物而不可遺（十六章）

（4）孝道與政治禮樂制度（十七章至十九章）

舜其大孝－大德者必受命（十七章）

無憂文王

父母之喪無貴賤一也（以上十八章）

繼志述事

郊社之禮、禘嘗之義（以上十九章）

（5）哀公問政

人存政舉

禮之所生

修身、事親、知人、知天

五達道、三達德

所以行之者也

知斯三者

凡為天下國家有九經

九經之效

九經之法（以上二十章前半）

（6）至誠（二十章後半至二十六章）

豫則立、不豫則廢

治民－獲乎上－信朋友－順親－誠身－明善

　　誠者從容中道；誠之者擇善固執

　　博學、審問、慎思、明辨、篤行（以上二十章後半）

　　誠則明矣（二十一章）

　　至誠－盡性－與天地參（二十二章）

　　致曲有誠（二十三章）

　　至誠如神（二十四章）

　　不誠無物（二十五章）

　　天地之道（二十六章）

（7）待其人而後行（二十七章至二十九章）

　　聖人之道（二十七章）

　　災及其身

　　非天子不議禮、不制度、不考文

　　從周（以上二十八章）

　　王天下有三重焉

　　以永終譽（以上二十九章）

（8）經綸立本（三十章至三十二章）

　　小德川流、大德敦化（三十章）

　　溥博淵泉而時出之

　　配天（以上三十一章）

　　聰明聖知達天德者（三十二章）

（9）君子篤恭而天下平（三十三章）

　　前人多謂中庸文體混雜，同時混有紀言體和論說體，且前後反映的思想不一致，可能非出自子思一人之手。〔註26〕筆者同意今本《中庸》的確在體裁上有著明顯的混雜，可能是戰國末至秦漢間的儒者將體裁不同的兩篇文獻同時編排在一起。前賢討論《中庸》時，多直接談首章「天命之謂性」及二十章「哀公問政」後半以後討論「誠明」的部分。因此處是一篇論說嚴謹、脈絡分明的議論文，對於心性、天理的討論有其精闢之處，也是《中庸》全篇思想最精采的部分；然而前賢對《中庸》前半記言體的部分幾乎完全沒有

〔註26〕如馮友蘭，《中國哲學史》（臺北：台灣商務印書館，1990），446～448；勞思光，《中國哲學史》卷二（臺北：三民書局，1981 初版），頁 46；蔣伯潛，《諸子通考》（臺北：正中書局，1991 初版八刷），319～325；梁濤，〈郭店楚簡與《中庸》公案〉，34～36。

加以討論，以爲只是一些零星編成的格言，思想上孔子孟子也大多討論過，沒有太大的突破，所以不加看重，也忽略朱子分章的用意。筆者在閱讀的過程中於每一章作劄記，發現今本《中庸》的編排並非雜論無章，尤其是紀言體的部分，雖然大部分都是零星的格言，討論的主題卻相當明確，每幾章就有一個不同的主題，顯然是經有意編排，背後也有明確的主旨貫串所有的討論。以下筆者以篇章結構分析爲本，就《中庸》脈絡及思想要旨加以討論。

　　《中庸》是先秦儒家經典中對「中」概念最深入的討論，分析《中庸》全文，其中前後貫串文章的也是「中庸」和「誠明」這兩個觀念，以下先針對《中庸》討論「中」的部分加以發揮。

2、從「中和」到「中庸」

　　天命之謂性，率性之謂道，修道之謂教。道也者，不可須臾離也，可離非道也。是故君子戒愼乎其所不睹，恐懼乎其所不聞。莫見乎隱，莫顯乎微，故君子愼其獨也。喜怒哀樂之未發，謂之中。發而皆中節，謂之和。中也者，天下之大本也。和也者，天下之達道也。致中和，天地位焉，萬物育焉。（首章）〔註27〕

　　《中庸》首章將人性歸源於天，人能夠順著上天賦予的本性而行就是行道。在人看不見、聽不到的地方也有道的存在，因此君子無時無刻莫不謹愼小心而行。人能後順著天性而行的辦法是致中和，修道修道最高的境界能使天地一切萬物各得其所。此處的「率性」應該解釋爲「順性」，承認人內在的價值標準，是近於孟子的「性善」，與《中庸》後面論誠所指的「盡性」內涵一致。〔註28〕將「中和」視爲一概念首見於《中庸》，是就人情感表達的層面來討論，肯定實際情感的表達，但是表達出來又能如音樂合乎拍子一般，合於禮的規範，不將情感過份渲染或是未盡其情。〔註29〕此處談「中」是定義在情感尚未表現出來的層次，朱子將喜怒哀樂未發解釋成「性」，乃天命之性而無所偏倚，發而皆中節是「情之正也」。若不從理學家的觀點來看，「中」其實是狀況尚未完全形成時，自然合於中道的表達的，能夠「發而皆中節」，

〔註27〕蔣伯潛，《中庸新解》（香港：啓明書局，1954初版），1～4。
〔註28〕勞思光，《中國哲學史》卷二，頁51。
〔註29〕《禮記‧檀弓上》「子夏既除喪而見，予之琴，和之而不和，彈之而不成聲，作而曰：『哀未忘也，先王制禮而弗敢過也。』子張既除喪而見，予之琴，和之而和，彈之而成聲，作而曰：『先王制禮，不敢不至焉。』」孫希旦，《禮記集解》（北京：中華書局，1998初版三刷）卷八，頁205。

是因爲情緒表達出來的時候，不會夾雜其他正面負面的情緒來影響自己的判斷，〔註30〕情感該怎麼宣洩就怎麼宣洩。〔註31〕

此章的「中和」是從「性情」的角度入手，是對「中」的新解釋；「率性」是循著自己受於天的本性，循性而能得其正而不受其他情緒的干擾就是和。《中庸》雖然也講天，但討論的重點都是「修道之謂教」的層次，講人要如何發揮自己原有的善性。朱子謂「其書始言一理，中散爲萬事，末復合爲一理。放之則彌六合，卷之則退藏於密，其味無窮，皆實學也。」〔註32〕首章許多觀念如「中和」、「愼獨」是一直貫串整篇文章。

二章至十一章格言的部份較集中討論「中」的概念，且是從「庸」的角度來理解「中」，把中道放在一般、平常的狀態來講，對中庸最核心的定義是「時中」。

> 仲尼曰：「君子中庸，小人反中庸。君子之中庸也，君子而時中；小人之反中庸也，小人而無忌憚也。」（二章）

> 子曰：「道之不行也，我知之矣。知者過之，愚者不及也。道之不明也，我知之矣。賢者過之，不肖者不及也。人莫不飲食也，鮮能知味也。」（四章）

這兩章引孔子的話，討論「中庸」實踐的情形，並指出一般人之所以無法行中道的原因。中道沒有絕對的標準，卻有最基本的規範，「君子能時中」是因君子懂得循著天性而行，又懂得愼獨，所以常存戒愼恐懼之心，在不同環境、狀況下都能掌握到最恰當的做法，隨時都能處「中」。「時中」的反面則是放肆無所忌憚，完全照著人欲之私去做而沒有節制。把「時中」的反面落實到一般人的行爲，就是「過猶不及」：「過」則超過中道，「不及」則又不能達中道，都沒有辦法達到時中。

「中庸」是最平常的狀態下隨時掌握到最恰當的做法，看似簡單卻不容

〔註30〕如顏回「 不遷怒，不貳過。」

〔註31〕已發未發近於《大學》「所謂修身在正其心者，身有所忿懥，則不得其正；有所恐懼，則不得其正，有所好惡，則不得其正；有所憂患，則不得其正。心不在焉，視而不見，聽而不聞，食而不知其味。此爲修身在正其心。」「正心」是要有整體、公正的心態，心必須平正，才能判斷每件事物的不同狀態；不但負面的情緒會讓我們不平正，好樂也會。日本忍術有所謂「五車之術」，就是利用喜怒哀樂下人判斷的失準來攻擊敵人。見蔣伯潛，《大學新解》（臺北：啓明書局，出版時間不詳），頁13。

〔註32〕蔣伯潛，《中庸新解》，頁1。

易實踐。孔子認爲中庸之道不能實踐，是因爲人常因天賦的差別而失去中道的認識和實踐：聰明的人會輕視中庸之道，以爲「中庸」太簡單太平常，不值得去行，愚笨的人又無法體會中庸之道，自然也無法實踐。朱子解釋「中庸之道」之所以能彰明，是因爲人能夠眞知實踐，無過不及。道得以「明」是從人「行道」而來，「明」是對中庸之道的本質有明白清楚的了悟，賢者知道卻做不到，不肖者又做不到。孔子以飲食爲喻，人人都會吃飯，但卻因這件事太習慣太平常，根本不知道食物眞正的滋味是什麼；一般人對自己很粗心，連什麼時候過，什麼時候不及都不知道。「時中」的道理是在日常生活中去感受體會，向外欲求反而會掩蓋本味。〔註33〕

　　子曰：「舜其大知也與！舜好問而好察邇言，隱惡而揚善。執其兩端，用其中於民，其斯以爲舜乎！」（六章）

　　子曰：「人皆曰『予知』，驅而納諸罟擭陷阱之中而莫知之辟也。人皆曰『予知』，擇乎中庸而不能期月守也。」（七章）

　　子曰：「回之爲人也，擇乎中庸，得一善，則拳拳服膺而弗失之矣。」（八章）

　　「舜其大知」、「人皆曰『予知』」與「回之爲人也」三章都是孔子對「知」的看法，透過舜能「執其兩端用其中於民」、顏回能「擇乎中庸」並且時時刻刻實踐，對照一般人常因自以爲聰明而迷失對道的判斷和實踐。孔子稱舜大知主要是從政治層面來考量，政治是管理眾人之事，舜「好問」是能聽取百姓淺近平凡的意見，關心百姓所關心的事，百姓切身的事是很平常的，政治所要處理的事大部分也是很平常的事。「隱惡而揚善」的善惡指的是意見的好壞，明白怎樣在眾多意見中抉擇利害；而政治上的選擇不適合用單一標準，「中」是隨條件而改變的，要考慮到各種層面的因素，如何去聽到最多的意見來作抉擇。最聰明的人是最懂得聽別人的意見，「人皆曰『予知』」用的只是自己的聰明，舜不用自己的聰明，不在下決策之前阻擋住別人的聲音。「人皆曰『予知』」，只靠自己的聰明去判斷就會有盲點，所以會在刀尖上跳舞還

　　〔註33〕　錢穆，〈略述劉劭《人物志》〉中提到，劉劭將人才分爲兩種：一種是偏至之材，人之成材而不能變，即成一偏至之材，其用即有限；另一種是兼材，「人之至者，須能變化無方，以達爲節。」若其人兼材又能兼德，可謂之聖人。「兼德而至，謂之中庸」，觀人察質，「必先察其平淡，而後求其聰明」，因爲平淡的性格可使人的潛在性能獲得更多之發現與成就。《人物志》評聖人是有中正平和之音，平淡的本質。見錢穆，《中國學術思想史論叢（三）》（臺北：聯經出版社，1995 初版）

不自知，知道禍患卻不知躲避；說自己能擇乎中庸之道，卻沒有眞正透徹的了解，年月之間都守不住。相較之下，顏回能「得一善則拳拳服膺」，是因爲他眞的能從平常的角度來認識中道，不會輕忽生活中的小道理，而且他有「以能問於不能」之心，〔註34〕不會只用自己的聰明。

　　子曰：「天下國家可均也，爵祿可辭也，白刃可蹈也，中庸不可能也。」

　　（九章）

　　國家的均平，推辭爵祿，或是衝鋒陷陣雖然都不容易做到，但這些事的難度只在單一面向，人天賦有這類傾向的人也許可以透過後天的努力而達成，是勉強能至，不一定做不到，看似非常困難，卻有入手處，實際上似難而易。「中庸」不是意志決心的問題，是對於事物本質的認識體會，每個人都可以展現這樣東西。但「中庸」是需要「眞知」，不是勉強而行就可以做到，還要摒除掉自己的私慾，生活中每一件事情都合乎符節，看起來容易卻非常難做到。

　　子路問強。子曰：「南方之強與？北方之強與？抑而強與？寬柔以教，不報無道，南方之強也；君子居之。衽金革，死而不厭，北方之強也；而強者居之。故君子和而不流，強哉矯；中立而不倚，強哉矯；國有道，不變塞焉，強哉矯；國無道，至死不變，強哉矯！」

　　（十章）

　　這章是在說明什麼是眞正的「君子之強」，孔子用「南方之強」、「北方之強」這兩種不同的定義來引導讀者思考，指出君子所表現出來的強是非常有韌性，能伸能縮不被動搖。子路在《論語》中所描述的特質多爲「暴虎馮河，死而無悔」、〔註35〕「行行如也」、〔註36〕之類剛強、果斷的形象。「強」是勇者之所好，子路問強，孔子的回答卻是提示「強」不是只有一種標準。子路的人格特質較偏向於剛勁果敢的北方之強，是好勇之人容易做到的；但孔子提出的另一種「強」的定義卻是南方之強，看似柔弱不與人爭，但並非鄉愿、濫好人，之所以不加報怨是因爲對方無道，他有很清楚的判斷力，能「自勝

〔註34〕　《論語・泰伯》「曾子曰：『以能問於不能，以多問於寡。有若無，實若虛，犯而不校：昔者吾友，嘗從事於斯矣！』」注疏馬謂「友」即顏淵，正義曰：「知謂顏淵者，以所言非顏淵不足當之。」劉寶楠，《論語正義》（臺北：台灣中華書局四部備要本，1981 六版），卷九頁 5。

〔註35〕　《論語・述而》，蔣伯潛，《論語新解》頁 91。

〔註36〕　《論語・先進》，蔣伯潛，《論語新解》，頁 159。

其人欲之私」，〔註37〕你無法動搖，南方之強是很有彈性的，能深能縮才叫強。孔子引申發揮「君子之強」是延續南方之強不被動搖的精神而來，強中之強是要能和於眾卻不圓滑，徹底地實踐中道而無所偏倚，在不同的處境下都能掌握到中道。

> 子曰：「素隱行怪，後世有述焉；吾弗爲之矣。君子遵道而行，半途而廢，吾弗能已矣。君子依乎中庸，遯世不見知而不悔，唯聖者能之。」（十一章）

「素隱行怪」跟「半塗而廢」是看似有求知的精神，實際上卻不能行中道的兩種典型，點出眞正能以中庸爲自己最高標準的人，並不會因整個時代都不了解他的作爲而悔恨。朱子解釋「素隱行怪」與「半塗而廢」爲「不當強而強」、「當強而不強」〔註38〕似乎較牽強。「素隱行怪」是把平常的小道理看輕，而去追求常理以外的異說，卻不知道大道理離不開常道的，後世也許還有述學者，但孔子不會這樣做，因爲此類的人知道太多不同學說反而不能擇中道以行。「遵道而行，半塗而廢」則是把行中庸之道看得輕鬆了，以爲自己能夠做到就懈怠，夠擇乎中道卻不能「其心三月不違仁」。「遯世不見知而不悔」敘述近似《易‧乾卦》「初九曰潛龍勿用何謂也？……，遯世無悶，不見是而無悶，樂則行之，憂則違之，確乎其不可拔，潛龍也。」〔註39〕君子所以能在測陋而守中庸之道不隨世變，養晦他的行爲而不求被當代所理解，是因爲他內心有對「中道」本質眞正的理解，知道「中道」是隨時表現在一般日常行爲，完全能從「庸」〔註40〕的角度去實踐「中道」，知行能合一，果能做到此眞是聖人境界。

二章至十一章蒐集了孔子對「中道」的討論，大致上是延續《論語》、《孟子》對「中庸」的定義，強調要能「時中」，沒有太過或是不到，貫串首尾的觀

〔註37〕朱註，見蔣伯潛，《中庸新解》，頁9。《老子》三十三章：「勝人者有力，自勝者強。」對「強」的定義也並非血氣之強，而是守柔若強，能夠自勝私慾，近乎《中庸》對「南方之強」的定義。見《老子四種》（臺北：大安出版社編輯，1999初版），頁28～29。《史記‧商君列傳》「趙良曰：『反聽之謂聰，內視之謂明，自勝之謂彊。』」瀧川龜太郎，《史記會註考證》（臺北：大安出版社，2000一版二刷），頁871。

〔註38〕蔣伯潛，《中庸新解》，頁10。

〔註39〕程頤，《易程傳》（臺北：世界書局，1972），頁6。

〔註40〕鄭玄解「君子中庸」爲「庸，常也；用中爲常道也。」見蔣伯潛，《中庸新解》，頁1。

念是從「庸」來理解「中」。日常行爲裡隨時對中道的掌握和實踐，知行合一才能眞正行道；而且中道不是固定不變，「時中」是能隨環境的變化而改變外在的行爲做法，但價值得標準卻是不可動搖，和而不流，中立而不倚，看似柔弱平常，實際上卻是至剛。《中庸》首章是從「中和」討論中道，探討的是人情感表達層面的範圍，情感釋放得恰當就吻合了人循天所賦予的本性，「中和」「性情」是互爲表裡。然《中庸》二章到二十章很少從「和」的角度來講中，主要的觀念還是如何用中於日常生活。十二章至十六章討論君子之道實踐的部分，也是延續二至十一章對「中庸」的定義而來，以下再分別討論。

3、君子之道

十二章至十六章格言的核心主題爲「君子之道」，前文「中庸之道」的討論多是義理的闡述，「君子之道」的討論則是針對中道落實於日用平常的層面。

> 君子之道，費而隱。夫婦之愚，可以與知焉；及其至也，雖聖人亦有所不知焉。夫婦之不肖，可以能行焉，及其至也，雖聖人亦有所不能焉。天地之大也，人猶有所憾。故君子語大，天下莫能載焉；語小，天下莫能破焉。詩云：『鳶飛戾天，魚躍于淵。』言其上下察也。君子之道，造端乎夫婦；及其至也，察乎天地。（十二章）

此章是討論君子之道的效用，和一般人所能了解到、做到的程度，指出君子之道推廣道最大可以達到天地的境界。君子之道表現在日常生活中非常多的事物上，本質卻是微妙不易察，明顯的地方連匹夫匹婦（一般成人）都能夠了解、實踐一部分；隱微、困難的地方卻連聖人也有所不知、有所不能。聖人「不能」並非困難的東西，很個人在小事上都會犯錯。這章引《詩經·大雅·旱麓》「鳶飛戾天，魚躍于鳶」上下各得其所〔註41〕來比喻道無所不在，每個地方都要觀察得清楚著明，隨時都在學。君子之道是從生活最平常的道理都能掌握的很清楚，以此爲出發點，再推廣到天地一切的事理。此章在年代上稍有問題的是「語大，天下莫能載；語小，天下莫能破」，至少在惠施「至大無外，至小無內」前後，這樣的觀念應是戰國名家的想法。

> 子曰：「道不遠人，人之爲道而遠人，不可以爲道。詩云：『伐柯伐柯，其則不遠。』執柯以伐柯，睨而視之，猶以爲遠。故君子以人

〔註41〕 裴普賢，《詩經評註讀本》（台灣：三民書局，2001 初版九刷），頁 406～410。

治人，改而止。」「忠恕違道不遠，施諸己而不願，亦勿施於人。」
「君子之道四，丘未能一焉：所求乎子以事父，未能也；所求乎臣
以事君，未能也；所求乎弟以事兄，未能也；所求乎朋友先施之，
未能也。庸德之行，庸言之謹，有所不足，不敢不勉，有餘不敢盡。
言顧行，行顧言，君子胡不慥慥爾！」（以上十三章）

　　這一章是從儒家原有的「忠恕之道」來引導讀者理解中道，說明「中道」
是非常簡易的。「道不遠人」是因為中庸之道原本就是在日常生活中所實踐，
如果脫離了常理而刻意尋找看似高遠的道理，反而是遠離人生，遠離人情，
就像手裡拿著斧柄來砍斧把一樣。君子「以人治人」，是從別人的感受、角度
出發。朱子解釋忠恕為「盡己之心為忠，推己及人為恕。」其實都是對「人」
的理解體諒，尊重人最真實的情感。「君子之道四」是要求先從自己做起，「朋
友先施之」是人人都知道對別人的要求，在指責別人的時候，心裡自然會知
道什麼是恰當的做法，事情的分寸很自然就會形成，沒有真正的將心比心是
無法做到。「興於詩」，〔註42〕教育是從情感開始，先有同情而不是批評，道
德教育的基礎是完善的情感教育，尊重最真實的情感，任何事情是離不開人
的，一切從內心出發的東西，其實都是對人的理解。能從別人的感受角度出
發，自我的成分就會減少。孔子是把平常的東西看得很清楚，小道理本身就
是大道理，把很多小道理釐清之後自然會發現其中一貫的部分。「君子之道」
其實是從「忠恕」入手，從自己開始做起，而不是要求別人達到自己的期望，
極為平易、體貼，完全不是在唱高調。十三章與《大學》的「絜矩之道」都
是儒家對「忠恕」重要的發揮。〔註43〕

君子素其位而行，不願乎其外。素富貴，行乎富貴。素貧賤，行乎
貧賤。素夷狄，行乎夷狄。素患難，行乎患難。君子無入而不自得
焉。
在上位，不陵下；在下位，不援上。正己而不求於人，則無怨；上
不怨天，下不尤人。故君子居易以俟命，小人行險以徼幸。子曰：「射
有似乎君子；失諸正鵠，反求諸其身。」（以上十四章）

〔註42〕　《論語・泰伯》：「興於詩，立於禮，成於樂。」蔣伯潛，《論語新解》，頁110。
〔註43〕　馮友蘭認為《中庸》「君子之道四」實只講中，《大學》「絜矩之道」實只講恕，
　　　　合而觀之，則忠恕之道見矣。見馮友蘭，《中國哲學史》，頁450。然而《中庸》
　　　　十三章亦有講恕道，「施諸己而不願，亦勿施諸人。」及十四章「在上位，不
　　　　陵下；在下位，不援上」，馮氏此說稍嫌武斷。

此章主要是說明君子為何能在不同的處境下充分「自得」。君子能夠自得的原因，是因為在不同的情況下還是有標準，不是無所忌憚。標準在於「中和」、在「誠」，內在充實的生命內涵，在任何環境下都可實現自我內在的追求。君子是「和而不流」，如果同於流俗是沒有了自己的內在追求。〔註44〕因為內心有了這樣的標準，君子就會知道凡事從自己開始要求，先問自己的本分在哪裡，自己的責任在哪裡。「陵」、「援」並不是攀援欺陵之意，而是心理感受，在什麼位是命，陵是把自己看的比別人高，援是自己想往上爬，「陵」、「援」是心態問題，都是不滿自己的位。君子是只介意自己有沒有做了自己該做之事，別人皆不接受並沒有關係。「居易」跟「行險」是相對的，君子是站在自己內心去衡量，小人是不斷追求，不斷在意，只要有在意內心就是不平穩，想要得到就是「徼幸」。君子能不怨天、不尤人是因為知道想要做的事達不成是自己的問題，小人不懂得從自己出發，就對別人提出抱怨。

> 君子之道，辟如行遠必自邇，譬如登高必自卑。詩曰：「妻子好合，如鼓琴瑟。兄弟既翕，和樂且耽。宜爾室家，樂爾妻孥。」子曰：「父母其順矣乎！」（十五章）
>
> 子曰：「鬼神之為德，其盛矣乎！視之而弗見，聽之而弗聞，體物而不可遺。使天下之人，齊明盛服，以承祭祀，洋洋乎如在其上，如在其左右。詩曰：『神之格思，不可度思，矧可射思！』夫微之顯，誠不可揜如此夫！」（十六章）

十五章是把君子之道歸本於一般的家庭生活，一切的德行是從家庭開始做起；十六章則是從祭祀時人對鬼神的敬意和態度，來發揮首章的「慎獨」。古代最重要的人倫是孝道，孝是要大孝，事親、立身，立身行道是行所有的人倫之道。漢代以下《孝經》所講的比較外在，討論整個政治倫理跟社會倫理；《中庸》跟先秦儒家討論的是比較內在的關係，父子、夫婦、昆弟都是最基礎的人倫關係，能夠做到敦倫盡份，每處都不放過，才能算是做到「齊家」。人總有些希望，所有希望都還要回來反求諸己。《中庸》下一個部分討論以孝道為核心，再推廣到整個政治社會制度，基礎的觀念也是從親親入手。十六章之後講鬼神、祭祀的部分很多，《中庸》、《禮記》的「鬼神」是泛指一切事

〔註44〕顧炎武，《日知錄》卷九謂「處夷狄之邦而不失吾中國之道，是之謂素夷狄行乎夷狄也。」，認為應該是「君子素其位而行道」。見顧炎武，《原抄本日知錄》（臺南：唯一書業中心，1975 出版），頁 186～187。

物背後的神秘現象，有點像泛靈。「體物而不可遺」是每件事情的背後都有鬼神的力量，看不見，可是人人都覺得他存在，才會自然恭敬。《中庸》講的「微」是看不見的東西，「莫見乎隱，莫顯乎微」貫串全文。鬼神是「微」，真實存在就是「誠」，一切萬物是「顯」。朱子謂「鬼神無形與聲，然物之終始，莫非陰陽合散之所爲，是其爲物之體，而物所不能遺也。其言體物，猶《易》所謂幹事。」〔註45〕，是把鬼神當成造成事物背後的本質。《詩經·大雅·抑》「神之格思，不可度思，矧可射思！」是形容祭祀者的心理，不確定神什麼時候會到來，隨時都會保持恭敬，這章是引此詩來比喻微顯跟中和。「微之顯」是從慎獨來，因爲能保持全然的恭敬，所以能體察到事理中看不見的部分。

　　《中庸》此部份的討論，是以《論語》、《孟子》中多處討論的「忠恕之道」作爲實踐君子之道的基礎，強調反求諸己，人際關係外在的追求最後都回歸到自己有沒有做好。二章到十六章的部分主要還是延續儒家傳統對「中庸」的討論。

4、孝道的推廣

　　　子曰：「舜其大孝也與！德爲聖人，尊爲天子，富有四海之内，宗廟
　　饗之，子孫保之。故大德，必得其位，必得其祿，必得其名，必得
　　其壽。故天之生物，必因其材而篤焉。故栽者培之，傾者覆之。詩
　　云：『嘉樂君子，憲憲令德。宜民宜人，受祿於天。保佑命之。自天
　　申之。』故大德者必受命。」（十七章）
　　　子曰：「武王周公其達孝矣乎！夫孝者，善繼人之志，善述人之事者
　　也。春秋，修其組廟，陳其宗器，設其裳衣，薦其時食。宗廟之禮，
　　所以序昭穆也。序爵，所以辨貴賤也。序事，所以辨賢也。旅酬下
　　爲上，所以逮賤也。燕毛，所以序齒也。踐其位，行其禮，奏其樂，
　　敬其所尊，愛其所親；事死如事生，事亡如事存，孝之至也。郊社
　　之禮，所以祀上帝也。宗廟之禮，所以祀乎其先也。明乎郊社之禮，
　　禘嘗之義，治國其如視諸掌乎！」（十九章）

十七章「舜其大孝」至十九章「治國其如示諸掌」與《禮記》、《荀子》談「禮」的部分類似，以具體的「孝」爲例證，成爲外在禮制的基礎。舜是以孝得位、以德安民，有德的本質才能成爲很好的政治領袖，「大德者必受命」講的是政

〔註45〕 蔣伯潛，《中庸新解》，頁 16。

治上的天命（西周以前講天命都是政治上的天命）。周代是以血緣爲主的社群，卻同時承認政治、社會、長幼的倫理，用孝道作爲所有共通倫理的基礎。武王、周公的孝是在於繼志述事，以孝平天下。「上祀先公以天子之禮」有激勵子孫的作用，因武王周公的孝定爲禮後促進天下人的孝。禮本是貴族的東西，大夫以上才可能備禮，「父母之喪，無貴賤一也。」是描述社會的一般傾向。武王周公所制定的典禮包含非常多人倫關係在裡頭，各式各樣的身分關係都尊重、都提起，「序昭穆」隔代認同的意義，「序爵」主祭者分別身分的高低，「序事」分辨辦事人員人力的高下，「旅酬下爲上」是從敬酒的過程中讓地位低的與地位高者互動，「燕毛」則是從長幼的觀念來區分。郊社、宗廟之禮的意義在於以遠祖配天，祭祀祖先的內涵在於孝道的表現，所有的人群都來自上帝，追溯到人生命最後的來源。周人將政治中所有的人倫關係歸本於孝道，成爲政治、禮樂制度、情感的基礎，愛人是追溯到所有人都同一個來源。《論語・八佾》「或問禘之說。子曰：『不知也。知其說者之於天下也，其如視諸斯乎？』指其掌。」朱子注「先王報本追遠之意，莫深於禘。……蓋知禘之說，則理無不明，誠無不格，而治天下不難矣。」〔註46〕趙伯循注「禘自既灌而往者」條曰「禘，王者之大祭也。王者既立始祖之廟，又推始祖所自出之帝，祀之於始祖之廟，而以始祖配之也。」〔註47〕。

5、哀公問政

「哀公問政」這一大章的核心是討論政治思想，從禮的起源開始說起，強調統治者必先由修身開始做起，具體修身的辦法則是五達道與三達德，這些都能實踐後再談治天下國家的九種常理。這章思想上有很多引伸和串聯，是對儒家政治思想的新詮釋，表達方式已非編選零散格言，而是將許多觀念融合在一起重組，一層一層往上衍伸，層次更完整。儒家政治思想的核心觀念是「有仁人而後有仁政」，統治者必須也是有德的君子，才有可能有好的政治。因此「哀公問政」這章首先也從政治領導者如何修身談起：人是政治的基礎，「仁道」的關鍵是要得到好的人才，能否得人才的關鍵在於統治者有沒有「仁心」。「故爲政在人，取人以身，修身以道，修道以仁。仁者，人也；親親爲大。義者，宜也；尊賢爲大。親親之殺，尊賢之等，禮所生也。」〔註48〕

〔註46〕 蔣伯潛，《論語新解》，頁33。
〔註47〕 蔣伯潛，《論語新解》，頁32。
〔註48〕 蔣伯潛，《中庸新解》，頁23。

就儒家來講道德是來自於情感，先仁而後有義，「親親」是人跟人的情感，「尊賢」是知人，是對人的敬意，「禮」是包含愛與敬。怎樣知人、尊賢、知天，他的生命要對的起他的父母，孔子是講汎愛眾而親仁，此處的「事親」是善體先人的心志，而不指一般的孝道。「事親」就不是「親親」，「親親」是由近及遠，屬孝弟的範圍；「事親」可以延伸，使自己成為一個正當的人。「修身」才會知道人的才性，自重的背景是因為事親。而實際上修身的條目就是「五達道、三達德」：「五倫」的說法在戰國雖然還沒正式提出，但「五達道」所提的君臣、父子、夫婦、昆弟、朋友之交已勾勒出五種最基本的人際關係，「知」是知道這五種關係的分際，「仁」是感覺到那種內涵，「勇」是實踐、盡心。要實踐「五達道」又分「知」與「行」兩個層次，因為達道是來自生命內在的東西，透過人本性的發揮都可以展現達道達德，發揮本性的過程也許會因為人的天賦不同，在求知、實踐上有不同的層次，但這都不影響最後的結果。而「五達道」、「三達德」的部分並不特別強調「所以行之者一也」，知仁勇三者分別代表不同的意涵，是到「凡為天下國家有九經」才特別強調「一」，此處的「一」字可能為衍文。

「凡為天下國家有九經」是完整討論實際政治運作上各個方面的做法，在個別項目的劃分上比《大學》的「三綱領，八條目」更為仔細，是政務運作上直接的指導。談完修身之後之所以先講尊賢，是討論政治人物教育的問題：要先跟賢者學習，先秦時代其他各家較少強調此點；親親是整個大家族的範圍，叔伯父堂兄弟都能和睦；敬大臣的「敬」是讓大臣能有發揮空間，建立起適當的分工關係，「官盛任使」則國君還是監督者，戰國還沒有形成監察制度；「群臣」是從「士」裡選拔，已與孔子的時代背景不同；周代如何管理「工」的資料很少，「來百工」的背景應是戰國技術變革快速之時，「工」似乎是有薪俸，而且可以流動；「柔遠人」「懷諸侯」等送往迎來還是政治上的手段，皆是屬於外交工作，較可能是到了列國相爭的時代。「九經」的項目修身、尊賢、親親、敬大臣、體群臣、子庶民、來百工、柔遠人、懷諸侯，也不像孔子時代的狀況，春秋魯國政治最首要的問題是抑三桓，這裡所討論的比較像是戰國爭雄的情況，有些項目也與孟子的說法類似。〔註49〕九經最後強調「所以行之者一也」，關鍵應該還是指

〔註49〕 朱子註「柔遠人」直接用孟子的說法「天下之旅，皆悅而願出於其塗」，見蔣伯潛，《中庸新解》，頁27。

從「修身」開始做起。

梁濤在〈郭店楚簡與《中庸》公案〉中，將討論「君子之道」部分視為既定規範和倫理秩序的合理化、神聖化，以為「中」來自於禮，是對禮的概念化、哲學化，視「中庸之道」為外在之道，透過傳統和習俗來規範人的行為，要求人們恪守常道，超越性淹沒在人倫日用中，只能做削足適履的適應。〔註50〕梁濤顯然誤讀了《中庸》前半雜記體的部分，單純把「君子而時中」看成不積極作為、安於現狀，又將「君子素其位而行」解讀為自我約束，不做分外之想，忽略了透過不斷反求諸己的過程中，從未停歇的內在追求，以及貫串這些雜記背後「中和」、「誠」的思想。若照此解釋，《中庸》的編纂者就相當不智，把前後差異這麼大的作品編在一起。梁濤的說法雖然在篇章理解上有不妥的地方，卻讓筆者嘗試從文章分析的角度來看整篇《中庸》，做完篇章結構分析後發現文章脈絡非常清楚的，記言體的部分分為「中庸」、「君子之道」、「孝道」、「哀公問政」四大主題，前後呼應，格言安排也經過挑選，「中庸」、「誠」的觀念亦貫串在格言之中，格言對「中」的討論成為《中庸》後半段議論的基礎。《中庸》前後所呈現出的思想並非扞格，朱子亦是將《中庸》視為一整體，加以分章。

6、「至誠」的發揮

哀公問政下半開始討論「誠」，出發點是修身的步驟，講「誠」還是在修身的範圍。先秦的語彙中「己」是指自己，有「私」的意思，是單就我而言；「身」是我生命中包含的事物，是與人事物所有的關係。因此「修身」的範圍就涵蓋了與自己生命有關的一切事物。「哀公問政」下半討論修身的步驟是從治民、獲乎上、信乎朋友、順乎親、反身而誠到明善，一步步反推回去，「明善」是「誠」的基礎，跟一切美好的事物沒有阻隔。《中庸》提到的「善」的意涵較廣，泛指一切美好的事物。

> 誠者，天之道也。誠之者，人之道也。誠者，不勉而中，不思而得，
>
> 從容中道，聖人也。誠之者，擇善而固執之者也。（二十章）

誠是從「明善」而來，誠又是修身重要的步驟，這裡就分「誠者」、「誠之者」兩個層次來講實踐「誠」的狀況。誠者最為自然，是「真實無妄之謂」，〔註51〕誠之者近乎人事。「誠者」是本心本性完全表現的行為，明白一切真善美，

〔註50〕梁濤，〈郭店楚簡與《中庸》公案〉，頁36～44。

〔註51〕朱子注「誠」，見蔣伯潛，《中庸新解》頁30。

已不需要經過思慮選擇的過程，就可以自然合乎中道。「誠之者」則屬於人道的範圍，還不能完全沒有私慾，所以要透過「擇善固執」，經由思慮的過程而選擇他所認知到好的事物，是屬於後天教育的部分。「博學之、審問之、慎思之、明辨之、篤行之」〔註52〕是人爲實踐「誠」的方法，五個環節環環相扣，每個過程都認眞做到底才是擇善固執。儒家講「學」的範圍極廣，細察是接博學而來，「愼」則有認眞的意思，要思考到辨析清楚，最後能實踐。「雖愚必明，雖柔必強」，徹底實踐的結果是可以連人的特質都改變。這裡的「誠者」、「誠之者」與二十一章以下的「誠」、「明」意涵相近。「擇善固執」與「致曲有誠」討論的對象也類似。

　　二十一章到二十六章則是講人把「誠」擴充發揮到極致之後的效果，以「至誠」爲標準，討論人與天地萬物的關係。

　　　　自誠明，謂之性。自明誠，謂之教。誠則明矣，明則誠矣。（二十一
　　　　章）

　　　　唯天下至誠，爲能盡其性；能盡其性，則能盡人之性；能盡人之性，
　　　　則能盡物之性；能盡物之性，則可以贊天地之化育；可以贊天地之
　　　　化育，則可與天地參矣。（二十二章）

　　　　其次致曲，曲能有誠，誠則形，形則著，著則明，明則動，動則變，
　　　　變則化，唯天下至誠爲能化。（二十三章）

能夠「自誠明」、「自明誠」的基礎是來自於首章的「率性之謂道，修道之爲教」，對循性的肯定，也與前章「誠者」、「誠之者」包含的範圍相近。「誠者」、「自誠明」亦是對人而言，是能夠完全循著天命之性去做，自然而然能夠明白事物的美善；「誠之者」、「自明誠」則是屬於後天修道教化的層次，先從了解、認識一切美好事物的本質入手，再從這樣的理解達到誠。〔註53〕了解人性中根源於天的部分，無人欲之私，才能夠了解「物」的天命之性，就跟天地化育同一境界。眞正明白人、物之性才會尊重，才有可能談對世界的改變。「曲」是部份、局部，「致曲」是先把一個部分入手去做而做到極致，是「擇善固執」、「自明誠」的層次。誠於中、形諸外是可以看得見（著），更進一步又清楚有光輝（明），可以映照到別的事物，然後發生感動、影響的力量（動）；

〔註52〕　朱註：「此誠之之目也。學問思辨，所以擇善而爲知，學而知也。篤行所以固
　　　　　執而爲仁，利而行也。」蔣伯潛，《中庸新解》，頁31。
〔註53〕　朱註：「天道也，先明乎善，而後能實其善者；賢人之學，由教而入者也。」
　　　　　蔣伯潛，《中庸新解》，頁32。

受到影響就有改變（變，指的是一個時刻突然的事）；到最後自然而然的影響（化）。至誠不必全然的誠，一曲能有誠也能夠化。

> 至誠之道，可以前知。國家將興，必有禎祥；國家將亡，必有妖孽。
>
> 見乎蓍龜，動乎四體。禍福將至；善，必先知之；不善，必先知之。
>
> 故至誠如神。（二十四章）
>
> 誠者，自成也。而道自道也。誠者，物之終始；不誠無物。是故君
>
> 子誠之爲貴。誠者，非自成己而已也，所以成物也。成己，仁也；
>
> 成物，知也；性之德也，合外內之道也，故時措之宜也。（二十五章）

這兩章討論的是「至誠」的效應和責任，有涉及到天人感應的部分。《中庸》的脈絡中「性」、「道」是一體，「教」是回歸於天命之性，都跟天命有關。天命背後就是一個天，「前知」是發展過程，與自然沒有隔閡。能夠「贊天地之化育」，與天地自然完全融合在一起沒有物我之分，就必須要「前知」。「蓍龜」、「四體」都是事物發生的幾微之處，君子是透過事情細微的徵兆就能夠判定吉凶。《易‧繫辭》：「子曰：『知幾其神乎！……幾者，動之微，吉之先見者也。君子見幾而作，不俟終日。』」〔註 54〕《中庸》的「微」是看不見的，因爲愼獨的功夫所以能知微之著，知隱之顯。〔註 55〕《中庸》的「中」是本然實質，循著天命的性善觀，「不明乎善，不誠乎身」則「善」是本身就有的合理的分寸，「誠」是真實，明善不是後天的東西，是本性發展的表現，跟所有美好的事物沒有隔閡，「萬物皆備於我，反身而誠」，〔註 56〕習善是發現自己原來就有的本質。朱子對「誠」的定義多從反面來講，是「去其私僞」；「誠」最簡單的解釋就是「不隔」。誠者與善無隔，自然就會遵循應當走的道。「非成己而已也，所以成物也。」是因爲誠是從內在出發，不是回到你自己就可以；「性之德」是天賦，率性就是道，指「自誠明」而言；「合外內之道」是合於中和，而且不能拘泥（時措之宜）。「誠」是背後完成事情的本質（不誠無物），從頭到尾保持那種心情，跟那樣事物結合在一起。君子要要求自己能做到誠，有完成自我的觀念就不是誠，就有「私」的心態。

〔註 54〕 朱熹，《周易本義》（臺北：世界書局，1972 再版），頁 66。

〔註 55〕 朱註愼獨：「獨者，人所不知而己獨知之地也。言幽暗之中，細微之事，跡雖未形，而幾則已動。人雖不知，而己獨知之。則是天下之事，無有著見明顯而過於此者。」見蔣伯潛，《中庸新解》，頁 3。

〔註 56〕 《孟子‧盡心》「孟子曰：『萬物皆備於我矣，反身而誠，樂莫大焉。強恕而行，求仁莫近焉。』」見蔣伯潛，《孟子新解》，頁 312。

中和是一件事，誠明是一件事，「誠」是不能拘泥，要懂得「時」，天人合一是順乎事情的自然。

　　二十六章作者用「悠久」、「博厚」、「高明」三個不同的概念來描述「至誠」：「悠久」是配合至誠來講，事物有眞正的內涵實質才能維持長久，人性中有共同傾向才會發展完成，做任何事業都是長久的；有內涵實質就有力量，承受的起很多變化，「高明覆物」，一切事物必須有包容的力量，足夠高明才能夠涵蓋包容。「至誠」所展現的是一種堅持的力量、包容的力量。天地之道一言以蔽之，都是「誠」的展現。章末引《詩經・周頌・維天之命》以天的循環運轉不息來形容誠。〔註57〕

> 大哉聖人之道，洋洋乎發育萬物，峻極於天。優優大哉！禮儀三百，威儀三千，待其人而後行。故曰：「苟不至德，至道不凝焉。」故君子尊德行而道問學，致廣大而盡精微，極高明而道中庸，溫故而知新，敦厚以崇禮。是故君子居上不驕，爲下不倍。國有道，其言足以興；國無道，其默足以容。詩曰：「既明且哲，以保其身。」其此之謂與！（二十七章）

二十七章至二十九章討論的主題集中在爲政上的「聖人之道」，強調「待其人而後行」。《中庸》自「至誠」以下都講修德，二十七章是以禮爲喻，人生活中的禮那麼多，並非枝節從表面學習的東西，沒有那樣的人來駕馭，禮就不能發揮作用。人之所以能行其禮是因爲內在道德，每個人都有天賦好的一面，「致廣大」是不遺漏對外在事物完整的理解，「中庸之道」亦是探討平常事理中高明的意義，「致廣大而盡精微，極高明而道中庸」談的都是一體兩面，眞正好學之人對學問是沒有新舊之分。

> 子曰：「愚而好自用，賤而好自專，生乎今之世，反古之道；如此者，災及其身者也。」
>
> 「非天子不議禮，不制度，不考文。今天下車同軌，書同文，行同倫。雖有其位，苟無其德，不敢作禮樂焉；雖有其德，苟無其位，亦不敢作禮樂焉。」

〔註57〕 詩云：「維天之命，於穆不已。於乎不顯，文王之德純。」眞德秀註此詩曰：「純是至誠，無一毫人僞。惟其純誠無雜，自然能不已。……循環運轉，一息不停，以其誠也。」眞德秀顯善將此詩放在《中庸》的脈絡來理解，解釋原詩雖不見得得其旨，用來解釋《中庸》此章卻是相當貼切。見裴普賢，《詩經評註讀本》，頁 588～589。

> 子曰：「吾說夏禮，杞不足徵也。吾學殷禮，有宋存焉。吾學周禮，今用之，吾從周。」（以上二十八章）

> 王天下有三重焉，其寡過矣乎！上焉者，雖善無徵，無徵不信，不信民弗從。下焉者，雖善不尊；不尊，不信；不信民弗從。故君子之道，本諸身，徵諸庶民，考諸三王而不繆，建諸天地而不悖，質諸鬼神而無疑，百世以俟聖人而不惑。質諸鬼神而無疑，知天也，百世以俟聖人而不惑，知人也。

> 是故君子動而世爲天下道，行而世爲天下法，言而世爲天下則，遠之則有望，近之則不厭。詩曰：「在彼無惡，在此無射。庶幾夙夜，以永終譽。」君子未有不如此，而蚤有譽於天下者。（二十九章）

二十八章主要是以孔子「從周」的觀念來說明政治不能盲目復古，禮樂的制定必須是要有德者在位才有辦法做到。二十九章則是提出制禮作樂種種條件，說明君子之道是要能在古往今來的歷史中都經得起考驗。每個時代都有它的特殊性，一味復古的做法並不恰當，君子自然懂得這個時代需要什麼；「議禮」、「制度」、「考文」是需要「德」跟「位」相結合才能這樣做，或許是暗示掌握權力的大臣應該跟我們合作，重新制定禮樂；又引孔子「從周」強調孔子還是在學，還是在講究，學問最後是回歸到可以用於當世。二十八章亦是迂迴引申，「王天下有三重」，眞正要制禮作樂必須有種種條件。「上焉」、「下焉」按照朱子的理解較合適：「上焉者，謂時王以前，如夏商之禮雖善，而皆不可考。下焉者，謂聖人在下，如孔子雖善於禮，而不在尊位也。」〔註58〕先秦儒道都有俟聖觀念，所以儒、道家都有時間感和歷史意識，相信人有普遍共通的人性；法家則認爲秩序是人所規範出來，無論自私無私都可以完滿自足。此章認爲君子之道是要統合以往的傳統，結合民生、合乎歷史，考量哪些制度有眞正長久的價值，並合於天道跟人規，經得起後代聖人的檢驗，所定的禮樂才眞正經得起考驗。如此一來，君子的所作所爲才能成爲天下人都可遵循、效法的典範。歷來學者討論《中庸》晚出所指出的證據幾乎都出於二十八章，〔註59〕鄭玄、朱子、蔣伯潛註此章時多強解，以合乎孔子或子

〔註58〕 蔣伯潛，《中庸新解》，頁 42。
〔註59〕 如蔣伯潛，《諸子通考》，頁 321～322；勞思光，《中國哲學史》第二卷，頁 46～47。

思時代的狀況。若從上下文意來理解，此章寫成的時代有可能晚致戰國晚期統一前或是秦朝，似乎是在特殊情況下講的，也許可視爲一種政治語言。

　　三十章至三十二章的主旨是把大聖者德配天地，以孔子爲聖人的典範，把儒家之道講到無所不包，近於《易傳》和《荀子》。戰國晚期儒家把孔子聖人化、神聖化，遠宗堯舜之道，近守文武之法。三十章以天載地覆、四時錯行、日月代明來形容孔子的德，也可視爲是「中庸之道」最後「參贊天地之化育」的境界。三十一章「唯天下至聖，爲能聰明睿知，足以有臨也。寬裕溫柔，足以有容也。發強剛毅，足以有執也。齊莊中正，足以有敬也。文理密察，足以有別也。」朱子的註釋把「聰明睿知」放在其他四種德性之上，〔註60〕但就原文來說五者性質並沒有上下之分，「聰明睿知」較像是直覺判斷的能力，「文理密察」近於分析的能力；郭店楚簡〈五行〉「仁義禮知聖」的「聖」，亦不能用仁義禮知來包含，〔註61〕應注意《中庸》與〈五行〉的關係。「聲名洋溢乎中國」以下是相當誇耀式的講法，接近秦的狀況。〔註62〕有大功德的聖王配天，仲尼之道如天地。《易傳》、《中庸》的態度較爲開明，類似先秦晚期思想的風格。

　　朱子解書把書當成一個整體，講「誠」道最後是無乎不誠。《中庸》三十三章是對全書概念的總結，寫法相當特別，都是徵引一小段《詩經》，再加以簡單的詮釋。如以「衣錦尚絅」比喻君子之道是有實質內涵，不看重外在雕飾，但自然有外在的表現，因爲外在的作爲是從內在開始；「相在爾室，尚不愧於屋漏」是在君子一切行爲中講「敬」；「『不顯惟德，百辟其刑之！』是故君子篤恭而天下平。」先秦書籍中「敬」是有個對象，好像有件事；「恭」是自己內心裡，用在自己身上，無所不在。宋儒講「敬」實際上包含「恭」、「敬」，更偏重於「恭」的意涵。「篤恭」是自己的功夫，「誠」是在意念上，每一念都誠合起來就是「恭」。「德」在政治上的影響是自然而無遠弗屆的，眞正的德給人的影響是內在、誠背後的信念，是政治上道德感化的基礎，能平治天下最重要的是無形的精神觀念。

〔註60〕　「聰明睿知，生知之質；臨，位居上而臨下也。其下四者，乃仁義禮知之德。」見蔣伯潛，《中庸新解》，頁44。

〔註61〕　原文見李零，《郭店楚簡校讀記》（北京：北京大學出版社，2002初版二刷），頁78～84。此說乃閻鴻中師的看法。筆者對〈五行〉了解有限，尚且存而不論。

〔註62〕　蔣伯潛指出此段的文字似於《史記·秦始皇本紀》所載〈瑯邪刻石〉。刻石曰：「日月所照，舟輿所載，皆終其命，莫不得意。」見《諸子通考》，頁322。

綜觀《中庸》全文對「中」的討論，首章雖言「中和」，但前半計言的的部分大體是從「庸」的層面來理解中道，這個部分是延續從孔子、孟子以來的討論。「中和」則是一個全新的概念，從情感表達的層面入手，透過「慎獨」的功夫來溝通人性與天道。「誠」則是對「中和」的引申發揮，「中」是喜怒哀樂未發的狀態，近於赤子，赤子之心是無私無欲，沒有私偽；以此為基礎，才有「誠之者，人之道也。」從修道之謂教入手，以達到至誠的境界。「誠」是對一切美好的事物能直接感受，不會有阻礙，能達到「至誠」的前提是要能真知、實踐中庸之道，能敏銳地從日常生活中學習留心，和於眾又保有自己的內在追求，從自己本身做起然後推己及人，才有可能從「誠之者」入手。「至誠」是中庸之道實踐到極致，也是先秦儒家行中道的最高境界。由此看來，《中庸》對「中」觀念的討論一方面是整理了儒家先前對「中庸」的整體討論，另一方面則是提出新的「中和」的學說，結合心性論及形上學的討論，發展出「誠明」的觀念，以「致中和」為人修為的最高境界。記言體整理以往中庸、忠恕、禮樂、鬼神的概念則是使得「中和」的討論能夠落實到一般人的生活。誰將《中庸》編纂成今天所看到的面貌雖然尚無定論，但編纂者確實是有卓視。

　　勞思光論證《中庸》晚出是從文體和詞語入手：以為記言體的部分類似〈表記〉、〈坊記〉、〈緇衣〉，所記孔子之言皆為傳聞，乃漢代儒生所為；又論《中庸》的用語多處和《淮南子》書中接近，因這兩個原因把《中庸》定為漢儒之作。〔註63〕梁濤根據郭店楚簡出土文獻中子思佚籍的〈緇衣〉、〈五行〉兩篇來判定《中庸》的年代，推定〈緇衣〉出於子思之手，〈表記〉、〈坊記〉也可認定為是子思之作。〔註64〕這幾篇形式上主要記述孔子的言論，除了每章的基本主題外往往涉及較廣泛，屬於雜記的性質，近似於《中庸》二章至二十章上半的部分。〈五行〉則是一篇完整的論說文，體裁近似於《中庸》首章及二十章後半以後論誠的部分。〈五行〉與〈緇衣〉的差異可能是子思思想發展、變化的反映。〔註65〕由梁濤的論證看來，勞思光提出的文體問題已完全被出土文獻的證據推翻。至於勞氏所謂《中庸》思想中有儒道混合的傾向，把時代定在《荀子》之後，較近於《淮南子》；今天從郭店楚簡出土的狀況來看，儒家道家的文獻經常一起出現，儒道沒有任何對峙，在戰國中晚其思想

〔註63〕　勞思光，《中國哲學史》第二卷，頁46～49。

〔註64〕　《隋書·音樂志》引沈約之言：「〈中庸〉、〈表記〉、〈坊記〉、〈緇衣〉，皆取《子思子》。」此為梁濤引文，見〈郭店楚簡與《中庸》公案〉，頁32。

〔註65〕　梁濤，〈郭店楚簡與《中庸》公案〉，頁31～36。

已有互相混合的現象，關係並不疏遠；再者《淮南子》中保存不少先秦文獻，僅能說明整理的時間是在漢初，並不能代表漢初的思想即是如此。

二、先秦儒家「和」的觀念的發展

〈樂記〉、〈離騷〉和《莊子》是討論先秦美學中最重要的討論，《禮記·樂記》是儒家首篇談音樂理論的文字，也是談「和」談的最完整的一篇。先秦《詩》、樂都是跟禮結合，禮又跟生活種種情境、場所結合。儒家把每個生活情境當成教化的場所，時刻活在正確的心態下，這樣的概念與今天的藝術文學有距離。〈樂記〉的體裁敘述前後不一致，但全篇思想的共通性相當高。

《爾雅·釋樂》曰：「和樂謂之節。」「和」原本是指音樂和節拍的情形，也可引申為內心的平和。《詩經》中已有不少詩篇提到「和」，如《小雅·鹿鳴》：「鼓瑟鼓琴，和樂且湛。」〔註66〕，《小雅·棠棣》：「兄弟既具，和樂且孺。……兄弟既翕，和樂且湛。」〔註67〕，《小雅·伐木》：「神之聽之，終和且平。」〔註68〕《商頌·那》：「既和且平，依我磬聲。」〔註69〕〈鹿鳴〉和〈棠棣〉詩中是用「和樂且湛」，主要是形容宴會中歡樂的情形；〈伐木〉、〈那〉則是形容音樂表達出來的效果，「終和且平」。四首詩中對「和」有較多闡發的是〈伐木〉，〈伐木〉是宴饗朋友故舊的樂歌，首章是以鳥在樹林中猶以鳥鳴來求同件的唱和，比喻人應該也求友為伴，「神之聽之，終和且平」是強調交友之道在於敬慎與聽從忠告，就能夠相處和樂而平順。

〈樂記〉依鄭玄的說法是十一篇合為一篇〔註70〕，內容敘述不盡相同，篇章間的關聯性也弱，筆者先從「聲」、「音」、「樂」的定義入手，依序討論〈樂記〉中的人性論、禮樂的關聯及鬼神觀，從這幾個角度來理解〈樂記〉中對「和」的討論。

> 凡音之起，由人心生也。人心之動，物使之然也，感於物而動，故形於聲。聲相應，故生變，變成方，謂之音。比音而樂之，及干戚、羽旄，謂之樂。

〔註66〕 裴普賢，《詩經評註讀本》下冊，頁4～5。
〔註67〕 裴普賢，《詩經評註讀本》下冊，頁19。
〔註68〕 裴普賢，《詩經評註讀本》下冊，頁23。
〔註69〕 裴普賢，《詩經評註讀本》下冊，頁657～658。
〔註70〕 孫希旦，《禮記集解》（北京：中華書局，1998初版三刷），頁975。

> 樂者，音之所由生也，其本在人心之感於物也。
>
> 凡音者，生人心者也。情動於中，故形於聲，聲成文，謂之音。是故治世之音安以樂，其政和；亂世之音怨以怒，其政乖；亡國之音哀以思，其民困。聲音之道，與政通矣。
>
> 凡音者，生於人心者也。樂者，通倫理者也。……是故審聲以知音，審音以知樂，審樂以知政，而治道備矣。是故不知聲者不可與言音，不知音者不可以言樂，知樂則幾於禮矣。禮樂皆得，謂之有德。德者，得也。是故樂之隆，非極音也。……是故先王之制禮樂也，非以極口腹耳目之欲也，將以教民平好惡而反人道之正也。（以上皆〈樂本論〉第一）

音樂是起源於人內心受外在刺激產生情感的發動，「聲」、「音」、「樂」是三個不同層次的定義：「聲」是指內心受道起伏而直接表達出來的部分；「聲」經過組合就成為「音」，〈樂記〉中的「音」多指為地方民謠之類，不同的政治狀況下，人民的感受也不同，發為歌謠，歌曲中不同情緒的傳達，都可以反映當時的政治狀況以及人民的處境。〔註71〕「樂」則是一種政教手段，透過聲音來調節情感，「樂」最隆重的表現並不是把感官的慾望發揮到極致，而是能教導人民調節好惡的兩極，回歸人到中正平和的部分，讓人心得到安寧，在正常的狀態下性情都得其正。

> 人生而靜，天之性也。感於物而動，性之欲也。物至知知，然後好惡形焉。好惡無節於內，知誘於外，不能反躬，天理滅矣。夫物之感人無窮，而人之好惡無節，則是物至而人化物也。人化物也者，滅天理而窮人欲者也。於是有悖逆詐偽之心，有淫泆作亂之事。是故強者脅弱，眾者暴寡，知者詐愚，勇者苦怯，疾病不養，老幼孤獨不得其所。此大亂之道也。〈樂本論〉

〈樂記〉此段文字，自李翱〈復性書〉引用後，成為宋明理學家討論心性的

〔註71〕 筆者曾推測過傳唱歌謠的人是一般人民或士大夫，發現可以由斷句來解決。「治世之音安以樂，其政和。」等三句，向來有另一種斷法：「治世之音安，以樂其政和。」，孫希旦以為當「治世之音安以樂」一句，「其政和」一句，旦並未說明和以此句讀為是。「治世之音安」這樣的斷句在「治世之音」、「亂世之音」都還勉強說得過去，但「亡國之音哀，以思其民困」，則作者一定是士大夫的身分，但解釋就窄了。前文對「音」的解釋包含廣泛，每個人都有情感的發動，此章末曰：「聲音之道，與政通矣。」顯然是由聲音得表達來了解當時的政治狀況，如此則傳唱歌謠的人是一般的人民。

重要思想根據。〔註72〕然而〈復性書〉主要的觀點有三：性本寂靜；性善情惡；由靜復性。文章雖多處引用《中庸》「誠」的觀念及〈樂記〉作為立論基礎，但是李翱所談人性的部分與〈樂記〉有很大差異。〈樂記〉此段文字是貫串全文的人性論，並沒有明白去講性善性惡，只說「人生而靜，天之性也。」善惡不在於動靜，關鍵是在於人性。相較先秦儒家思想家，孟子不談性惡，他談人性的關鍵是「善」跟「性」的關聯，仁義禮知都是道德的概念，孟子談的是「道德人性」，「乃若其情，乃可謂善矣。」；荀子「性惡」是講慾望層面的性，認為道德是要經過後天的環境教導學習。〈樂記〉所講的「性之欲也」是在講動態的性，「欲」是向外的追求探索。當人受到外在事物的觸發，有所了解後就會有好惡的表現。當內心不能有超出情感好惡之外更高的判斷，五官的感知又不斷受外在事物的誘惑，此時若無法將向外追求變成反求諸己，內心就無所節，原本具備天性的部分就消失殆盡。〈樂記〉是從藝術角度來看，談的是情感部分的人性。情感的發動無所謂善惡，藝術是來自於對外在事物的感受，透過聲音就可以了解那個人的情感；且一個人不能只活在藝術裡，也需要調節慾望，讓內心能夠有「平其好惡」的平靜。人容易受到外在情感的影響，在合理的音樂中間可以得到情感的成長，為政者就可利用這樣的方式來調節人心使之中和。儒家主張的藝術是「性之所長」，但不贊成偏於這個面向，藝術最高的境界還是要追求中正平和，讓人心得到安寧，每個情境下性情都能得其正。朱子注此段文字，主要是從「性情」入手，把「性之欲」解釋為「情」，情感發動的時候「性」就表現在其中，好惡中間自然的分寸就是「性」的表現；人如果完全按照自己的好惡去做，就會因人欲之私而把天理的部分忽略掉。〔註73〕孫希旦以此發揮，認為禮樂產生的關鍵，是在於「先王慎所以感之者」及「人為之節」，過度釋放情感所產生的缺失，正是亂的開始；禮樂刑政都是調和人民情感的方法，所以在教化的功能上是一致的。

〔註72〕 關於〈復性書〉的詳細討論見陳弱水，〈〈復性書〉思想淵源再探～漢唐心性觀念史之一章〉，中央研究院歷史語言研究所集刊，第六十九本，第三分，1998/09，頁 423～473。此文對於〈復性書〉與佛老思想上的交涉多有討論，分析唐代道教減情反性論的思想來源、性靜與守靜的觀念與佛教主靜思想的關係。結論主要有兩點：第一，〈復性書〉的問題意識和思考取向受到佛教很大的影響。第二，此文的重要實質觀念多取材自道家和道教傳統，佛教只佔一小部分。

〔註73〕 孫希旦，《禮記集解》，頁 984～985。

　　雖然「禮樂刑政」都是政治教化的手段，以人爲的做法來節制民心，但在功用和性質上各不相同。先秦《詩》、樂都是跟禮結合，禮又跟生活種種情境、場所結合。儒家把每個生活情境當成教化的場所，時刻活在正確的心態下，日常生活中教化絕大部分都是由「禮樂」來扮演。〈樂記〉中有詳細討論禮樂不同的作用和性質，以下試析之。

> 樂者爲同，禮者爲異。同則相親，異則相敬。樂勝則流，禮勝則離。和情飾貌者，禮樂之事也。禮義立，則貴賤等矣。樂文同，則上下和矣。好惡著，則賢不肖別矣。刑禁暴，爵舉賢，則政均矣。仁以愛之，義以正之。如此，則民治行矣。
>
> 樂由中出，禮自外作。樂由中出，故靜；禮自外作，故文。大樂必易，大禮必簡。樂至則無怨，禮至則不爭。揖讓而治天下者，禮樂之謂也。暴民不作，諸侯賓服，兵革不試，五刑不用，百姓無患，天子不怒，如此則樂達矣。合父子之親，明長幼之序，以敬四海之內，天子如此，則禮行矣。
>
> 大樂與天地同和，大禮與天地同節。和，故百物不失；節，故祀天祭地。明則有禮樂，幽則有鬼神。如此，則四海之內合敬同愛矣。
>
> 樂者，天地之和也。禮者，天地之序也。和，故百物皆化；序，故群物皆別。樂由天作，禮以地制，過制則亂，過作則暴。明於天地，然後能興禮樂也。（以上〈樂論篇〉第二）

孫希旦曰：「樂所以和禮，而禮之從容不迫者即樂也。禮所以節樂，而樂之節制不過者即禮也。且萬物得其理而後和，其序尤有不可紊者，故〈樂記〉一篇，每以禮相配而言之。」〔註74〕「樂」的作用爲協同人情；「禮」的作用則是分別你我。能夠同民心好惡則使人相親近，分別人的親疏貴賤則使人相尊重。樂超過禮則情感流蕩不之所止，過度強調禮則使人疏離而失人情。禮樂的功能是調和內在情感的深度，並且修飾情表達出來的狀態，使之每個部分都恰當。禮義建立了，人際關係中彼此互相的身分就次序地表達出來；樂文和諧，則尊背上下就可和睦相處；衡量好壞的標準清楚，人才個別的優劣就可以分辨出來。用刑罰來制止暴戾之人，以寬後的爵祿來舉用賢才，政治就會均平上軌道。統治者能以仁德愛民，用義教導百姓走向正道，如此則國家百姓就能夠平治。「樂勝則流」的「勝」字，不應該解釋成過度，案上下文義，

〔註74〕孫希旦，《禮記集解》，頁987。

應是指禮樂兩者相互的狀況。禮樂的作用雖有差異，且追根究底，都是要調節人的情感。「樂勝則流，禮勝則離」的「流」、「離」，皆是外在情感的表現。音樂是由人心所感而發，禮則是外在的規範，禮樂精神最大的表現都不是繁複的儀節。樂能夠調和人的性情，人能因內心的平正而減少負面的情緒；禮規範人際中的一切屬性，各有各的位，大家都做到禮就不會有紛爭。爲政者若眞能推行禮樂的精神，天下國家是很自然可以治理得很好。樂是屬於內心自然產生情感的部分，是由內而發，禮則是外在的規範。「樂由中出，禮自外作」討論的是情感與規範的問題。樂的情實，禮的本質，都是根源於人心，這是先王制禮作樂的基礎。

禮樂所代表最核心的價值是「和」與「節」，推廣到極大可與天地的境界相同。禮樂的作用是日常生活中可看到、感覺到的部分，視之不見聽之不聞的則是鬼神的影響，類似《中庸》「鬼神體物而不可遺。」〈樂記〉中討論到天地鬼神的部分相當特殊，藝術的層面中有人跟自然共鳴的感受，道德性中間如果沒有藝術，道德就是嚴苛的工具。「樂者，天地之和。」樂的背後是講自然的作用，古代音樂是兼含人事與溝通天地這兩個層面，因此〈樂記〉在討論禮樂作用的背後是有一整套宇宙論跟世界觀。

> 天高地下，萬物散殊，而禮制行焉。流而不息，合同而化，而樂興焉。春作夏長，仁也。秋斂冬藏，義也。仁近於樂，義近於禮。樂者敦和，率神而從天；禮者別宜，居鬼而從地。故聖人作樂以應天，制禮以配地。禮樂明備，天地官矣。
>
> 天尊地卑，君臣定矣。卑高以陳，貴賤位矣。動靜有常，小大殊矣。方以類聚，物以群分，則性命不同矣。在天成象，在地成形，如此，則禮者，天地之別也。
>
> 地氣上齊，天氣下降，陰陽相摩，天地相蕩，鼓之以雷霆，奮之以風雨，動之以四時，煖之以日月，而百化興焉。如此，則樂者，天地之和也。
>
> 及夫禮樂之極乎天而蟠乎地，行乎陰陽而通乎鬼神，窮高極遠而測深厚。樂著大始，而禮居成物。著不息者天也，著不動者地也，一動一靜者，天地之間也。故聖人曰「禮樂」云。（以上〈樂禮篇〉第三）

〈樂記〉中談論天地鬼神部分的文字，幾乎是直接修改《易經‧繫辭傳》的

文字，﹝註75﹞馮友蘭直接將這個部分解釋為禮樂形上學的根據，以為宇宙本來就有一個天然的秩序，即是一大調和，禮樂則是這個秩序調和的具體例證。﹝註76﹞然而對於〈樂記〉為何會插入這樣一段文字交待得不清楚。這一小節的文字，主要是把禮樂視為人與天地之道相應的表現。「天尊地卑」一段文字略經改動，但是透過原文中原本就有的分類概念，以及天地、人事的對應，除了在解釋「禮者，天地之別。」有說服力外，也把概念的源頭延伸到天地之道。而天地間種種氣候的運行，四時日月的交替，使得萬物得以自然化育生長於其中，用這樣的觀念來解釋「樂者，天地之和也。」。如此解釋的確是「禮樂」形上學的基礎，自然跟人的關係是相互感應。

前賢註〈樂記〉和的部分，幾乎都採用《中庸》「發而皆中節謂之和」的說法。〈樂記〉言「和」的確是放在性情的角度來討論情感表達的問題，對「和」的解釋先從音樂對人的影響入手，最後擴大到與自然的和諧運作同體，這樣解釋跟音樂本身的特質關係密切。音樂雖然是起源於人內心感受的表達，也許和人其他的情緒活動無異，但是因為音樂還有藝術的層次，藝術中人跟自然的共鳴、萬物一體的感受都會特別強烈。而〈樂記〉一開始對「樂」的定義是「比音而樂之，及干戚、羽旄，謂之樂。」近於樂舞，由上下文脈絡來看多是用於祭祀的場合。祭祀中很大一部分是希望能溝通天人之際，溫柔虔敬的中正平和之音是可以達到極大感人的力量，在典禮儀式中感覺冥冥造化的力量，所以才可能會引申到「大樂天地同和」。〈樂記〉大體要談的是未來制禮作樂的目標，依據的材料是周代原有的樂舞，因此對原本「和」的定義就有引申發揮的地方。音樂的和節、人情緒表達自然的合於規範都是「和」的原始意涵，擴大引申到政治教化，甚至調節整個天地秩序的層面，就與《中庸》所談的「和也者，天下之達道也。」有所類似，〈樂記〉中引用《易經》的部分，也是將禮樂教化的影響力擴大到整個天地萬物。

四、結　論

筆者討論儒家「中和」觀念的形成演變，主要是從閱讀第一手文獻《中庸》、〈樂記〉入手，旁及儒家早期對「中和」的討論，將《中庸》、〈樂記〉中的詳細分析的部分放在思想史的脈絡中，討論「中」、「和」思想發展的過

﹝註75﹞ 筆者所引的原文皆是如此，詳見朱熹，《周易本義‧繫辭上傳》，頁56。
﹝註76﹞ 馮友蘭，《中國哲學史》，頁416～417。

程。透過篇章結構的分析及閱讀歸納出思想發展的狀態。

「中道」的概念在孔子孟子的言論中就已經開始討論，大部分是從「過猶不及」的角度來理解「中道」；孟子也引申過猶不及這個部分，並在「中」之上加入了「權」、「時」的標準，擴大「中道」為「時中」。《中庸》對「中道」的討論，一方面是沿襲儒家傳統「中庸」的討論，把忠恕之道、禮樂制度都放在中庸的範圍，擴大了原本「中庸」的內涵。另一方面則是新提出「中和」的概念，重新定義人與天的關係，肯定人適切的情感表達，並從生活中情感表達的狀態入手，推廣發揮人天性中「誠」的部分，最後達到與天地萬物並行的境界。「中和」是對「中」全新的詮釋，由此發揮出「誠明」的觀念。

〈樂記〉討論「和」分兩個層面：一是音樂本質的效應；二是禮樂教化所達到的境界。討論音樂的本質是從人心有感於物入手，因為「音」是每個人心志的表達，可以反映出每個人的內在感受，統治者教化的原理也是從音樂能感人入手，制定合宜的音樂來調節百姓的情感，使民眾的內心能夠保持在較安穩的狀態。禮樂教化所達到的效應是延續《中庸》、《易經》對「和」的討論而來，將音樂視為能夠調和天地間一切的秩序。

先秦儒家對「中」、「和」的討論到《中庸》是集大成，不僅對於原本就存在的「中庸」觀念加以擴充，也在傳統的基礎下提出「中和」的討論，把中庸之道從自身的實踐擴充到對天地萬物的影響。〈樂記〉討論「和」的觀念包含兩個部分：一是單從音樂的起源來講，討論音樂所以產生以及人心受感動的層面；另外一部分則是延續《中庸》對「和」的討論，把音樂的感染力擴大到整個天地間一切萬物。綜觀先秦儒家對「中和」的討論，多是為制定禮樂提供一套思想上的依據，講「中節」最後一定歸回到合乎禮樂。自李翱以下宋明理學雖然常引用這兩篇文章，作為儒家心性論的思想基礎，但是他們討論「中和」時完全從「性情」的角度去討論，雖在心性論上有很精緻的分析，實已非先秦儒家討論「中和」的本意。

參考書目

論文：

1. 梁濤，〈郭店楚簡與《中庸》公案〉，《台大歷史學報》第 25 期，25～51，2000，6。

2. 胡止歸，〈孔子之「中」自思想探原〉，《〈中庸〉論文資料彙編》（高雄：復文出版社，1981），156～193。

3. 陳弱水，〈〈復性書〉思想淵源再探──漢唐心性觀念史之一章〉，中央研究院歷史語言研究所集刊，第六十九本，第三分，1998/09，頁 423～473。

專書：

1. 王先謙，《荀子集解》，北京：中華書局，1990。

2. 李零，《郭店楚簡校讀記》，北京：北京大學出版社，2002 初版二刷。

3. 程頤，《易程傳》，臺北：世界書局，1972 再版。

4. 朱熹，《周易本義》，臺北：世界書局，1972 再版。

5. 朱駿聲，《說文通訓定聲》第一冊，臺北：世界書局，1966 再版。

6. 馮友蘭，《中國哲學史》（臺北：台灣商務印書館，1990。

7. 勞思光，《中國哲學史》卷二，臺北：三民書局，1981 初版。

8. 孫希旦，《禮記集解》，北京：中華書局，1998 初版三刷。

9. 裴普賢，《詩經評註讀本》，台灣：三民書局，2001 初版九刷。

10. 蔣伯潛，《語譯廣解四書讀本》，香港：啓明書局，1954 初版。

11. 蔣伯潛，《諸子通考》，臺北：正中書局，1991 初版八刷。

12. 錢穆，《中國學術思想史論叢（三）》，臺北：聯經出版社，1995 初版。

13. 錢穆，《朱子新學案》第三冊，臺北：聯經出版社，1995 初版。

14. 劉寶楠，《論語正義》，臺北：台灣中華書局四部備要本，1981 六版。

15. 《老子四種》，臺北：大安出版社編輯，1999 初版。

16. 瀧川龜太郎，《史記會註考證》，臺北：大安出版社，2000 一版二刷。

17. 顧炎武，《原抄本日知錄》，臺南：唯一書業中心，1975 出版。

附錄二：《禮記・樂記》之人性論試析

前　言

　　筆者先前於國科會大專學生參與研究計劃中，曾對〈樂記〉中討論「和」的部分加以分析，也觸及到部分關於人性論的討論；但在寫作時還是將人性論、宇宙論、音樂理論三者分開，未能有一個更綜合的說明。〈樂記〉談人性的部分在先秦儒家的思想中相當特殊，與孟子、荀子所針對的部分不盡相同，最關鍵的差異是由〈樂記〉對於音樂的定義所產生；自李翱〈復性書〉徵引〈樂記〉及〈中庸〉討論人性的部分作為先秦儒家典籍的根源，〈樂記〉就成為宋明理學對「性情」的討論相當重要的思想根源，然已超出本文所要討論的範圍，故從略。

一、音樂的本質

　　〈樂記〉是先秦文獻中最有系統地把儒家談音樂的觀念匯整起來，在先秦美學中有相當重要的地位，也是後代「樂教」思想直接的根據。而〈樂記〉集結的時間晚在漢武帝時，漢成帝時第一次獻書，到劉向《別錄》篇名已有不同，[註1] 鄭玄則將〈樂記〉分為十一個小章。[註2] 大體而言，十一章中討論的重點雖有差異，但是重要觀點的一致性相當高（《禮記》各篇的文字幾

〔註 1〕〈樂記〉篇首孔穎達正義有記述此文集結的過程，文載於孫希旦《禮記集解》
　　　　（北京：中華書局），頁 975。
〔註 2〕分為〈樂本〉、〈樂論〉、〈樂施〉、〈樂言〉、〈樂禮〉、〈樂情〉、〈樂化〉、〈樂象〉、
　　　　〈賓牟賈〉、〈師乙〉、〈魏文侯〉等十一篇。鄭玄的分法跟《五經正義》的分
　　　　法又不同。

乎都有這樣的現象,「記」的體裁敘述前後不一致,但是思想共通性相當高)。以現代人的觀點,音樂是屬於藝術的範疇;但在先秦時代,人對音樂的定義並沒有那麼狹隘,音樂是在種種不同的情境、場合中闡發,與詩跟禮都有著密切關係。以下先就〈樂記〉中討論音樂本質的部份加以闡述分析。

> 凡音之起,由人心生也。人心之動,物使之然也,感於物而動,故形於聲。聲相應,故生變,變成方,謂之音。比音而樂之,及干戚、羽旄,謂之樂。樂者,音之所由生也,其本在人心之感於物也。……六者非性也,感於物而後動。是故先王慎所以感之者。故禮以道其志,樂以和其聲,政以一其行,刑以防其姦。禮、樂、刑、政,期極一也,所以同民心而出治道也。

> 凡音者,生人心者也。情動於中,故形於聲,聲成文,謂之音。是故治世之音安以樂,其政和;亂世之音怨以怒,其政乖;亡國之音哀以思,其民困。聲音之道,與政通矣。(以上〈樂本篇〉第一)

> 夫歌者,直己而陳德也,動己而天地應焉,四時和焉,星辰理焉,萬物育焉。……故歌之為言也,長言之也。說之,故言之;言之不足,故長言之;長言之不足,故嗟歎之;嗟歎之不足,故不知手之舞之、足之蹈之也。

(〈師乙篇〉第十一)

在〈樂本篇〉的論述中,「聲」、「音」、「樂」三者是不同層次的定義:「聲」是內心受到起伏而直接表達出來的部分;「聲」經過組合就成為「音」;「樂」則是一種政教的手段,透過音樂將人的情感調節到平正。而〈樂記〉中主要對比討論的是「音」、「樂」的性質:「音」生於人心;「樂」則是「通倫理」,「審樂以知政」,「知樂則幾於禮矣」,「樂」是治道的方法之一,禮樂刑政都是能教導人民調解內心的好惡而回歸於正道。〈師乙篇〉討論「歌之為言」的部分,將藝術的表達過程做了極生動的描繪:歌聲之著是可以動人心之審,孫希旦謂「此言歌之所由生,出於長言、嗟歎之不能自已,此所以抑揚高下而有上文所言七者之聲也。至於嗟歎之不足,而至於手之舞之、足之蹈之,則又由歌而為舞,而性術之變盡矣。」〔註3〕 孫註也許專注於音樂本質的部分,而忽略了此段文字所要呈現的是藝術的哲學,情感強烈的程度完全影響到藝術表現出來的方式,從「言之」到「長言之」就已是想把自己的心情表

―――――――――
〔註 3〕 孫希旦,《禮記集解》,頁 1039。

達地更清楚；再來就是「嗟歎之」，直接透過嘆辭來表達心情，中國戲曲中常見的「哎呦」等詞彙正是代表；更深的情緒時身體一定會有自然的律動，可以傳達出最深層的情感。因此，藝術是人內在性格最直接的表述，完全無法掩飾、無法偽造，藝術中的差異正因為人的「心」不一樣。〔註4〕

　　〈樂記〉反覆強調「凡音之起，由人心生也。」，則談音樂到最後都在談人心。「心」受到外在事物的影響而有好惡的感應，為了抒發內在的情感才會有音樂的產生。一切藝術，創作都是人內心情志直接的感發，「動」的來源是心感受到外在事物的觸發而產生反應；因此音樂等於是物我溝通後的產物，隨著內心喜怒哀樂的不同，發而為聲也有不同的特徵，透過這樣的特徵，君子可以透過音樂就瞭解那個地方的政治狀況，五音正反映出五種政治秩序。

　　正因為音樂是人心直接的表現，〈樂記〉中不只把音樂定義在藝術的層面，音樂還帶有教化的功能，「是故先王之制禮樂也，非以極口腹耳目之欲也，將以教民平好惡而反人道之正也。」〔註5〕禮樂都是以人的感情為作用對象，實際上一而二、二而一。〔註6〕音樂的本源在「人心之感於物」，因此〈樂記〉所要處理最主要的問題，一是人與外物的關係，二是如何調節受感發後所產生的情慾；政治到最後講「心」，「音生於人心」，討論音樂到最後還是在討論人性。

二、〈樂記〉中的人性論

　　了解了〈樂記〉中對音樂的定義，始能對〈樂記〉中討論人性的部分有一完整脈絡的理解。以下先列舉文中討論人性的部分。

> 人生而靜，天之性也。感於物而動，性之欲也。物至知知，然後好惡行焉。好惡無節於外，知誘於內，不能反躬，天理滅矣。夫物之感人無窮，而人之好惡無節，則是物至而人化物也。人化物也者，

〔註4〕《毛詩大序》主要是把〈師乙篇〉筆者所引的文字跟〈樂本篇〉「治世之音安以樂」一段結合，但論述的重點則擺在詩歌的作用：詩歌可以了解一個社會的成敗興亡，風雅頌都是很好的文化統合溝通工具，《詩經》是代表整個情感的歷史、社會的歷史。原文引自《昭明文選》。

〔註5〕《禮記集解》頁982～983。

〔註6〕在〈樂論篇〉以下詳細討論了禮樂的異同，孫希旦注曰：「樂所以和禮，而禮之從容不迫者即樂也。禮所以節樂，而樂之節制不過者即禮也。且萬物得其理而後和，其序尤有不可紊者，故〈樂記〉一篇，每以禮相配言之。」見《禮記集解》，頁987。

滅天理而窮人欲者也。於是有悖逆詐偽之心，有淫泆作亂之事。是故強者脅弱，眾者暴寡，知者詐愚，勇者苦怯，疾病不養，老幼孤獨不得其所。此大亂之道也。

——以上〈樂本篇〉

夫民有血氣心知之性，而無哀樂喜怒之常，應感起物而動，然後心術形焉。……是故先王本之情性，稽之度數，制之禮義，合生氣之和，道五常之行，使之陽而不散，陰而不密，剛氣不怒，柔氣不懾，四暢交於中而發作於外，皆安其位而不相奪也。然後立之學等，廣其節奏，省其文采，以繩德厚，律小大之類，比終始之序，以象事行，使親疏、貴賤、長幼、男女之理皆形見於樂，故曰：「樂觀其深矣。」

——以上〈樂言篇〉

「人生而靜」一段自李翺〈復性書〉引用後，成為宋明理學家討論心性的重要思想根據。〔註7〕〈復性書〉主要觀點有三：性本寂靜；性善情惡；由靜復性。此文章雖然多處引用《中庸》「誠」的觀念及〈樂記〉談人性的部分作為理論基礎，但是李翺對人性的觀點和〈樂記〉有很大差異。〔註8〕〈樂記〉此段文字是全篇的人性論的根據，並沒有明白去講性善性惡，只說「人生而靜，天之性也。」善惡不在於動靜，關鍵在於對人性的態度。

相較先秦儒家諸子，孟子不談性惡，他談人性的關鍵是「善」與「性」的關連，仁義禮知都是道德的概念，孟子談的是「道德人性」，「乃若其情，乃可謂善矣！」；荀子談「性惡」是講「欲望人性」，認為道德是要經過後天的環境教導學習。相較之下，〈樂記〉討論人性的著眼點就非常特殊：「人生而靜，天之性也。感於物而動，性之欲也。」是在講動態的人性，「欲」是向外的追求探索。當人受到外在事物的觸發，心有所感覺了解就會有好惡的表現；當內心不能有超出情感好惡之外更高的判斷，五官又不斷知覺到外在的誘惑，此時若無法將向外追求變成反求諸己，內心就無所節，原本人心具備天理的部分就會消失殆盡。〈樂記〉是從藝術的角度來看，談的是「情感人性」：

〔註7〕 關於〈復性書〉的研究詳見陳弱水，〈〈復性書〉思想淵源再探～漢唐心性觀念史之一章〉，中央研究院歷史語言研究所集刊，第六十九本，第三十三分，1998/09，頁 423～473。

〔註8〕 〈復性書〉的思想很受唐代道教滅情反性論，及佛教主靜思想的影響，詳見陳弱水〈〈復性書〉思想淵源再探～漢唐心性觀念史之一章〉。

情感的發動無所謂善惡，藝術是來自人對外在事物的感受，透過音樂就可以瞭解那個人的情感；但是一個人不能只活在藝術裡，過度強烈的感情往往都是溫柔的暴力，到最後常常只剩下摧毀的力量，因此就需要適度的調節慾望，讓內心能夠「平其好惡」。人容易受到外在情感的影響，在合理的音樂中間可以得到情感的成長，為政者就可以利用這樣的方式來調節民心，這也是先王制禮作樂最高的理想：「教民平好惡而反人道之正」。儒家主張的藝術是「性之所長」，但不再成完全偏於哪個面向，藝術的最高境界是要追求中正平和，讓人心得到安寧，每個情境下性情都能得其正。

朱子注此段時，主要是從「性情」的角度入手，把「性之欲」解釋為「情」，情感發動的時候「性」就表現在其中，好惡中間自然的分寸就是「性」的表現；人如果完全按照自己的好惡去做，就會因為人欲之私而把天理的部分忽略掉。孫希旦以此發揮，認為禮樂產生的關鍵，是在於「先王慎所以感之者」及「人為之節」，過度釋放情感所產生的缺失，正是亂的開始，因此制禮作樂的動機，還是在於防患於未然。〔註9〕朱子與孫希旦的詮釋大致代表了理學家討論〈樂記〉人性論的態度，尤其表現在他們對「反躬」、「天理」、「人欲」等詞的定義。朱子將「性之欲」解釋為「情」，主要是從《中庸》的「喜怒哀樂之未發謂之中，發而皆中節謂之和」、及程子「在天曰命，在人曰性」的說法來解釋「天之性」跟「性之欲」。〈樂記〉中所談的「性」的確是接近「喜怒哀樂未發」，但是「性」是跟「性之欲」相對，「情」跟「性之欲」雖有相似之處，但仍存在差異，這樣的解釋便會忽略「性之欲」一詞的特質。

學生以為：「動」、「靜」是指相對的狀態，而不是指人心的本質，「感於物而動」是人跟外在世界接觸後的反應，包括心的知覺跟外在的動作；「性之欲」是表示人向外追求的傾向。人不能沒有感情，〈樂記〉肯定了人情感表達的層面，「物感人」、「人化物」都是自然的狀態，人生有這個層次，但是不能沒有節制，節制的關鍵在於人的「反躬」。此段等於是為制禮作樂的理由下註腳，「人化物」是一切大亂的根源，種種偏差的行為根本上都是因為心的不平正所造成。〔註10〕

〔註9〕 孫希旦「蓋人好惡之失，乃大亂之所由起，此禮樂之所以不可不作也。」，《禮記集解》，頁984～985。

〔註10〕《大學》「所謂修身在正其心者，身有所忿懥，則不得其正。有所恐懼，則不得其正。有所好樂，則不得其正。有所憂患，則不得其正。心不在焉，視而不見，聽而不聞，食而不知其味。此為修身在正其心。」所討論的是由於情

　　〈樂言篇〉則是詳細討論先王制禮作樂的過程，強調禮樂外在規範的標準都是來自於人的「性情」：人都具備有天所賦予的心知之性，但是在喜怒哀樂種種情緒的表達上不能有一個合理的範圍，在音樂之中就可以看出他們心術上的偏向。人心是隨著外在所感不同而變，這是「人情」，也是制禮作樂的原因。「樂觀其深矣」指的是音樂能包含所有的人倫之理，用音樂能感人的特質來進行教化，調節人民的情感。

　　「禮樂刑政」雖然都是政治教化的手段，但在功用跟性質上各不相同。先秦時代《詩》、樂都是跟禮結合，禮又跟生活種種情境、場所結合，以《左傳》中所載「季札觀樂」〔註11〕一段為例，就可知道至少對貴族而言，「禮樂」絕非虛擬的空中樓閣，是他們在日常生活中不斷去實踐。儒家把每個生活情境都當成教化的場所，時刻活在正確的心態下，日常生活中的教化絕大部分都是由「禮樂」來扮演。〈樂記〉中亦有詳細討論禮樂不同的作用和性質，以下舉一段為例：

> 樂者為同，禮者為異。同則相親，異則相敬。樂勝則流，禮勝則離。和情飾貌者，禮樂之事也。禮義立，則貴賤等矣。樂文同，則上下和矣。好惡著，則賢不肖別矣。刑禁暴，爵舉賢，則政均矣。仁以愛之，義以正之，如此，則民治行矣。
> ——以上〈樂論篇〉第二

「樂」的作用為協同人情；「禮」的作用則是分別你我。能夠同民心好惡則使人相親近，分別人的親疏貴賤則使人相尊重。樂超過禮則情感流蕩不之所止，過度強調禮則使人疏離而失人情。禮樂的功能是調和內在情感的深度，並且修飾情表達出來的狀態，使之每個部分都恰當。禮義建立了，人際關係中彼此互相的身分就次序地表達出來；樂文和諧，則尊背上下就可和睦相處；衡量好壞的標準清楚，人才個別的優劣就可以分辨出來。用刑罰來制止暴戾之人，以寬後的爵祿來舉用賢才，政治就會均平上軌道。統治者能以仁德愛民，用義教導百姓走向正道，如此則國家百姓就能夠平治。「樂勝則流」的「勝」字，不應該解釋成過度，案上下文義，應是指禮樂兩者相互的狀況。禮樂的

感上的偏差而造成判斷的不準確，關鍵也是在於「心」的態度能要保持平正的狀態。《中庸》談「中和」，整個過程也是談人怎麼離開本性，有怎麼樣返回本性，情緒能夠不受其他的干擾，平正地表達出來就叫「和」；「中」雖曰「未發」，但實際上已有一個傾向在。

〔註11〕　事見於魯襄公二十九年，楊伯峻，《春秋左傳注》，頁1161～1166。

作用雖有差異，且追根究底，都是要調節人的情感。「樂勝則流，禮勝則離」的「流」、「離」，皆是外在情感的表現。音樂是由人心所感而發，禮則是外在的規範，禮樂精神最大的表現都不是繁複的儀節。樂能夠調和人的性情，人能因內心的平正而減少負面的情緒；禮規範人際中的一切屬性，各有各的位，大家都做到禮就不會有紛爭。為政者若真能推行禮樂的精神，天下國家是很自然可以治理得很好。樂是屬於內心自然產生情感的部分，是由內而發，禮則是外在的規範。「樂由中出，禮自外作」討論的是情感與規範的問題。樂的情實，禮的本質，都是根源於人心，這是先王制禮作樂的基礎。

三、結　論

〈樂記〉對人性的討論在先秦其他思想中顯得格外特殊，以藝術、情感中的人性為討論的主軸，肯定了人情感表達的層面，又提出喜怒哀樂種種情緒中間應有的分寸和規範。大抵〈樂記〉中對人性的討論，主要是作為論證先王制禮作樂的依據，為禮樂制度提供人性論的基礎。

前賢討論〈樂記〉時，多直接拿《中庸》討論「中和」、「性情」的部份來解釋，這些概念跟〈樂記〉所談情感表達的問題的確有類似之處，無怪乎理學興起後多拿這兩篇文字作為儒家心性論的先聲。但〈樂記〉和《中庸》討論的焦點畢竟不同，學生已指出「性之欲」不當直接解釋為「情」。

參考書目

1. 陳弱水，〈〈復性書〉思想淵源再探─漢唐心性觀念史之一章〉，中央研究院歷史語言研究所集刊，第六十九本，三十三分，1998/09，頁 423～473。

2. 孫希旦，《禮記集解》，北京：中華書局〔1998 初版三刷〕

3. 楊伯峻，《春秋左傳注》，北京：中華書局〔2000/7 初版七刷〕

4. 蔣伯潛，《四書廣解》，香港：啓明書局〔出版時間不詳〕

5. 李善注，《昭明文選》，台中：普天出版社〔1975/8 再版〕

附錄三：《人物志》的才性論與聖人觀

一、研究回顧

劉劭《人物志》三卷十二篇，有涼劉昞注，[註1] 是現存第一部專談人物品評分類的書，歷來並未受到太大重視。王仁祥《人倫鑒識起源的學術史考察》一書，提到東漢以來人倫鑒識的風氣，以二人二書為代表：東漢太學首領郭泰、汝南月旦評許劭；劉劭《人物志》及劉義慶《世說新語》。[註2] 東漢人物品評的風氣是來自於察舉制度，一個人在鄉里的名聲好壞往往涉及此人出仕的過程是否順利，而人倫鑒識的風氣是政治、社會、學術各方面的因素所交織而成。士大夫清議及人物品評的結果直接涉及士人在政治上是否能夠得到重視，使得品鑒本身有政治需求的出發點。東漢兩次黨錮之禍後，品鑒往往成為虛名，，東漢晚期刑名之學復興，講求循名責實、名實相符的要求，有很大的原因是為了針對察舉制度及士大夫清議所產生的流弊。《人物志》的時代背景恰巧是刑名之學跟玄學風氣的轉折，劉劭的重點著眼在「量材授官」的名實問題，他對人物類型的分類是有政治上實用的目的，然而在析論人物的過程中，無可避免地會提及對人性情問題的討論，使得劉劭在評論人物時夾揉儒、道、名、法、陰陽等諸家特色。

當代對《人物志》的研究首推湯用彤〈讀《人物志》〉。[註3] 湯文整理《人物志》的八大要點，[註4] 並且討論其歷史上的價值，大意是東漢因察舉徵辟

〔註 1〕《四庫全書總目提要·子部雜家類·人物志》。
〔註 2〕 王仁祥，《人倫鑒識起源的學術史考察》〔台北：台大歷史學研究所博士論文，2005〕，頁 1～20。
〔註 3〕 湯用彤，《魏晉玄學》〔台北：佛光文化事業有限公司，2001〕，頁 1～29。
〔註 4〕 八大要義：一曰品人物則由形所顯觀心所蘊；二曰分別才性詳期所宜；三曰

制度產生流弊，士人名實不符，故漢魏之間刑名之學復興，《人物志》正是其代表作。漢代識鑑言論瑣碎；魏晉之際，則因爲曹氏與司馬氏歷世猜忌，名士少有全者，乃不評論時事臧否人物，而多託之玄言。《人物志》正處於兩者之間，既歸納漢末鑑識之言而提出原理的討論，又不致於空談形上抽象玄學，故《人物志》可說是漢末政治清議到魏晉玄學性哲理之間的過度，體現漢末儒學→名學→玄學的發展過程。湯文將《人物志》與漢末學術思潮變化結合，在這樣的架構下，漢晉間主要學術人物及作品都有清晰的脈絡可循，後來討論漢晉思想史，幾乎都沿用這樣的架構。

　　牟宗三〈《人物志》之系統的解析〉〔註5〕則是研究《人物志》另一重要作品，因爲牟宗三先生哲學出身的背景，此文偏重在分析《人物志》的哲學系統。《人物志》論性情是屬於才性論系統，所品鑑的重點在才性，才性屬於天生，有層級的不同，但難以改變；因爲才性有不可改變的屬性，所以僅能有審美的意趣，無法開出「進德之學」。故《人物志》之極致只能論英雄，對聖人則無法有恰當相應之理解，因爲聖人不完全屬天生，而有其超越的境界，即所謂「變化氣質」。《人物志》缺少這個部份的論述，故只能停留在「藝術的」、「智悟的」層次，而無法開出「道德宗教之境界」。牟宗三的說法雖然帶有其自身的觀點，未必盡合劉劭本意，但他確實指出《人物志》的觀察偏於平面，缺少一套進德修業的功夫論，這和一般儒家的學說有很大的差異，有助於釐清《人物志》學派歸屬的判定。《人物志》在人性論上的立論牽涉到性情、聖人可不可學等兩漢以來不斷討論的問題，在下一章將進一步討論。

　　錢穆〈略述劉邵《人物志》〉〔註6〕一文根據演講稿整理而成，在結構和推論上不如上述二人嚴謹，但仍提出劉劭只注意觀察人物而不注意人格修養方法，這點與牟宗三接近。此外，錢先生認爲劉劭評論人物雖重視才能〔尤其是政治才能〕，但仍強調德行的重要。德性由內而發，其本源乃出於人的天性，故觀人之重點在「察質」，「質」兼指性質與體質，而「觀人察質」方

　　　　驗之行爲以正其名目；四曰重人倫則尚談論；五曰察人物常失於奇尤；六曰致太平必賴聖人；七曰創大業則尚英雄；八曰美君主德則主中庸無爲。詳見〈讀《人物志》〉，頁1～8。
〔註5〕原名〈《人物志》之系統的解析及其論人之基本原理〉，《民主評論》第十卷第十五期〔香港：1959〕。收於氏著，《才性與玄理》〔台北：學生書局，1985〕，頁43～66，並更名爲〈《人物志》之系統的解析〉。
〔註6〕錢穆，〈略述劉邵《人物志》〉，《中國學術思想史論叢〔三〕》〔台北，東大圖書股份有限公司，1977〕，頁53～60。

法的重點在於「必先察其平淡，而後求其聰明。平淡者，指人內心中之未發，此內心發而接物是應事，則爲聰明。這樣的說法承襲《中庸》而來，然「平淡」二字卻又接近道家的說法。劉劭將儒家原本的「中庸」導入道家的觀念加以詮釋。王仁祥認爲根據錢穆的說法可以推論：劉劭對性命問題的新說法爲兩漢以來僵化的性命論注入新活力，魏晉以後玄學家大量引用道家學說重新定義性命問題，劉劭可說是先發其端。〔註7〕

除了上述三家之外，林麗眞〈讀人物志〉〔註8〕則從實際的篇章分析入手，指出《人物志》的寫作目的是政治上量才授官的「名實」問題，從這樣的觀點論「知人之方」〔指九徵、八觀、七繆之類〕與「官人之術」，並將劉劭對各類人物的分類及才性得失用圖表的方式呈現。劉劭言人物之流分十二家，前八家以「三材」爲準，「三材」指道德、法制及策術。推而言之，《人物志》論人是對於人格本身的情性產生品鑑的興趣。這樣的傾向使得劉劭不求用道德感化來感變人性，只是順著各類材質的特長，成全他在政治上的表現。林麗眞先生指出在論人物情性觀念上，劉劭大致承襲漢儒的元氣、陰陽、五行說。但他論情性之有陰陽，不採取董仲舒「陽善陰惡」的看法，而接近劉向「形外則謂之陽，不發則謂之陰」的說法。〔註9〕如此一來，劉劭對人性的基本認識就不完全從性惡論「化性起偽」的說法，進而看「性」的差別如何造成「才」的不同。

相關研究對於《人物志》一書的性質和思想源流已有整體性的說明，而對於「性情」和「中庸」等觀念沒有更細緻的討論，筆者的文章將從《人物志》對性情與實際才能的分類入手，再推論其中論聖人與英雄的部份，最後再將《人物志》中性情、中庸與聖人結合加以討論。

二、《人物志》才性分析的理路與方法

《三國志》劉劭本傳對於《人物志》的寫作經過完全沒有相關的資料可供參考，其著作與實際政務有關的有〈新律十八篇〉、〈律略論〉及〈都官考

〔註7〕王仁祥，《人倫鑒識起源的學術史考察》，頁15～16。

〔註8〕林麗眞，〈讀《人物志》〉，《書目季刊》九卷第二期〔台北，1975〕，頁 25～33。

〔註9〕劉向此說見於《論衡·本性》：「劉子政曰：『性，生而然者也，在於身而不發；情，接於物而然者也，形出於外。形外，則謂之陽；不發者，則謂之陰。』」

課），大抵都與律令和人才選拔相關。三國時期因爲地方分裂，原本的察舉制無法運作，魏文帝時遂權改爲九品中正制，由州郡分設大小中正負責品第人才。明帝即位後鑑於中正制所造成名實不符的情形，乃命劉劭作〈都官考課〉七十二條及〈說略〉，事下三府，當時崔林、傅嘏等人以爲此制度的根本在於中正品第未盡人才，僅憑考課黜陟，恐怕達不到預期效果。〈都官考課〉迄景初三年明帝逝世都未實施。陳喬楚認爲劉劭是在這樣的背景下，因有品鑑人才的實際需求，故撰寫《人物志》。〔註10〕此說或可作爲參考，但《人物志》中的人才分類及品評所涉及的層面不僅是現實政治課題，單純以〈都官考課〉的寫作背景當成《人物志》的書寫模型會有偏差。

《三國志・魏書・劉劭傳》載夏侯惠推薦劉劭的意見：

> 伏見常侍劉劭，深忠篤思，體周於數，凡所錯綜，源流弘遠，是以臺才大小，咸取所同而斟酌焉。故性實之士服其平和良正，清靜之人慕其玄虛退讓，文學之士嘉其推步詳密，法理之士明其分數精比，意思之士知其沈深篤固，文章之士愛其著論屬辭，制度之士貴其化略較要，策謀之士贊其明思通微，凡此諸論，皆取適己所長而舉其支流者也。〔註11〕

從夏侯惠的推荐詞看來，劉劭在當時爲人所稱頌的長處，便是能按照人性格的差異，指出性格差異的人才在實際政務上會有什麼樣特長，「皆取適己所長而舉其支流者也」。

《人物志》中的人才分類，決定性的因素是情性：「蓋人物之本，出乎情性。」〔註12〕依照〈九徵〉的方法，考察一個人的神、精、筋、骨、氣、色、儀、容、言，〔註13〕依照此九種徵狀的純粹程度，分爲純粹之德及偏至之材。以此爲基準又分類爲偏至之材、兼材之人和兼德之人。「是故兼德而至，謂之中庸。中庸也者，聖人之目也。具體而微，謂之德行。德行也者，大雅之稱也。一至謂之偏材，偏材小雅之質也。」〔註14〕兼德之人所呈現出來的是中庸而平淡的狀態，但這樣的平淡不是沒有情性，而是在各種狀態之下能夠保持平衡，沒有過與不及的問題。「夫中庸之德，其質無名，故鹹而

〔註10〕陳喬楚，《人物志今註今譯》〔台北：台灣商務印書館，1996〕，前言頁6～7。
〔註11〕陳壽，《三國志・魏書・卷二十一・劉劭》〔北京：中華書局，〕，頁619。
〔註12〕陳喬楚，《人物志今註今譯・九徵第一》，頁11～12。
〔註13〕陳喬楚，《人物志今註今譯・九徵第一》，頁32～33。
〔註14〕陳喬楚，《人物志今註今譯・九徵第一》，頁36～37。

不黷，淡而不漬，質而不縵，文而不繢，能威能懷，能辨能訥，變化無方，以達爲節。」〔註15〕但是一般人沒有辦法時時保持在中庸的狀態，《論語‧子路》「不得中行而與之，必也狂狷乎！狂者進取，狷者有所不爲。」就孔子的說法不得行中道之人，退則求狂狷，狂狷一過一不及，然必有所爲而有所守。《人物志》論非中庸之材，則以「拘」、「抗」來表示，拘者不逮，抗者過之，各因其情性所偏而各有得失。

王曉毅〈《人物志》人才理論研究〉一文，將〈體別篇〉中言拘抗的強行加以分類，並用圖表的方式呈現，茲將他的圖表列於此：〔註16〕

陰　陽	氣質類型	優　點	缺　點
陽	厲直剛毅	材在矯正	失在激訐
陰	柔順安恕	美在寬容	失在少決
陽	雄悍杰健	任在膽烈	失在多忌
陰	精良畏慎	善在恭謹	失在多疑
陽	強楷堅勁	同在楨幹	失在專固
陰	論辯理繹	能在釋結	失在流宕
陽	普博周給	弘在覆裕	失在混濁
陰	清介廉潔	節在儉固	失在拘扃
陽	休動磊落	業在攀躋	失在疏越
陰	沉靜機密	精在玄微	失在遲緩
陽	樸露徑盡	質在中誠	失在不微
陰	多智韜情	權在謀略	失在依違

筆者按：陰、陽非《人物志》原文所有，爲王曉毅在列表時方便分類所採用的方法。

劉劭將偏材的情性分成這十二類，〈體別〉中又敘述偏材之人不以中庸爲目，只按照自己性情所偏去發展，不加以矯正，就造成了性情的偏差更加明顯，以彊毅之人爲例：「是故彊毅之人，狠剛不和，不戒其彊之搪突，而以順爲撓，厲其抗；是故可以立法，難以入微。」〔註17〕剛強堅毅之人不矯正自

〔註15〕 陳喬楚，《人物志今註今譯‧體別第二》，頁41。

〔註16〕 王曉毅，〈《人物志》人才理論研究〉〔上〕，《中國文化月刊》147期〔台灣：台中〕。

〔註17〕 陳喬楚，《人物志今註今譯‧體別第二》，頁51。

己過於強硬的部份，反而以和順為阻撓，加深其不屈的性格，這樣的人能夠建立法度，卻沒有辦法對細節有深入掌握。導因於此，劉劭在〈體別〉篇末才會做出這樣的結論：

> 夫學所以成材也，恕所以推情也，偏材之性，不可移轉矣。雖教之以學，材成而隨之以失，雖訓之以恕，推情各從其心，信者逆信，詐者逆詐，故學不入道，恕不周物，此偏材之益失也。〔註18〕

這一段文字自牟宗三先生以降，都解讀為因為才性有不可改變的屬性，所以《人物志》僅能有審美的意趣，無法開出「進德之學」。〔註19〕這樣的說法對照《人物志》原文來看略嫌偏頗，一是〈體別篇〉主要是針對「偏材之人」立論，「學」的過程是讓偏材之人將本性所長發揮出來，「恕」的原意是推己及人，於文章脈絡中可理解為體會他人與己不同之所長，亦即包容與自己不同甚至相反的性格。但即使有這樣的工夫，偏材之人性格上的偏失還是無法改變，原因在於「學」只習得天性所長的部份，性格長處發揮的同時，短處也彰顯出來；雖以「恕」強調體會與己不同人的差異，卻還是落入以自己心志為主的情形。這是偏材之人所以失之處。劉劭這樣的說法，間接否定後天學習改變情性的可能性，但若責之以不能「進德修業」，未免以儒家性情論中的方法論、功夫論的角度來批評《人物志》，未能得其實。要言之，劉劭所重，乃是「人各有長」的特殊才質，而非「人皆有之」的普遍性情，所以他講偏材的種種分類，實為「重殊」的眼光，能講清楚性格的偏向所帶來的優點，也能釐清其中缺失，實為一種審美的眼光。

〈體別〉將人性情的陰陽做分類，所觸及的是一般性的評價；〈流業〉篇則觸及人才特性與實際政務上的運作，依人才才性上的不同區分成十二家，其分類要點在於道德、法制和策術。王曉毅〈《人物志》人才理論研究〉〔上〕〔註20〕同樣對十二才的區分做了圖表，引用如下：

十二材	與德、法、術的關係	人材特點	宜任官職	代表人物	備　　註	
清節家	德	德行高妙，容止可法	師氏之任	延陵、晏嬰	總稱	政務官
法家	法	建法立制，富國強兵	司寇之任	管仲、商鞅		

〔註18〕陳喬楚，《人物志今註今譯‧體別第二》，頁64。
〔註19〕牟宗三，〈《人物志》之系統的解析〉，頁57～60。
〔註20〕王曉毅，〈《人物志》人才理論研究〉〔上〕，頁70。

術家	術	思通道化，策謀奇妙	三孤之任	范蠡、張良	三材均為兼材	總經之或材 稱世材八
國體	三材皆備	德足以厲風俗，法足以正天下，術足以謀廟勝。	三公之任	伊尹、呂望		
器能	三材皆微	德足以率一國，法足以正鄉邑，術足以權事宜	冢宰之任	子產、西門豹		
臧否	清節家流	不能弘恕，好尚譏訶，分別是非	師氏之佐	子夏之徒	三材之流	
伎倆	法家之流	不能創思遠圖，而能受一官之任，錯意施巧。	司空之任	張敞、趙子漢		
智意	術家之流	不能創制垂則，而能遭便用權，權智有餘，公正不足。	冢宰之佐	陳平、韓安國		
文章		能屬文著述。	國史之任	司馬遷、班固	非政務官	
儒學		能傳聖人之業，而不能幹事施政。	安民之任	毛公、貫公		
口辯		辯不入道而應對資給。	行人之任	樂毅、曹丘生		
雄傑		膽力絕眾，才略過人。	將帥之任	白起、韓信		

　　由此十二家中可發現，前八家皆以三材為本，三材指道德、法制及策術。法、術二者與道德並列，足見《人物志》重名法的色彩。〈接識〉篇亦以論道德、論法制、論策術三者，〔註21〕作為接物識人的根據。這十二家照劉劭的說法都是「人臣之任」，而非人君之材，因為「主者，聰明平淡，總達眾材，而不以事自任也。」〔註22〕天下若有此平淡聰明的君主，必能以人物名實之相符，任官司之別，這就是〈流業〉篇所說的「主道得而臣道序，官不易方而太平用成。」〔註23〕

〔註21〕陳喬楚，《人物志今註今譯・接識第七》，頁169。
〔註22〕陳喬楚，《人物志今註今譯・流業第三》，頁83。
〔註23〕林麗真，〈讀人物志〉，頁3～5。

三、聖與英雄——兼論《人物志》中的性情觀

前論《人物志》以品論才性爲主，不強調倫理教化上的意義，卻有政治上的目標，劉劭自序曰：「智人誠智，則眾材得其序，而庶績之業興矣。」〔註24〕其理想是要建立一套知人用人的法則，以達到「名實相符」的理想。劉劭論述中政治上最高的典範仍然是聖人，但《人物志》中別出〈英雄〉一章，討論聖人之外其他人才的可能性。筆者將先就〈英雄〉一章的內容加以分疏，再比較《人物志》中英雄與聖人觀念的異同，最後分析《人物志》中的中庸與性情觀。

《人物志·英雄第八》

……是故聰明秀出謂之英，膽力過人謂之雄，此其大體之別名。若校其分數，則牙則須，各以二分，然後乃成。何以論其然？夫聰明者，英之分也。不得雄之膽，則說不行；膽力者，雄之分也。不得英之智，則事不立。是故英以其聰謀始，以其明見機，待雄之膽行之；雄以其力服眾，以其勇排難，待英之智成之。……必聰能謀始，明能見機，膽能決之，然後可以爲英，張良是也。氣力過人，勇能行之，智足斷事，然後乃可以爲雄，韓信是也。體分不同，以多爲目，故英、雄異名。然皆偏至之材，人臣之任也。故英可以爲相，雄可以爲將。若一人之身兼有英雄，則能長世，高祖、項羽是也。然英之分以多於雄，而英不可少也。英分少，則智者去之，故項與氣力蓋世，明能合變，而不能聽採奇異，有一范增不用，是以陳平之徒皆亡歸。高祖英分多，故群雄服之，英才歸之，兩得其用，故能吞秦破楚，宅有天下。然則英、雄多少，能自勝之數也。……故雄能得雄，不能得英；英能得英，不能得雄。故一人之身，兼有英雄，乃能役英與雄。能役英與雄，故能成大業也。〔註25〕

牟宗三稱「英雄」一詞不見於先秦典籍，而出於東漢品評人物的條目。〔註26〕然而《漢書·敘傳》論及漢高祖，就曾提及英雄一詞；《後漢書》、《三國志》的列傳中「英雄」的說法也不斷出現。就時代而言，班固是東漢中期之人，「英雄」一詞於《漢書》中也僅一見，有可能是東漢中晚期因人物品評而形成的條目。

〔註24〕 陳喬楚，《人物志今註今譯》，頁 1。
〔註25〕 陳喬楚，《人物志今註今譯·英雄第八》，頁 179～188。
〔註26〕 牟宗三，〈《人物志》之系統的解析〉，頁 60～61。

關於「英雄」一詞最有名的故事，當屬《後漢書・許劭傳》：

> 曹操微時，常卑辭厚禮，求爲己目。劭鄙其人而不肯對，操乃伺隙
> 脅劭，劭不得已，曰：「君清平之姦賊，亂世之英雄。」操大悅而去。

要言之，「英雄」一詞在漢末有其特殊涵義，然將「英雄」以專文析論，當屬劉劭《人物志》首發。劉劭將英、雄分開解釋，以「聰明秀出」的文才解釋英，以「膽力過人」之武才解釋雄。「英」所指涉的範圍大致爲分析力洞察力，「雄」則是決斷力和行動力。英、雄的素質多寡不同，牽涉到先天才性的差異。然而以劉劭觀點而言，英、雄皆爲偏至之材而非全材，可以爲人臣之任。若一人兼有英、雄的氣質，則能統治天下，此處以劉邦、項羽爲例。二人皆兼有英雄，誰的英分多則成爲成功與否的關鍵。項羽因爲英才不足，就留不住身邊的謀臣。一個領導者必須兼有英、雄的特質，才能使底下的文武之材臣服，兼有英雄而能役英雄，乃能成大業。

兼有英雄二材才能役英雄的說法，與《人物志》談鑑識人才的方式也是相符。〈接識〉提到「故一流之人，能識一流之善；二流之人，能識二流之美；盡有諸流，則亦能兼達眾材。」〔註27〕本身具有該種長處則能理解同樣的長處，兼有兩種流派之人則可賞識兩種流派之美，唯有兼材之人因具備所有的特性，而能理解所有流別的美善。

透過對〈英雄〉的理解，劉劭心目中的聖人觀也就相對清晰。人之才智來自於自然（性），因性情不同所表現出的才能就不同。劉劭談人才分「偏至之才」和「兼才」和，又說「若其人又能兼德，此種人則可謂之聖人。」；「兼德而至，謂之中庸。」劉劭雖然強調不同人物在實際事功上的不同發揮，但是人才華的不同是來自於個別內在不同的情性。劉劭講「情」主要含意是「情實」，是「以外見之符驗內藏之器」。

雖然劉劭論證人的性情時不太重視後天改變的可能性，〈體別篇〉謂：「夫學所以成材也，恕所以推情也。偏材之性，不可移轉矣！雖教之以學，材成而隨之以失。雖訓之以恕，推情而各從其心。信者逆信，詐者逆詐，故學不入道，恕不周物，此偏材之益失也。」前面提及劉劭論人才分「偏材」及「兼才」，人天生即有的情性經由學習而成材，但是後天的學習卻不足以改變原有的情性，這樣的說法相當程度否認經由後天學習變化氣質的可能性。但引起筆者注意的是，《人物志》中討論到聖人或是情性的最高境界，一再談到「中

〔註27〕陳喬楚，《人物志今註今譯・接識第七》，頁 169。

和」和「中庸」，茲將有關的條目列於下：

> 蓋人物之本，出乎情性，情性之理，甚微而玄；非聖人之察，其孰
> 能究之哉？凡有血氣者，莫不含元一以爲質，稟陰陽以立性，體五
> 形而著形。苟有形質，猶可即而求之。凡人之質，中和最貴矣。中
> 和之質，必平淡無味，故能調成五材，變化應節，是故觀人察質，
> 必先察其平淡，而後求其聰明。〈九徵篇〉〔註28〕

> 三度不同，其德異稱。故偏至之材，以材自名；兼材之人，以德爲
> 目；兼德之人，更爲美號。是故兼德而至謂之中庸，中庸也者，聖
> 人之目也。〈九徵篇〉〔註29〕

> 夫中庸之德，其質無名，……變化無方，以達爲節。是以抗者過之，
> 而拘 者不逮〈體別篇〉〔註30〕

> 主德者聰明平淡，總達眾材，而不以事自任者也。是故主道立，則
> 十二材各得其任也。……主道得而臣道序，官不易方而太平用成。
> 苦道不平淡，與一才同好，則一材處權，而眾材失任矣！〈流業篇〉
> 〔註31〕

「聖人」在劉劭的語彙中又可稱之兼德者，主德者，或中庸也者。在他的眼
光中，聖人乃是人君的最佳人選。因爲聖人兼有眾人材之所長，因此得以知
人善任；聖人品德上合乎中庸，不拘不抗；在質性上聖人聰明平淡，變化無
方，因此能不以事自任，達到無爲而治的政治理想。這樣的聖人形象，近乎
儒、道、名、法四家的綜合，以「中庸」爲名，表面上以儒家爲宗，但知人
善任、循名責實近乎名法家的要求，平淡無爲、應變無方則接近道家理想的
聖人形象。〔註32〕

　　湯用彤〈讀《人物志》〉一文提到《人物志》中主要道家學說有二：一爲
立身之道，一爲君人之德。〔註33〕卑弱自持爲劉劭教人立身之要道，《人物志》
爲鑑人序材之書，卻以〈釋爭〉一篇爲結尾，提及人才競爭當中聖人應要退
讓，「《老子》曰：『夫惟不爭，故天下莫能與之爭。』是故君子以爭途之不可

〔註28〕陳喬楚，《人物志今註今譯‧九徵第一》，頁11～15。
〔註29〕陳喬楚，《人物志今註今譯‧九徵第一》，頁36～37。
〔註30〕陳喬楚，《人物志今註今譯‧體別第二》，頁41。
〔註31〕陳喬楚，《人物志今註今譯‧流業第三》，頁83。
〔註32〕林麗眞，〈讀《人物志》〉，頁8。
〔註33〕湯用彤，〈讀《人物志》〉，頁21～25。

由也，是以越俗乘高，獨行於三等之上。何謂三等？本無功而自矜，一等；有功而伐之，二等；功大而不伐，三等。」〔註34〕

「中庸」、「中和」的觀念主要來自《中庸》以及〈樂記〉。《中庸》講「喜怒哀樂之未發謂之中，發而皆中節謂之和」，但〈中庸〉書中所提到的觀念是近於「執其兩端而用其中」，沒有超過和不足、過猶不及的問題，「中」的背後有「正」的觀念，重點放在在平常保持中道；「和」則是談到性情的發展，喜怒哀樂的情感表達如何「發而皆中節」，「和」的背後更強調「節」的觀念。相較之下，〈樂記〉中的人性論就非常特殊，〈樂記〉討論人性的著眼點就非常特殊：「人生而靜，天之性也。感於物而動，性之欲也。」〔註35〕是在講動態的人性，「欲」是向外的追求探索。當人受到外在事物的觸發，心有所感覺了解就會有好惡的表現；當內心不能有超出情感好惡之外更高的判斷，五官又不斷知覺到外在的誘惑，此時若無法將向外追求變成反求諸己，內心就無所節，原本人心具備天理的部分就會消失殆盡。〈樂記〉是從藝術的角度來看，談的是「情感人性」：情感的發動無所謂善惡，藝術是來自人對外在事物的感受，透過音樂就可以瞭解那個人的情感；但是一個人不能只活在藝術裡，過度強烈的感情往往都是溫柔的暴力，到最後常常只剩下摧毀的力量，因此就需要適度的調節慾望，讓內心能夠「平其好惡」。人容易受到外在情感的影響，在合理的音樂中間可以得到情感的成長，為政者就可以利用這樣的方式來調節民心，這也是先王制禮作樂最高的理想：「教民平好惡而反人道之正」。儒家主張的藝術是「性之所長」，但不再成完全偏於哪個面向，藝術的最高境界是要追求中正平和，讓人心得到安寧，每個情境下性情都能得其正。

《人物志》中談「中庸」、「中和」，在意義上是較接近〈樂記〉，但劉劭又特別強調「平淡」，因為平淡所以能夠不拘一格，達到各種變化；偏至之材會因本身性情的限制，造成一定偏向性的發展，不是說這樣不好，只是如此一來發展方向就限定了，而聖人和偏至之材的差別就在於此。「平淡」、「應物變化」這樣的特質比較接近於老莊無為的概念。並不是不強調「正」和「節」的概念，而是不要讓原本既定的認識抹殺了人才性的可能。

筆者注意的是「觀人察質，必先察其平淡，而後求其聰明。」這句話。《人物志》講人才的品評分類，的確有提到觀人之術的部分，這部分因為涉及實

〔註34〕陳喬楚，《人物志今註今譯・釋爭第十二》，頁314～317。

〔註35〕孫希旦，《禮記集解》〔北京：中華書局〕，頁984～985。

際漢代相人術上的操作〔註 36〕，所列舉的特徵尚待學者考定；但不可否認的
觀察一個人最容易注意到他聰明流露的部分，而非看似平實之處。聰明易察
而平淡難知，但唯有平淡才能無所偏執，這才是真正的大聰明。

四、結　論

　　本文透過對於《人物志》的寫作目的以及相關文獻回顧，以及寫作上分
類的特性，試圖整理出《人物志》於漢晉思想史中特出的部份。再以人物品
評實際的分類概念爲基礎，討論《人物志》中的英雄、聖人與性情，希望能
透過相關歷史文獻及思想線索的比較，掌握劉劭性情論的看法。

〔註36〕 祝平一，《漢代的相人術》〔台北：學生書局，1990〕。

附錄四：嵇康〈明膽論〉中的才性觀

前　言

　　〈明膽論〉是嵇康關於才性論議題上重要的著作，內文因嵇康與呂安對「明」與「膽」性質功用不同的定義而起，呂安主「有膽可無明，有明便有膽。」；嵇康則以「明膽殊用，不能相生。」加以駁斥，兩相交鋒，反覆論證。論者往往將〈明膽論〉與劉邵《人物志・英雄》及鍾會《四本論》加以對照，做為魏晉時期關於才性議題上的代表，並認為〈明膽論〉在議題上是偏離此二人討論的範疇。在人性論的立場上，牟宗三先生曾用「先秦的善惡問題」跟「《人物志》代表的才性名理」兩個層面來談中國的人性論史。〔註1〕先秦儒家所討論的人性善惡問題發展到漢代，加入了陰陽的概念來解釋善惡和性情，典型的例子為董仲舒〈性三品論〉性善情惡的說法；魏晉時期，學風的變化使得對人性的討論稍從善惡二分的立場跳脫，《人物志》所代表的才性名理接近道家系統對人性的解釋，也就在這時期為之流行，對於才性情性各種姿態的討論也充分展開。《人物志》討論不同性情所造成才能器用的差異，著眼於才情和性情之間的關係，〈英雄〉一篇則析論「英」與「雄」兩種不同特質呈現出來事功的差異，以及英雄與聖人之間的差別。《人物志》的說法開嵇康〈明膽論〉中探討先天質性與才情差異的先例。嵇康以「明」、「膽」兩項標準替代《人物志》「英」、「雄」的分類方式進行闡述。本文將先針對〈明膽論〉全文做適當之篇章結構分析，再從嵇康的思辯特色，比較文中嵇康與呂安對「明」、「膽」定義的差別，及其中關於才性名理的意義。最後再針對《人物志・英雄》與〈明膽論〉論述的差異，比較劉邵與嵇康才性論立場不同的意見。

〔註1〕牟宗三，《才性與玄理》（台北：學生書局，1985），頁46。

一、篇章結構分析

〈明膽論〉全文一共五段，由呂安與嵇康一問一答。以下將各段重點提出綱要來分析：

第一段

呂安：人有膽可無明，有明便有膽。

嵇康：明膽殊用，不能相生。

第二段（嵇康）

賦受多少、才性昏明

明膽異氣、不能相生

明以見物、膽以決斷

例證：子家頹弱，陷于弒君；左師不斷，見逼華臣（專明無膽，雖見不斷）

第三段（呂安）

例證：賈誼—〈陳政事疏〉—明所察也

　　　　—〈鵩鳥賦〉—暗所惑也

膽無盈縮，蓋見與不見，故行之有果否

明無膽無，膽能偏守

第四段（嵇康）

二氣不同、明不生膽

明膽相經、進退相扶

至明無惑、至膽無虧

第五段（嵇康）

五才存體，各有所生

明以陽曜，陰以膽凝

相須合德，要自異氣

二、明膽釋義

當代學者論及嵇康，都將〈明膽論〉視為他論才性名理議題的代表。〔註

〔註 2〕 吳冠宏，〈嵇康〈明膽論〉之明膽關係試探〉一文，分析鍾會撰《四本論》始末，認為鍾會「甚欲使稽公一見」卻又「畏其難」而急走，除了稽康辯才與析理能力過人之外，亦當是他對於才性問題有相當的思考，才會使「校練名理」的鍾會折服至此。《東華漢學》創刊號(花蓮，2003)，頁 261～282。

2）在討論文章內容之前，筆者想先就嵇康的思辯方式做說明。嵇康於〈聲無哀樂論〉及〈明膽論〉中，都有和對方交互論辯的痕跡。〔註3〕岑溢成〈稽康的思維方式與魏晉玄學〉〔註4〕一文，為了解釋嵇康何以立場或觀點互有矛盾，提出嵇康是帶著「無所措於是非」的態度參加辯論，認為他辯論的目的不是在提出主張，而是為了瓦解對方的立場；岑溢成並指出這是莊子〈齊物論〉精神的具體實踐和表現，並以這個觀點推論〈明膽論〉沒有表達任何正面主張。吳冠宏認為以嵇康的性格來看，很難將〈明膽論〉視為為論辯而論辯的著作，僅管本文用語欠嚴謹，缺乏邏輯性和體系架構，卻不妨礙我們用「思維方式」和「內容指涉」這兩方面來討論〈明膽論〉的架構。〔註5〕筆者以為〈明膽論〉這樣對難體的答辯是將嵇康與呂安對於「明」、「膽」界定的不同以及解釋的差異所產生的來回討論，從內文看來嵇呂二人有過好幾次來回討論。現存〈明膽論〉原文頗多錯軼，行文間往往有不容易判讀的地方。馮承基分析〈明膽論〉的文體，認為此文很有可能是雜錄嵇康呂安往來的書信，而非成文。〔註6〕以筆者粗淺的篇章分析看來，〈明膽論〉全文雖有錯漏或語意不全之處，姑且不論此文是否為嵇康所成，此文的作者仍將嵇呂兩人的論點交代清楚，也可看出兩方在此一問題上的差異。以下則先針對嵇呂兩人對明與膽的定義及關係著手，闡述兩人的差異。

〈明膽論〉顧名思義是討論明與膽兩種不同的才性，究竟所指為何？嵇康的論敵呂安於討論中未明確定義「明」、「膽」所代表的含意，縱而觀之，他的定義與嵇康「明以見物，膽以決斷」之說無太大差異，都是將「明」當成對於事物做出正確判斷的能力，將「膽」當成能夠實行的決斷力。嵇呂兩人較大的差異是在對明膽關係的說法。

呂安的論點可歸納成以下三點：
1. 人有膽不可無明，有明便有膽。〔註7〕
2. 見與不見，故行之有果否也。

〔註3〕〈聲無哀樂論〉與秦客一問一答；〈明膽論〉則與呂安一問一答。詳見《嵇康集註》（安徽：黃山書社，1985）頁196～230；250～260。
〔註4〕岑溢成，〈嵇康的思維方式與魏晉玄學〉，《鵝湖學誌》40期，頁39～43。
〔註5〕吳冠宏，〈嵇康〈明膽論〉之明膽關係試探〉，頁264～265。
〔註6〕馮承基，〈嵇康明膽論測義〉，《書目季刊》8：4（台北：1975），頁83～84。
〔註7〕原文作「有膽可無明」，戴明揚校注云「此句『可』字上當奪一『不』字。」吳冠宏採用此說。

3. 明無膽無，膽能偏守。〔註8〕

在呂安看來，「膽」是人要做什麼的決斷力，偏指人的本能：「明」卻是能將本能的決斷力予以正確的判斷，因此如果一個人能明見達徹，必然能做出相應的正確判斷（有明便有膽）。就呂安看來，膽只是本能，而明才是決定人之所以爲異的決定性差異，人的成敗在於明能否徹達。相較之下，人雖可以只有膽（明無膽無、膽能偏守），但是無明之膽接近於本能自然反應，未若由明所生之膽。由此看來，呂安論明膽關係的重點在於「膽」，而呂安論膽有兩個層次，一爲由明所生之膽，一爲無明之膽。

在論證由明所生之膽，呂安以賈誼爲例：

> 漢之賈生，陳切直之策，奮危言之至。行之無疑，明所察也。忌鵬作賦，暗所惑也。一人之膽，豈有盈縮乎？蓋見與不見，故行之有果否也。

賈誼之生平詳見《漢書·賈誼傳》，呂安所舉之兩例爲〈治安策〉、〈陳政事疏〉及〈鵩鳥賦〉所表現出來的差異。〈治安策〉、〈陳政事疏〉等文針對漢初內政外交種種問題詳加剖析，直指時弊而發；〈鵩鳥賦〉則是他謫居長沙後情懷的寫照。針對賈誼前後言行的差異，呂安提出解釋，認爲〈治安策〉等文慷慨直言的表現是因爲明能察照，故膽以行之；〈鵩鳥賦〉則是因爲明不能察，故膽不能行。造成這樣的差異並不是因爲賈誼的膽有所擴張或收縮，而是明能不能見。明不能察見，則膽無以爲斷。因此呂安推論，如果明能夠透徹察照做出判斷，膽必能做出決斷。至於嵇康所說「專明無膽，則雖見不斷」的說法，呂安則以「子家、左師，皆愚惑淺弊，明不徹達，故惑於曖昧，終丁禍害。豈明見照察而膽不斷乎？」加以駁斥，認爲沒有「專明無膽」的情形，子家、左師之所以如此，是因爲他們的「明」不夠透徹之故。

至於接近本能反應的無明之膽，呂安論證如下：

> 及於期授首，陵母伏劍，明果之儔，若此萬端，欲詳而載之，不可勝言也。況有睹夷途而無感投足，際雲路而疑于迄泰清者乎？若愚弊之倫爲能，自托幽昧之中，棄身陷井之間，如盜跖竄身於虎吻，穿竄先首於溝瀆，而暴虎馮河，愚敢之類，則能有之。是以余謂明無膽無，膽能偏守，易了之理，不在多喻。

這段文字中，樊於期爲荊軻獻頭，王陵之母伏劍以便其子從漢王劉邦，都是

〔註8〕吳冠宏，〈嵇康〈明膽論〉之明膽關係試探〉，頁268～269。

明能辨物而勇以果決的範疇。至於暴虎馮河之類勇夫能有所為，近於「愚敢」，是本能的血氣之勇所能達到的範圍，這類人行為果斷而未必有「明」察照的智慧，只依膽就能行事，是呂安所謂「明無膽無，膽能偏守」的例證。

由此觀之，呂安論明膽關係是有高下之分，從思想脈絡來看，呂安的「明」接近《老子》「知人者智，自知者明。」的「明」，接近那種對本質的體悟；論「有膽不可無明，有明便有膽」則接近孔子「仁者必有勇，勇者不必有仁」的說法，在這樣的論述中「明」具有統攝的地位。〔註9〕筆者以為呂安區分膽為「明果」、「愚敢」兩類，也頗有《中庸》論「南方之強、北方之強」的味道。呂安講「明」，是從「膽」的表現去論述；而呂安之「膽」，也就偏於本能決斷。嵇康與呂安最大的差別，是在嵇康把「明」與「膽」都列在才性、氣性的範疇，從氣化宇宙論的背景來談明膽與陰陽的關係，在才性論立場較呂安更顯深入。

三、嵇康論明膽關係與陰陽才性

嵇康反對呂安「有膽可無明，有明便有膽」的說法，一方面是因為對於明與膽的交互關係有不同的看法，另外對呂安沒有分殊明膽在才性論上的根據就加以推斷明為主導地位，因此分殊明膽就成為嵇康論證的第一步；分殊明膽的差異會牽涉到其氣化宇宙論的根源，並牽涉到明與膽相對的關係。

綜觀嵇康的回應，可以歸納出三點：

1. 明陽膽陰，各稟異氣；明膽殊用，不能相生
2. 明以見物，膽以決斷
3. 明膽相經，進退相扶〔註10〕

「明膽殊用，不能相生」幾乎是嵇康論證的核心，呂安論證中幾乎直接以人事為訴求，試圖以人情之常來增加自己說理的正當性，卻未必觸及「自然之理」，然而對嵇康來說，「夫推類辨物，當先求自然之理。理已足，然後借古義以明之耳。」〔註11〕是他論證的基本原則，論者唯有不囿於所見，才能擺脫常識、習見的拘束，而找到義理的根源。相較呂安從經驗事例推論明膽的關係，嵇康則是回到「自然之理」，把明膽的差異推原到氣化宇宙論的層次。在這個基礎上，嵇康先為明、膽二者的存在尋找根源，因

〔註9〕 吳冠宏，〈嵇康〈明膽論〉之明膽關係試探〉，頁268～269。
〔註10〕 吳冠宏，〈嵇康〈明膽論〉之明膽關係試探〉，頁269～278。
〔註11〕 嵇康，〈聲無哀樂論〉，《嵇康集註》，頁211。

此有以下的論述：

> 嵇先生以明、膽殊用，不能相生。論曰：夫元氣陶鑠，眾生稟焉。
> 賦受有多少，故才性有昏明。唯至人特鍾純美，兼周內外，無不畢
> 備。降此已往，蓋闕如也。或明于見物，或勇於決斷。人情貪廉，
> 各有所止。譬諸草木，區以別矣。兼之者博於物，偏受者守其分。
> 故吾所謂明膽異氣，不能相生。明以見物，膽以決斷；專明無膽，
> 則雖見不斷；專膽無明，則違理失機。……夫五才存體，各有所生，
> 明以陽躍，陰以膽凝。〔註12〕

嵇康從元氣論的觀點出發，認為人是陰陽二氣的產物，人的秉賦多少來自於
陰陽二氣的不同。以此立論，嵇康認為「明」與「膽」是根源於兩種相異的
元氣——陽（明）與陰（膽）而來，兩者因為陰陽二氣的分殊差異而具有不
同的性質。根源於陽氣的「明」，特長在於見物，「物」的範圍從自然知識到
人情才性的辨別，以及對客觀情勢發展的理解。因此「明」不只是智識之多
寡，更包含對整體主客觀全面的理解。而每個人所能掌握之「明」的差異，
則來自於每個人天生賦受的多寡。來自陰凝之「膽」，特性在於決斷，可說是
知與行（實踐）之間轉換的關鍵。在對明膽的定義上，嵇康多了宇宙論的基
礎，從陰陽二氣分殊明膽的差異；這樣根據每人先天秉賦差異的說法，也為
每個人明膽消長變化提出解釋。

　　這樣「辨名以別異同」、「析理以探本始」的方式使得嵇康可以跳脫呂安
訴諸歷史經驗的判斷，從宇宙論上找尋立論的根據；一方面又從稟受元氣而
來的才性差異立論，明與膽之間並非互有高低，「膽」也並非本能，而是和明
一樣，因為賦受不同而產生差別。這樣的論述使得呂安「有明便有膽」的論
述站不住腳，將明與膽根源性的差異交代清楚。

　　至於呂安論賈誼之「明」有見不見之異，進而提出「一人之膽，豈有營
縮」的說法，嵇康則認為賈誼是「二氣存一體，明能運膽」的代表，並從賈
誼之例論明與膽實際在人身上所產生的效果和差異。他說：

> 本論二氣不同，明不生膽，欲極論之，當令一人播無刺諷之膽，而
> 有見事之明。故當有不果之害，非中人之血氣無之，而富資之以明。
> 二氣存一體，故明能運膽，賈誼是也。賈誼明膽，自足相經，故能
> 濟事。誰言殊無膽獨任明以行事者乎？子獨自作此言，以合其論也。

〔註12〕 嵇康，〈明膽論〉，《嵇康集註》頁 250～251。

> 忌鵬暗惑，明所不周，何害於膽乎？明既已見物，膽能行之耳。明
> 所不見，膽當何斷？進退相扶，何謂盈縮？就如此言，賈生陳策，
> 明所見也；忌鵬作賦，暗所惑也。爾爲明徹於前，而暗惑於後，明
> 有盈縮也。苟明有進退，膽亦何爲不可偏乎？

二氣指的是所以產生明與膽的陰陽二氣，明與膽既然來自不同的氣，彼此之間的關係就不會是相生或有高下之分。明與膽兩種特質能夠在人身上運用是因爲陰陽二氣在人身上所造成的結果，陰陽二氣存在於人的才性，就像陽與陰兩種性質相異卻地位相當的存在。明膽雖然異氣，卻並非沒有關連，嵇康以賈誼爲例，提出「明能運膽」的說法。呂安視賈誼的前後差距爲「明見與不見，故行有果否」；嵇康反駁的重點在強調「明膽相經，進退相扶」，否定呂安所謂「一人之膽，豈有營縮」的說法。

賈誼能夠成事，是因爲他的明膽足以相經，而非呂安所稱「無膽獨任明以行事者」；至於會有〈鵬鳥賦〉那樣的感嘆，嵇康則認爲是「明所不周，何害於膽乎？」，而非呂安所說「暗所惑也」。要言之，嵇呂兩人釋明膽最大的差異，是嵇康將明與膽的作用分開，能觀察到事物的幾微不代表就能去做，空有行動力而沒有判斷力做出來的事情也會違反常理，所以才會有「專膽無明」和「專明無膽」的情形。這樣的論述與呂安單從純粹的事證舉例相比，多了從「自然之理」去立論的空間。

由嵇康的論點，可以推想他論明與膽是如何互動。

> 夫五才存體，各有所生。明以陽曜，膽以陰凝。豈可謂有陽而生陰，
> 可無陽邪？雖相須以合德，要自異氣也。

明與膽是人受元氣而來的資質，是陰陽二氣具體呈現出來的才性。明膽賦受的多寡純雜因人而異，陽曜陰凝、明能運膽的說法多少都受到《易經》以來陽主陰從、乾健坤順的觀念而來。〔註13〕「明」之所以能運「膽」，是因爲陰陽二氣的互動以陽爲主，陰爲輔；「明」能夠察照，實際來說洞察力是先於行動，因此在明與膽的作用上明能夠運用膽的能力。這樣的說法與呂安「有明便有膽」之說的差異在於，呂安將明與膽視爲能夠見物就能決斷，「明」明顯居於主導地位，這使得呂安的明膽關係有主導地位；加上呂安認爲接近本能反應的膽可以獨存，在論明膽關係上，就變成兩者甚至擇一即可。嵇康則從

〔註13〕乾象曰：「大哉乾元，萬物資始，乃統天。」；坤象曰：「至哉坤元，萬物資生，乃順承天。」

宇宙論的立場指出明膽這兩種特質在元氣上的來源，從渾元談明膽，避免將兩者的關係做過度的分割，從這層關係上否定呂安「有膽可無明，有明便有膽」的說法。

至於嵇康如何論證「明能運膽」，〈明膽論〉中其實沒有詳細說明。但是由嵇康元氣論的立場和兩人論證所舉的實例可略窺一二。將明膽比成陰陽二氣在人身上的流衍，明膽在每個人身上的表現就會因人而異，這是每人先天所受元氣多寡的差異。

> 爾爲明徹於前，而暗惑於後，明有盈縮也。苟明有進退，膽亦何爲不可偏乎？子然霍光有沉勇而戰於廢王，此勇有所撓也。夫唯至明能無所惑，至膽能無所懾耳。自非若此，誰無弊損乎？但當總有無之大略，而致論之耳。

討論人秉性不同而產生的殊異面向，是魏晉偏向道家系統才性論的重點。常人或偏於膽力，或偏於明智，唯有兼有「至明」、「至膽」之人，才能不惑不懼。在〈明膽論〉中，兼有明膽兩項特質而達到極致之人才是最理想的人格。這樣的理解顯現在嵇康對於呂安舉出歷史人物的例子上。呂安爲了論證自己說法可信，舉了很多歷史人物實際的作爲當成例子。

> 故霍光懷沉勇之氣，履上將之任，戰乎王賀之事。延年文生，夙無武稱，陳義奮辭，膽氣凌雲，斯其驗歟。及於期授首，陵母伏劍，明果之儔，若此萬端，欲詳而載之，不可勝言也。況有睹夷途而無感投足，際雲路而疑于迄泰清者乎？若愚弊之倫爲能，自托幽昧之中，棄身陷井之間，如盜跖竄身於虎吻，穿窬先首於溝瀆，而暴虎馮河，愚敢之類，則能有之。是以余謂明無膽無，膽能偏守，易了之理。

霍光、田延年皆是文生，平時並沒有武勇的表現，但是遭遇到廢昌邑王一事，則兩人皆沈勇有所決，呂安以爲這是「明果」的代表，作爲自己「明能察照而膽必斷」的根據。嵇康對這個例子卻有不同的解釋：

> 延年奮發，勇義凌雲，此則膽也。而云夙無武稱，此爲信宿稱而疑成事也。延年處議，明所見也。壯氣騰屬，勇之決也。

嵇康以呂安用「素無武稱」來推測田延年於廢昌邑王之前的作爲，未免是相信過去的評斷而懷疑延年之事。就嵇康來看，延年處議是明有所見，壯氣騰屬是膽所表現出的果決，兩者之間並無衝突。

侯外廬所主編《中國思想通史》提到「嵇康則以爲『不能相生』，膽既與

明無涉，明亦與膽無關，所以是明膽離。」〔註14〕將明膽解釋成彼此無涉。
然而在〈明膽論〉中並非如此，嵇康討論明膽兩者實際上存在著模糊的關係。
嵇康先分殊明膽（要自異氣），然後談「相須合德」，亦即明膽相異，而又以
明運膽，以陰順陽主的關係建立明主膽從的運作模式，使之成為一個有機體
的論述。然而在才性論分析的立場，嵇康並沒有提出較具體的例證，只有他
和呂安反覆討論的機個歷史人物事蹟，就論證上來說並不是那麼充分。而明
膽發揮到極致是「至明」跟「至膽」，至明才能夠無所惑（不疑），至膽才能
無所虧（能行），能兼有這兩種特質才能避免掉弊病，但這樣的境界非常人所
能及，因此嵇康論為人行事，會指出明膽各有所偏之處。

四、嵇康〈明膽論〉與劉邵《人物志・英雄》比較

〈明膽論〉順氣言性的脈絡有跡可尋，在嵇康之前最具有代表性的當屬
劉邵《人物志・英雄》。「英雄」作為人物品評的項目是出現在東漢末，在劉
邵之前王粲有《英雄記》，〔註15〕然真正對「英雄」提出定義則是到劉邵《人
物志・英雄》。《人物志》被視為第一本有條理整理人物品評方法之書，也是
刑名之學與玄學過渡間析論才性名理的代表。「英雄」之論在前，「明膽之論」
在後，其中關係不言而喻。〔註16〕

《人物志・英雄》將人之才分成「英」與「雄」兩種特長：

> 夫草之精秀者為英，獸之特群者為雄；故人之文武茂異，取名於此。
>
> 是故，聰明秀出，謂之英；膽力過人，謂之雄。此其大體之別名也。

〔註17〕

「英」指人聰明明察、才華出眾的部分；「雄」指膽勇威智超於常人。而在實
際論述上英偏文才，雄偏武略。劉昞註釋本章篇名即稱：「自非平淡，能各有

〔註14〕 侯外盧，《中國思想通史》第三卷，頁172。

〔註15〕 《英雄記》已全軼，《隋書・經籍志》載王粲著有《漢末英雄記》10卷。此書
　　　　書名、材料真偽跟寫作時間現在都還有爭議。根據現存屬名《英雄記》的史料
　　　　來看，此書主體部分可能成於建安十三年（208A.D.），反應曹操統一北方前漢
　　　　末群雄割據時代廣為流傳的英雄概念。見劉志偉，〈中國歷史上第一部英雄傳
　　　　記──試論王粲《英雄記》〉，《蘭州大學學報（社會科學版）》2002年03期。

〔註16〕 湯用彤〈魏晉玄學論稿〉提及《人物志》「英雄」時，也特別指出嵇康〈明膽
　　　　論〉等字眼。見氏著《魏晉思想》（台北：里仁出版社，1984）。馮承基則認
　　　　為嵇康是因政治上有所忌諱而轉論英雄為明膽，見馮承基〈嵇康明膽論測
　　　　義〉，頁81。

〔註17〕 吳家駒，《新譯人物志》（台北：三民書局，2006），頁85。

名。英爲文昌，雄爲武稱。」〔註18〕

> 若校其分數，則牙則須，各以二分，取彼一分，然後乃成。何以論
> 其然？夫聰明者，英之分也，不得雄之膽，則説不行；膽力者，雄
> 之分也，不得英之智，則事不立。是以，英以其聰謀始，以其明見
> 機，待雄之膽行之；雄以其力服眾，以其勇排難，待英之智成之；
> 然後乃能各濟其所長也。〔註19〕

英與雄兩者都是秉賦於天，在不同人身上有不同的成分，兩者的作用雖然不同，卻是緊密相連、互相配合。英與雄這兩種特質的配合才能夠發揮其功用。劉昞註曰：「膽者雄之分，智者英之分。英有聰明，須膽而後成；膽有雄力，須知而後立。」〔註20〕可見英偏智而雄偏行，互相配合而成事。

相較〈明膽論〉討論明與膽在元氣論上的起源，《人物志‧英雄》則在英雄兩種人物特質典型上說的更清楚。

> 若聰能謀始，而明不見機，乃可以坐論，而不可以處事。聰能謀始，
> 明能見機，而勇不能行，可以循常，而不可以慮變。若力能過人，
> 而勇不能行，可以爲力人，未可以爲先登。力能過人，勇能行之，
> 而智不能斷事，可以爲先登，未足以爲將帥。必聰能謀始，明能見
> 機，膽能決之，然後可以爲英：張良是也。氣力過人，勇能行之，
> 智足斷事，乃可以爲雄：韓信是也。〔註21〕

劉邵的論英雄各分成聰、明跟力、勇兩個層次。「聰」是謀畫的能力，「明」則是察照幾微的能力，兩者均屬於「英」的範疇，但層次有區別；「力」偏於實際氣力，「勇」則是能執行力，兩者皆屬「雄」的範疇，但兩者仍有區別。聰能謀始、明能見機，還必須要有「膽」的決斷行動能力才能稱爲「英」；氣力過人、勇能行之，也還需要「智」的判斷力才能稱爲「雄」。英和雄各自的代表人物，劉邵以張良和韓信爲典型。

> 體分不同，以多爲目，故英雄異名。然皆偏至之材，人臣之任也。
> 故英可以爲相，雄可以爲將。若一人之身，兼有英雄，則能長世；
> 高祖、項羽是也。然英之分，以多於雄，而英不可以少也。英分少，
> 則智者去之，故項羽氣力蓋世，明能合變，而不能聽采奇異，有一

〔註18〕 此爲劉昞原注，見《新譯人物志》，頁90。
〔註19〕 《新譯人物志》，頁85～86。
〔註20〕 《新譯人物志》，頁85。
〔註21〕 《新譯人物志》，頁86。

范增不用，是以陳平之徒，皆亡歸高祖。英分多，故群雄服之，英
才歸之，兩得其用，故能吞秦破楚，宅有天下。〔註22〕

「體分」是指英雄兩種才性分佈在人身上的區別，因爲成分多寡的不同，在
名稱上就產生差異。「偏至之才」是《人物志》對人才的分類，「偏才」、「兼
才」、「兼德」三種分類是劉邵對個人擅長不同的看法。〔註23〕「偏至之才」
指偏於擅長一種長才的人才（一至）；「兼才」則兼有兩種以上不同的才能；「兼
德」則不爲這些分類所拘束，在特質上也是可以善用各種特質的人才，也是
國君理想的性格。在這樣的基礎上，劉邵認爲「英雄」兩者都屬「偏至之才」，
是可以爲人臣的類型。又因「英」偏文才而「雄」偏武才，故英可以爲相，
雄可以爲將。若同時兼有英雄兩種特質，則可以統治天下，如項羽和劉邦。
即使兼有英雄兩種特質，成分的差異還是會影響到表現的成果，這時「英」
的多寡就影響到人才的選用。「英」的成分多才能夠賞識英才智者，這也是劉
邦之所以勝過項羽之處；項羽雖膽力過人，但不能重用智者，卒以敗亡。

最後劉邵又提到英雄兩種特質成分多寡及應用上的問題：

然則英雄多少，能自勝之數也。徒英而不雄，則雄材不服也；徒雄
而不英，則智者不歸往也。故雄能得雄，不能得英；英能得英，不
能得雄。故一人之身，兼有英雄，乃能役英與雄。能役英與雄，故
能成大業也。〔註24〕

「自勝之數」是決定勝負的先天條件。有同樣特質的人會互相吸引、互相瞭
解，因此英能得英，雄能得雄；倘若沒有另一項特質的輔助，則不能用不同
特質的人。所謂「兼有英雄，乃能役英與雄。」同時擁有這兩種特質，才能
吸引兩種不同類型的人才，使之爲己所用。

從《人物志・英雄》和嵇康〈明膽論〉比較可以發現，兩者雖然都是從
才性分殊的立場討論不同的人格類型，但在分析重點上有所區別。「明膽」較
接近對才性本質的分析，所以會著重在如何從元氣、陰陽二氣化生的觀點討
論明膽二氣的起源，以及在人身上相互運作的成效；《人物志・英雄》則偏重
於分析先天才性所表現出來的部分，談成爲領袖背後的才質，偏向實際政治

〔註22〕 《新譯人物志》，頁86～88。
〔註23〕 《人物志・九徵》：「故偏至之才，以才自名；兼才之人，以德爲目；兼德之
人，更爲美號。是故兼德而至，謂之中庸。中庸也者，聖人之目也。」見《新
譯人物志》，頁17。
〔註24〕 《新譯人物志》，頁88。

上的運用。從劉邵、嵇康所舉的例子也可看出端倪：嵇呂兩人辯論焦點著重在賈誼之言行的差異，劉邵舉張良韓信及劉邦項羽，則旨在標出特殊類型。

五、結　論

　　本文嘗試從嵇康〈明膽論〉的篇章結構分析著手，分析嵇康與呂安才性論立場上的差異，呂安主「有膽可無明，有明便有膽」，嵇康則從明膽「各秉異氣」的觀點，說明明膽是陰陽異質的應用，並從「明膽殊用」入手，說明「二氣同一體，明能運膽」的概念，再推論到「明膽相經，進退相扶」的成果，自有其綿密的理路。接著再比較〈明膽論〉與稍早《人物志‧英雄》所論才性特質有何差異，得出《人物志‧英雄》偏於才性外顯的部分，旨在能實際運用；〈明膽論〉則於性情的分析多所著墨，並從氣化宇宙論的立場分析才性的來源和差異，可說是後出轉精的成果。